高等教育"十二五"规划教材

大学生健康教育

DAXUESHENG JIANKANG JIAOYU

主　编　毛亚杰
副主编　段巍鹤
参　编　葛宇新　李　艳　孙　天
　　　　孙建平　郑宇欢

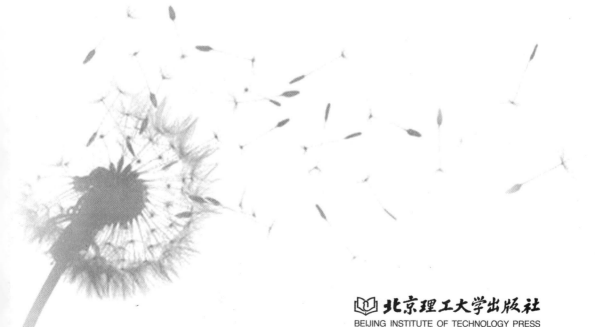

北京理工大学出版社
BEIJING INSTITUTE OF TECHNOLOGY PRESS

内 容 简 介

全书分为九个章节。整套教材以传授健康知识、建立卫生行为、改善环境为核心内容，系统介绍了大学生的生长发育、行为与健康，大学生的营养需求，性健康教育，心理健康与心理疾病，常见传染病的防治、常见疾病的防治、急症的急救与互救；根据大学生的特点，增加了艾滋病、急症的急救与互救等方面的内容，普及保健知识，增强学生的自我保健意识和能力，提高学生身心健康水平；促使学生自觉地采纳有益于健康的行为和生活方式，减轻或消除影响健康的危险因素；既有自然科学属性，又有社会科学属性；具有独特之处，适用于处于青春发育后期的大学生使用，为其终身健康奠定基础。

版权专有　侵权必究

图书在版编目（CIP）数据

大学生健康教育/毛亚杰主编．—北京：北京理工大学出版社，2014.4（2018.8 重印）

ISBN 978-7-5640-8931-3

Ⅰ.①大… Ⅱ.①毛… Ⅲ.①大学生-健康教育-高等学校-教材 Ⅳ.①G479

中国版本图书馆 CIP 数据核字（2014）第 047329 号

出版发行 /	北京理工大学出版社有限责任公司
社　　址 /	北京市海淀区中关村南大街 5 号
邮　　编 /	100081
电　　话 /	（010）68914775（总编室）
	82562903（教材售后服务热线）
	68948351（其他图书服务热线）
网　　址 /	http://www.bitpress.com.cn
经　　销 /	全国各地新华书店
印　　刷 /	三河市华骏印务包装有限公司
开　　本 /	710 毫米×1000 毫米　1/16
印　　张 /	16
字　　数 /	233 千字
版　　次 /	2014 年 4 月第 1 版　2018 年 8 月第 6 次印刷
定　　价 /	29.00 元

责任编辑 / 刘　娟
文案编辑 / 王晓莉
责任校对 / 周瑞红
责任印制 / 李志强

图书出现印装质量问题，请拨打售后服务热线，本社负责调换

前　言

　　自2008年编写出版《大学生健康教育》教材以来，先后有多所高校使用了本教材，连续印刷并销售上万册；2010年，根据学生的需求，我们对教材进行了修订再版，不仅提高了大学生自我保健意识和能力，同时也受到了同行专家们的好评。随着健康教育的拓展和深入，在广泛听取师生的具体建议和总结教学经验的基础上，我们决定在2010年再版的基础上，对《大学生健康教育》再次进行完善编写，增加新发传染病的防治、不良上网行为及吸毒行为的危害和预防以及急症自救的新方法等知识。内容更加完善，更加注重素质教育和技能培养，满足了大学生的实际需要，为其终身健康奠定基础。

编　者

目 录

第一章 健康与健康教育概述 ·················· 1
  第一节 健康新概念 ······················ 1
    一、健康新概念 ······················ 1
    二、健康新标准 ······················ 3
    三、疾病发生的原因和条件 ·············· 4
  第二节 健康教育与健康促进 ·············· 7
    一、健康教育概述 ···················· 8
    二、健康促进概述 ···················· 13

第二章 大学生的生长发育与健康 ············ 17
  第一节 大学生生长发育的时期 ············ 17
    一、人体生长发育分期 ················ 17
    二、人体生长高峰 ···················· 18
  第二节 大学生身体外形的变化 ············ 19
    一、身高 ···························· 19
    二、体重 ···························· 20
    三、第二性征 ························ 24
  第三节 内脏器官的变化 ·················· 25
    一、心血管系统的发育 ················ 25
    二、呼吸系统的发育 ·················· 26
    三、神经系统的发育 ·················· 26
    四、消化系统与生殖系统的发育 ········ 27
    五、大学生的能量代谢的特点 ·········· 27
    六、影响生长发育的因素 ·············· 29

第三章 大学生的行为与健康 ················ 31
  第一节 健康行为 ························ 31
    一、健康行为的概念、分类、内容和要求 ·· 31
    二、影响健康行为的因素 ·············· 35
    三、献血、器官捐献与健康 ············ 36

第二节　大学生行为的特点及行为倾向 …………… 40
　　一、大学生行为的特点 ………………………… 40
　　二、大学生的行为倾向 ………………………… 42
第三节　不良嗜好行为 …………………………… 43
　　一、吸烟行为 …………………………………… 43
　　二、酗酒行为 …………………………………… 47
　　三、吸毒行为 …………………………………… 52
　　四、不良网络行为 ……………………………… 56

第四章　营养与大学生健康 …………………………… 61
第一节　饮食健康基础 …………………………… 61
　　一、人体的消化吸收 …………………………… 62
　　二、大学生成长所需的营养素及营养价值 …… 67
　　三、常见食品卫生问题 ………………………… 75
第二节　大学生的膳食平衡 ……………………… 76
　　一、向大学生普及营养知识的意义及必要性 … 76
　　二、大学生营养失衡的原因 …………………… 77
　　三、大学生营养失衡的预防 …………………… 79
第三节　学校食物中毒的预防 …………………… 83
　　一、食物中毒概述 ……………………………… 84
　　二、食物中毒的处理原则 ……………………… 87
　　三、高校食品卫生安全防范 …………………… 88

第五章　性健康教育与常见性病防治 ………………… 92
第一节　性成熟带来的身心变化 ………………… 92
　　一、青春期性生理变化 ………………………… 92
　　二、青春期性心理变化 ………………………… 94
第二节　青春期性健康教育 ……………………… 95
　　一、男性青春期性教育 ………………………… 96
　　二、女性青春期性教育 ………………………… 96
　　三、性道德与婚前性行为 ……………………… 97
　　四、计划生育与性安全及性侵犯的防御 ……… 99

第三节　常见性传播疾病与防治 ………………………… 101
　　　一、性传播疾病概述 ……………………………………… 101
　　　二、常见性传播疾病 ……………………………………… 102
　　第四节　高校预防艾滋病健康教育知识 ……………………… 106
　　　一、开展高校预防艾滋病健康教育的作用及意义 …… 106
　　　二、艾滋病、艾滋病病毒及发病机制 ………………… 107
　　　三、艾滋病病毒的传播途径 …………………………… 109
　　　四、艾滋病的主要临床表现 …………………………… 111
　　　五、艾滋病的诊治 ……………………………………… 113
　　　六、艾滋病的预防 ……………………………………… 115

第六章　**大学生心理健康与心理疾病** ………………………… 119
　　第一节　大学生心理健康概述 ……………………………… 119
　　　一、大学生心理健康的基本含义 ……………………… 119
　　　二、大学生心理健康的标准及注意事项 ……………… 120
　　　三、心理健康对大学生学习和成长的意义 …………… 124
　　　四、大学生心理发展的特点 …………………………… 125
　　　五、影响大学生心理健康的因素及心理健康的培养
　　　　　……………………………………………………… 126
　　第二节　大学生心理卫生与健康 …………………………… 132
　　　一、心理卫生的概念 …………………………………… 132
　　　二、大学生的学习心理与健康 ………………………… 132
　　　三、大学生的人际交往心理与健康 …………………… 137
　　　四、大学生择业心理及调适 …………………………… 143
　　第三节　大学生常见的心理问题及原因 …………………… 146
　　　一、常见的心理问题 …………………………………… 146
　　　二、大学生产生心理问题的原因 ……………………… 148
　　第四节　大学生常见的心理障碍和疾病 …………………… 149
　　　一、大学生常见的心理障碍 …………………………… 149
　　　二、大学生常见的心理疾病 …………………………… 151
　　第五节　心理治疗 …………………………………………… 159

一、暗示与暗示疗法 …… 159
　　二、催眠疗法 …… 161
　　三、支持性心理治疗 …… 163

第七章　常见传染病的防治 …… 165

第一节　预防传染病的基本知识 …… 165
　　一、传染病的概念和基本特征 …… 165
　　二、传染病流行过程的三个基本环节 …… 166
　　三、传染病的经常性预防措施 …… 168

第二节　常见传染病的防治 …… 171
　　一、流行性感冒 …… 171
　　二、肺结核 …… 174
　　三、麻疹 …… 177
　　四、病毒性肝炎 …… 178
　　五、水痘和带状疱疹 …… 184
　　六、细菌性痢疾 …… 186

第三节　几种新发传染病的防治 …… 188
　　一、传染性非典型肺炎 …… 188
　　二、甲型 H1N1 流感 …… 192
　　三、人感染高致病性禽流感 …… 197

第八章　常见疾病的防治及合理用药 …… 201

第一节　疾病的诊断依据 …… 201
　　一、症状 …… 201
　　二、体征 …… 203
　　三、辅助检查 …… 203

第二节　常见疾病的防治 …… 204
　　一、内科疾病 …… 204
　　二、外科及皮肤科疾病 …… 209
　　三、五官科疾病 …… 211
　　四、口腔科疾病 …… 213

第三节　就医注意事项和药物的基本知识 …… 214

　　　　一、就医注意事项 …………………………………… 214
　　　　二、药物的基本知识 …………………………………… 214

第九章　大学生急症的自救与互救 …………………………… 220
　第一节　自救与互救概述 ……………………………………… 220
　　　　一、生命体征的观察 …………………………………… 221
　　　　二、现代救护特点 ……………………………………… 224
　　　　三、现场救护的基本任务及"生命链" ………………… 224
　第二节　心肺复苏 ……………………………………………… 225
　　　　一、心肺复苏适应症 …………………………………… 225
　　　　二、心肺复苏操作程序 ………………………………… 225
　　　　三、心肺复苏有效指征及复原位 ……………………… 227
　第三节　体外心脏除颤及气道梗塞急救 …………………… 228
　　　　一、体外心脏除颤 ……………………………………… 228
　　　　二、气道梗塞急救 ……………………………………… 228
　第四节　创伤救护 ……………………………………………… 229
　　　　一、止血方法 …………………………………………… 229
　　　　二、伤口包扎法 ………………………………………… 230
　　　　三、临时固定 …………………………………………… 232
　第四节　意识丧失的自救与急救 …………………………… 235
　　　　一、意识丧失的检查 …………………………………… 235
　　　　二、大学生常见疾病昏迷的特征和判断要点 ………… 236
　　　　三、意识丧失的急救 …………………………………… 236
　第五节　物理性急症 …………………………………………… 237
　　　　一、触电的急救 ………………………………………… 237
　　　　二、溺水的急救 ………………………………………… 239
　　　　三、中暑的急救 ………………………………………… 241

第一章 健康与健康教育概述

健康不是一切，但没有健康，就没有一切。世界卫生组织提出人体健康的新标准，包括机体和精神的健康状态，人的身体、精神与社会的最佳状态，而不是单纯的没有病。新的健康观认为，没有生病只是健康的一个基本方面，最主要是机体的正常状态，同时还包括心理健康和对社会、自然环境的适应能力。也就是说人的机体、心理与社会、环境的适应能力均处于协调、平衡的状态。这就是新的健康完整而全面的观念。

第一节 健康新概念

一、健康新概念

（一）健康新含义

自古以来，健康就是人类生命史上一个极为重要的课题。人人希望健康，并且把健康和幸福联结在一起，把健康和社会进步联结在一起。然而，什么是健康？健康的问题如何理解？并不是每个人都能给出答案的。

健康是相对疾病而言的，两者是生命活动现象的对立统一。健康是一个动态的概念，受一定历史阶段生产力、生产关系、科技水平、传统观念、世俗文化和哲学思想的影响，人类对健康的认识过程，也随着社会的发展、科学技术的进步和生活水平的提高而不断地深化。

长期以来，人们受生物医学模式的影响，认为健康就是没有躯体疾病，疾病就是机体形态结构、功能代谢的紊乱。随着医学模式由生物医学向生物—心理—社会医学模式的转变，威胁人类健康的主要因素已不是自然疫源所致的传染病，而是与心理、社会因素、人类生活方式、自身行为有密切关系的慢性病、心脑血管病、肿瘤、老年病等已成为导致人类死亡的最主要原因。有些人认为"无病、无残、无伤"就是健康，这种理解是不准确、不全面的。现代意义上的健康，包括多层面的含义，世界卫生组织对健康的定义是：健康不仅是没有疾病或病痛，而且是一种身体上、心理上和社会适应能力上的良好状态。根据这个定义，健康的人基本标准应包括三个方面：躯体健康；心理健康；对社会具有良好的适应性（具有进行有效活动和劳动的能力）。因此，只有在躯体、心理、社会的各层面之间保持相对平衡和良好状态，才能称得上完全健康。否则，虽然体壮如牛，但心理不健康、精神痴呆、生活质量低下，也谈不上健康，三者应取得和谐与统一。

最近，有人主张把"道德健康"列入健康范畴，即从道德的观念出发，每个人不仅对健康负有责任，同时，也对社会健康承担义务。

一个人只有躯体健康、心理健康、社会适应良好和道德健康，才算是完全健康的人。这是世界卫生组织（WHO）最新提出的健康概念。

健康新概念揭示了人体的整体性以及人体与自然环境和社会环境的统一，强调人的机体必须与社会环境和自然环境相互协调。而人在协调过程中往往处于主动地位，这是认识健康、实现健康的基础，而自身行为和生活方式对健康和社会更具有举足轻重的作用。这种认识必将从被动的疾病治疗转变为积极的预测疾病，预测疾病从单纯的生物指标扩展到心理、社会指标；从个体诊断延伸到群体乃至整个社会的健康评价。也就是说，既考虑到人的自然属性，又侧重于人的社会属性；既重视健康对人的价值，又强调人对健康的作用，并将两者结合起来。这种对人类与健康是多因多果关系的认识是健康概念的更新。

新的健康概念更深一层的意义，在于它指出不能单单把追求躯体的健康看作生活的最终目的，而应看作是争取生命更高尚、更丰富所具备的必要物质条件。或者说，健康是提高生命质量的基础，其价值远不止为了维持个体的生存和延长寿命，而是为了提高生命的社会价值。只有身体健康的人，才能精力充沛、生机勃勃地投身于火热的事业当中，去实现自己的理想与目标；只有一家人健康，才能给家庭带来富裕、安乐和幸福；一个企业只有职工人人健康，才能发展生产、繁荣经济；只有社会群体健康，才能促进社会发展、国家兴旺。

（二）健康与亚健康的概念

1. 健康的定义

世界卫生组织对健康的定义是：健康不仅仅是没有疾病或病痛，而且是一种身体上、心理上和社会适应上的良好状态。根据这个定义，健康的人基本标准应包括三个方面：

（1）躯体健康。

（2）心理健康。

（3）对社会具有良好的适应性，三者应取得和谐与统一。

2. 亚健康的定义

亚健康的概念被定义为在健康与疾病之间，包含着几种相互联系但又有所不同的状态：

（1）心身轻度失调状态：表现为情绪低落、注意力不集中、食欲不佳、烦躁失眠等。

（2）潜临床状态：潜伏着发展成某一病理损害的可能。

（3）前临床状态：已有病理改变，但临床症状不明显。

在亚健康阶段中，心身交互作用，促进着疾病的发生。如果我们尽早从心理、生理、生活方式等多个环节采取干预措施，就有可能阻止亚健康向临床疾病方向发展，使机体保持完好圆满的状态。

健康是人类生命存在的正常状态，是经济发展、社会进步、民族兴旺发达的保证。实现"人人享有卫生保健"是全人类共同的理想和目标。中国宪法规定：维护全体公民的健康，提高各族人民的健康水平，是社会主义建设的重要任务之一。自古以来，任何时代和民族无不把健康视为人生的第一需要。可以说，自有人类以来健康问题就已经出现，它反映着人的生活质量。健康，是人类最宝贵的财富；健康，是社会昌盛的保障；健康，是生命幸福美满的基础。

由此可见，健康往往是与学习、生活、劳动、贡献等内容联系在一起的。从一定意义上讲，健康是社会、经济发展的重要条件。因此，尽可能提高群体的健康水平是一项重要的社会性目标，而实现这一目标的新战略措施是开展健康教育。

二、健康新标准

怎样的身体状态才算是真正的健康呢？具体的标准是什么？最近世界

卫生组织（WHO）提出了人体健康的10条标准：

（1）有足够充沛的精力，能从容不迫地应付日常生活和工作压力而不感到过分紧张。

（2）处事乐观，态度积极，乐于承担责任，事无巨细，不挑剔。

（3）善于休息，睡眠良好。

（4）应变能力强，能应付环境的各种变化。

（5）能够抵抗一般感冒和传染病。

（6）体重得当，身体匀称，站立时头、臂、臀位置协调。

（7）眼睛明亮，反应敏锐。

（8）牙齿清洁，无空洞、无痛感，齿龈颜色正常，无出血现象。

（9）头发有光泽，无头屑。

（10）肌肉、皮肤富有弹性，走路感觉轻松。

这10条健康标准，前4条主要是心理健康和社会环境方面的健康标准，后6条主要是身体方面的健康标准。这些内容具体地阐述了健康的概念，体现了体格、心理和社会三方面内容，具有可操作性和科学性的特点。

三、疾病发生的原因和条件

疾病发生的原因是指引起某种疾病的特定因素，又称致病因素。条件是指在原因存在的前提下，促使疾病发生、发展的因素。任何疾病都是由一定的原因引起的，不同疾病有不同的原因，在许多情况下，仅有原因对机体的作用，往往还不足以使疾病发生，只有免疫功能低下，营养不良等情况下才会发生疾病。

（一）生物性因素

病原微生物（细菌、病毒、真菌、立克次体）、寄生虫（原虫、蠕虫等），经一定的途径侵入体内，作用于不同部位。病原微生物可通过水、空气、食物及其他载体侵入人体。污染水质的微生物一般有细菌、病毒、寄生虫、原虫和螺旋体等，多来自人类粪便、排泄物、污水和自然灾害。引起具有一定特异性的病变，与机体免疫功能有密切关系。

（二）物理性因素

机械力、温度、电流、电离辐射、大气压等致病的严重程度主要取决于它的强度、作用时间和部位。

（三）化学性因素

强酸、强碱、一氧化碳、有机磷农药等达到一定剂量时可使人体中毒，对机体的作用部位，大多有一定选择性。

（四）营养性因素

维生素、碘、钙、磷、蛋白质、脂肪等缺乏或过多，都可致病。

（五）遗传性因素

遗传物质的变化（基因突变或染色体畸变）可导致遗传性或遗传易感性疾病。遗传缺陷或遗传疾病不仅影响个体终身，而且是重大社会问题，在家庭、伦理、道德、法制和医疗康复等方面成为难题。解决的方法是加强预防，提高科学婚姻，优生优育，促进民族世代繁衍，增强体质，提高生活质量。

（六）免疫性因素

当免疫防护功能、免疫稳定功能和免疫监督功能异常时，可发生变态反应，引起免疫缺陷及自身免疫性疾病等。

（七）心理、社会因素

1. 自然环境因素

（1）噪声对人体健康的影响。

凡干扰、影响人们工作、学习、生活和活动的声音，统称噪音。一般认为，50 dB 以上可影响人的脑力劳动，80 dB 会使人烦躁不安，90 dB 会使人听力下降，100 dB 以上，可明显致聋。噪音来源有：工业性噪音、交通性噪音、生活性噪音、音乐性噪音等。长期性噪音侵袭，使人患"噪音综合征"。

（2）污染物对人体健康的危害。

环境污染对人体健康的损害，一般表现为特异性损害和非特异性损害两种。前者指环境污染大量扩散、释放或持续堆积，引起急性或慢性中毒，对人类产生负面作用，具体表现为：致畸形作用、致突变作用和致癌作用等。非特异性损害主要表现在某些多发病的发病率增高，人体抵抗力和劳动力下降。

2. 社会环境因素

（1）社会经济因素。

人类要健康地生存，就必须有足够的生活资料来满足衣、食、往、行的基本需要。同时还要有必要的医疗保健设施。人类这些生理与安全方面的需求，有赖于生产的不断发展与社会财富的不断丰富。发展国民经济是保障人民健康的决定性条件，反过来有了健康的劳动力，又推动了生产的发展，即民强促国富，国富保民强。

（2）社会文化因素。

文化教育在许多方面影响和作用着人类的健康。文化程度越高，死亡率越低，说明文化因素对健康有着不可忽视的影响。

（3）社会心理因素。

社会心理因素是指在特定的社会环境条件下，导致人体在社会行为及系统器官功能方面产生变化的因素。心理因素与健康着重于人体内在情绪对周围环境和事物的态度和观念，强调个体心理状态如何适应外在环境的改变，使人体和变动着的社会环境形成协调统一的整体。每个人在其生活经历中都会遭受不同心理社会刺激因素的影响，但大多数人反应较轻，并不致病。如果心理社会因素的强度超过调节和平衡系统或个人承受能力的极限，即可引起心理（精神）或躯体（生理）的异常。

（4）社会制度因素。

我国的社会主义制度具有无比的优越性，以保护全体劳动人民的健康、保护和发展社会劳动力为止基点，所制定和实施的卫生工作方针、政策，对维护健康起了决定性作用。

3. 行为和生活方式因素

行为和生活方式对健康的影响，除了具有潜袭性、累积性的特点外，还具有广泛性和持久性等特点。行为和生活方式不仅与慢性退行性疾病有关，而且也是引起其他类型疾病的重要因素。

（1）现代行为习惯因素。

① 机械化、电气化、信息化文明，造成人体结构和机能的退化；不遵守安全生产操作规律，不正确使用劳保用品，可引起职业损伤，甚至职业病。

② 高营养、低消耗的能量与物质代谢，造成人体肥胖；吃不洁食物引

起肠道传染病。

③ 快节奏、大压力的生活节奏造成千奇百态的心理障碍与疾病；性乱可引起性病和艾滋病蔓延。

④ 高危险生活、高密度拥挤造成形形色色的意外遭遇和事故。

⑤ 市场经济、高技术忽视人们的情感世界，造成人心理冷漠、浮躁。

⑥ 城市的无限扩张、大面积污染造成城市居民生活条件恶化和自然灾害。

（2）现代行为生活习惯因素。

由于新技术的应用，现代人的运动量比上一代人减少了1/3，这就引起了各国肥胖症的大流行。与肥胖有关的疾病逐年增多。

（3）吸烟。

吸烟是较普遍的不良社会现象。吸烟是目前影响人类健康严重的不良行为因素之一。吸烟危害很大，近年来世界各国的科学家做了大量的社会调查和科学实验，证明吸烟能诱发和加重多种疾病，影响人们的生命力。

第二节 健康教育与健康促进

健康教育是面向全民，解决当前几乎所有卫生保健问题的重要干预对策之一。学校健康教育是全面贯彻教育方针的一项创新事业，体现了先进的公共卫生观念，促使学生全面提高综合素质。它与学校教育方针完全一致。1990年，国务院批准颁布了《学校卫生工作条例》，明文规定普通高等学校要开设健康教育课程，普及保健知识，增强学生的自我保健意识和能力，提高学生身心健康水平。《中共中央、国务院关于深化教育改革的决定》中提出了"学校教育要树立健康第一的指导思想"，健康教育是实现这一思想的理想模式。这是对学校卫生工作的深层次定位，是一项具有战略意义的决策，将对我国的教育事业产生深远的影响。

健康教育既是学校基础教育的一部分，又是社区保健不可缺少的服务项目。因此，必须建立包括学校、社会、家庭在内的全民健康教育体系；突出从小做起，强调健康教育走进托幼机构、中小学校和高校，涵盖教育的全过程，强化健康教育为终身教育的性质，亦是医学科学普及和知识更新的补充教育范畴。

一、健康教育概述

(一) 健康教育的概念

世界卫生组织第三十六届世界卫生大会指出,健康教育是帮助并鼓励人们建立达到健康状态的愿望,知道怎样才能达到实现健康的目的;每个社会成员都尽力做好本身和集体应做的努力,并在必要时寻求适当的帮助。健康教育通过有计划、有组织、有系统的教育活动,促使人们自愿实施有利于健康的行为,消除或降低危险因素对健康的影响,从而提高生活质量和生命质量。它从根本上区别于一般号召性的卫生教育活动。过去所说的卫生宣传,通常是指单纯地进行卫生知识传播,没有强调行为意识,加之缺乏切实的干预,其效果不甚理想。健康教育是世界卫生保健领域提出的一项新的战略措施,也是干预措施。它的提出,标志着人类保健事业发展到一个新阶段。

在中国这样一个发展中国家,健康教育则具有更为严峻的使命,普及卫生知识的任务相当繁重,卫生知识的传播活动仍需要加强。要适应"生物—心理—社会"医学模式的发展,在生物因素方面,要强化不吸烟、不饮酒、合理膳食、规律生活、锻炼身体、优生优育,培养清洁卫生习惯教育的社会性;在心理因素方面,要注意心理卫生,注意家庭和人际关系和谐,控制应激,提倡自尊、自重、自爱、自强教育的整合性;在社会因素方面,要培育卫生安全的生活环境,利用社会卫生资源和保健设施,实现健康的生活方式,不仅要使大众群体健康有显著的改善,而且要延长人群的期望寿命。学校健康教育,正是实践这个期望目标的基础工程。

健康教育的实质是一种干预,它提供人们行为改变所必需的知识、技术和服务(如免疫接种、定期体检)等,使人们在面临促进健康、疾病预防、治疗、康复等各层次的健康问题时,有能力做出行为抉择。所以,"卫生宣传教育"是健康教育的重要措施,而健康教育是整个卫生事业的组成部分。纵观国内外健康教育的研究成果,我们认为健康教育比较准确的概念是:健康教育作为卫生保健的总体策略,是一门既有自然科学属性,又有社会科学属性的交叉学科,是一门新兴的应用科学。它是有计划、有组织、有系统和有评价的社会教育活动,也是促使人们自觉地采纳有益于健康的行为和生活方式，消除或减轻影响健康的危险因素，预防疾病、提高生活和生命质量，促进人类健康的一门科学。

（二）健康教育的意义

（1）学校是学生接受教育，掌握生活工作技能的主要场所，是教育者和受教育者生活、学习和工作的环境。学校是教育和健康计划能发挥最大作用的地方。随着生物医学模式向生物—心理—社会医学模式的转变，学校健康教育对人们生活行为和方式的影响，对人类健康的作用日益得到重视。学校健康教育，不仅可提高学生对健康的认识和建立相应的健康行为，而且还可通过学生将卫生知识带到家庭和社会，通过学生自身的健康行为来影响家庭及其他社区成员，促进家庭的自我保健，形成人人重视健康的社会风尚。学校健康教育，不仅可使学生终身受益，还可对未来整个社会和人类的健康起到巨大的促进作用。

（2）健康教育是所有卫生保健问题、预防方法及控制措施中最为重要的，能实现初级卫生保健任务的关键。为了充分发挥健康教育的作用，应该把健康教育作为联系各部门的桥梁，以协调各部门共同参与初级卫生保健和健康教育活动。

（3）健康教育是卫生保健的战略措施。当今发达国家和我国疾病死亡谱发生了根本性的变化。其死因不再是传染病和营养不良，而变成了慢性病，冠心病、肿瘤、中风已成为这些国家人口死亡的主要原因，这些疾病多与不良的生活方式、行为（约占50%）、职业和环境因素有关。健康教育促使人们自愿地采纳健康的生活方式与行为，从而降低致病的危险因素，做到预防疾病，促进健康。

（4）健康教育是一项投入少、产出高、效益大的保健措施，健康教育可改变人们不良的生活方式和行为，减少患病的危险性，是一项一本万利的事业。目前，成年人的疾病和死亡原因主要是癌症和冠心病，如果人们能够获得有关吸烟、饮食和锻炼方面的科学知识，并把它们付诸实践的话，成年人的死亡总数可以减少50%以上。同样在大多数国家，饮酒引起的事故和疾病也是过早死亡的一个原因。解决这个问题的办法是开展健康教育，让广大人民群众掌握卫生保健知识。

（5）健康教育是提高广大群众自我保健意识的重要渠道。自我保健是指人们为维护和增进健康，为预防、发现和治疗疾病，自己采取的卫生行为。自我保健包括了个人、家庭、邻里、同事、团体和单位开展的以自助为特征（也包括互相）的保健。它是保健模式从"依赖型"向"自助型"发展的体现，它能发挥自身的健康潜能和个人的主观能动作用，提高人们对健康的责任感。

（三）健康教育的目的

健康教育的目的是通过有计划、有组织、有系统、有目的和有评价的活动，达到改善、维护、促进个体和社会的健康状况，从而有利于文明建设。具体概括如下：

（1）增进人们的健康，使个人和群体为实现健康目标而奋斗。

（2）提高或维护健康。

（3）预防非正常死亡、疾病和残疾的发生。

（4）改善人际关系，增强人们的自我保健意识和能力。

学校健康教育就是在学校中，采取多种形式，针对学生的求知特点和对健康的需求，进行有目的、有计划地传播、教授健康知识和技能的活动。学校健康教育使儿童青少年获得必要的科学卫生知识，树立正确的健康价值观，养成健康的学习和生活方式，改善不利于健康的环境，从而达到预防和减少疾病、增强体质、促进身心发展、为终身健康奠定基础的目的。

（四）健康教育目标

健康教育是以传授健康知识、建立卫生行为、改善环境为核心内容的教育。高等学校的健康教育，以处于青春发育后期的大学生为主要对象，应有计划、有目的、有组织和有评价地进行。其目标是：

（1）增进大学生的卫生知识，使其进一步了解健康的价值和意义，有效地建立和促进个人、社会对预防疾病和保持自身健康的责任感。增强维护自身健康的责任感和自觉性，提高自我保健和预防疾病的能力。

（2）帮助大学生自觉选择健康的行为和生活方式，消除或减少危险因素的影响，促进个体、社会采纳明智的决策和选择有利于健康的行为。从而促进身心健康，改善生活质量。

（五）健康教育要求

（1）帮助大学生树立现代的健康意识，使他们真正认识到，健康不仅是躯体无病、体格健壮，还应有良好的心理素质和社会适应能力，从而有效地促进全社会关心健康、关心疾病的预防工作。社会决策对人们健康的影响，主要表现在对维持、促进和改善健康方面的重要作用。

（2）培养21世纪新型人才，让大学生了解生命科学的有关知识、发展现状和趋势，当今社会面临的各种生命科学问题以及随之而来的生物学伦理问题是十分必要的。大学生应掌握必要的卫生保健知识和急救常识，养成用脑卫生、用眼卫生、起居卫生、运动卫生、环境卫生、心理卫生、性卫生、饮食营养卫生等良好习惯，并且要身体力行，以增强自我保健的能力。

（3）使大学生认识到不健康的行为和生活方式（最突出的是吸烟、酗酒、膳食结构不合理，缺少体育运动和心理应激）给自身健康带来的危害，帮助他们改变不健康行为和不良生活方式。

（4）使大学生强烈意识到健康是当代成才的重要素质，并进一步认识到增进健康是历史赋予大学生的使命，从而增强他们维护健康的责任感和自觉性。而这不仅是对自己负责，也是对社会负责。

（5）对大学生进行健康方面的教育，并从其卫生保健知识的掌握、良好卫生习惯和生活方式的形成以及体质健康状况的改善等方面来检验健康教育的效果。不断充实教育内容，改进教学方法，提高教育效果，总结和交流教育经验，探索具有中国特色的大学生健康教育模式和体系。

（6）促进社会主义精神文明建设。社会主义精神文明建设的重要任务之一，就是要提高全民族的科学文化水平，提倡文明、健康、科学的生活方式，克服社会风俗习惯中存在的愚昧落后的东西。

（六）课型、课时、内容

1. 课型

《学校卫生工作条例》第十三条规定，"学校应当把健康教育纳入教学计划。普通高等学校……应当开设健康教育……"教育部文件，教体〔1998〕4号"关于印发《高等学校医疗保健工作规程》的通知"第八条规定，开设大学生健康教育课（选修课或必修课）或定期举办健康教育讲座，增强学生自我保健能力，促进学生建立健康的生活方式和良好的卫生习惯。在《大学生健康教育基本要求》中又规定，师范院校可以试点开必修课。关于课型的执行情况，全国高校的情况是：选修课的形式占开课学校的 66.6%，必修课占 33.4%。

2. 课时

《大学生健康教育基本要求》规定，授课以在低年级开始为宜，一般每周授课一次，总计 32~36 学时。

3. 内容

第一章　健康和健康教育概述

第二章　大学生的生长发育与健康

第三章　大学生的行为与健康

第四章　营养与大学生健康

第五章　性健康教育

第六章　大学生心理健康与心理疾病

第七章　常见传染病的防治

第八章　常见疾病的防治与合理用药

第九章　大学生急症的自救与互救

（七）我国学校健康教育的发展趋势

在进行学校健康教育过程中，人们发现学校健康教育往往偏重于教学活动，缺乏政府强有力的支持和广泛的社区参与，尤其是缺乏教育部门和卫生部门协调一致的支持，使学校健康教育难以收到更好的效果。

20 世纪 80 年代中期，国际上提出健康促进学校概念，随即 WHO 在欧洲一系列研讨会上讨论，并在部分学校试行。1992 年正式建立了欧洲健康促进学校网络。其他地区的不少国家相继开展了促进学校健康教育的工作。

20 世纪 90 年代初期，WHO 西太区开始积极倡导健康促进学校行动。在其《健康新地平线》文件"生命的准备"这一主题里提到了"健康促进学校"。WHO 西太区首先在澳大利亚、新加坡、斐济等岛国实施健康促进学校行动。健康促进学校是世界卫生组织（WHO）倡导的一项全球行动。我国自 1995 年，中国健康教育所陆续组织实施了多个健康促进学校项目。1999 年 6 月 13 日，我国颁布了《中共中央国务院关于深化教育改革全面推进素质教育的决定》（以下简称《决定》）。实践证明，健康促进学校完全符合《决定》精神，是学校健康教育发展的必然趋势，也是学校卫生工作的深层次定位。

二、健康促进概述

(一) 健康促进的含义

健康促进是世界卫生组织阿拉木图会议上，由其医学顾问委员会于1979年首次提出，并于1986年在渥太华召开了第一届国际健康促进大会，为健康促进奠定了理论基础。1993年11月世界卫生组织联合国环境开发署在曼谷召开亚太地区健康促进区间大会，提出了亚太地区健康促进的重点问题，并通过了《曼谷宣言》。

世界卫生组织认为："健康促进是促进人们提高和控制自己健康的过程，是协调人类与环境的战略，规定了个人与社会对健康各自所负的责任。"健康促进是影响、教育人们进行一切健康活动的全过程。健康促进在我国各个行业和领域逐步开展。具体内容如下：

(1) 充分运用政府手段和行为来干预卫生工作，建立比较公平、完善的医疗保障体制，确保人人享有医疗卫生保健服务，充分体现其保障性与福利性。

(2) 应用先进医学手段提高大众健康水平，促进身心健康。

(3) 保护环境，加强预防保健措施的内容，要向深度和广度延伸。

(4) 以健康教育为手段改变生活行为方式，增强自我保健能力。

由于健康促进在全球的迅速发展，其内容不断扩大，出现了许多不同的解释和理解。因此，健康促进的概念目前尚在不断发展和完善中。1995年，WHO发表《健康新地平线》重要文献，指出："健康促进是指个人与其家庭、社区和国家一起采取措施，鼓励健康的行为，使人们能够改进和处理自身的健康问题。"

上述定义指出，健康教育在健康促进中的主导作用，不仅表现在健康教育在促进个体行为改变中的重要作用，而且它对于激发领导拓展健康教育的政治意愿、促进公众的积极参与以及寻求社会的全面支持，促进健康氛围方面都起到重要的作用。没有健康教育，也就没有健康促进。政策、法规和组织等行政手段是对健康教育强有力的支持。如果没有健康促进，健康教育尽管能成功地帮助个体行为改变做出努力，但显得软弱无力和不够完善。

健康促进的概念，包括以下内容：

（1）健康促进是涉及整个人群的健康，包括人们日常生活的各个方面，而不是仅限于造成疾病的某些特定危险因素。

（2）健康促进主要是直接作用于影响健康的危险因素或疾病的活动。

（3）健康促进是采用多学科、多手段的综合方法促进群体的健康，包括传播、教育、立法、组织、社会开发，以及群众自发地参与维护健康的活动。

（4）健康促进特别强调群众的积极参与。要求进一步启发个体和群体，提升他们对自身健康问题的认识，并做出正确决策。

（5）健康促进主要作用于卫生和社会领域，而非单纯的医疗服务，它包括广泛的专业参与。

（二）健康促进学校

1. 健康促进学校的含义

健康促进学校是一个有完整意义的新概念，是指这样一个地方，在那里，通过学校及学校所在社区成员的共同努力，提供能促进并保护学生健康的、全面的、积极的经验和组织机构。这包括正式和非正式健康教育课程；创建一个安全和健康的学校环境；提供适当的健康服务；促使家庭和社区更广泛参与，以便最大程度地促进和保障学生与社区成员的健康。

2. 健康促进学校的目标

改善学生的学习和生活环境，提高学生的身心健康水平，并通过学校向家庭、社区传播健康信息，促进全社区成员的健康。

3. 健康促进学校的内容

健康促进学校是国际性的，西太区各国间都应保持一定程度的一致性，《健康促进学校发展纲要》明确规定了以下6个方面的内容：

（1）学校健康政策。

① 纳入教育计划专人负责。

② 制定教育过程卫生政策。

③ 建立师生体检制度。

④ 制定学生常见病防治工作规划。

⑤ 制定措施确保男女平等，预防欺弱行为的发生。

⑥ 制定改善膳食营养政策。

⑦ 学校内完全禁止吸烟和使用非法药品，并禁止学生饮酒。

⑧ 学校有安全和急救设施。

这是明确规定并广泛公布的一些政策，也就是人们通常所说的规章制度，它可以影响健康领域内行为的实施和资源的调拨。

（2）学校物质环境。

物质环境是指学校建筑物、场地、进行室内室外活动所需要使用的设备以及学校周围的环境，也包括一些基本设施（如卫生设施等）。

① 学校建筑和设施应符合建筑规范。

② 学校卫生设施应符合卫生标准和要求。

③ 学校食堂卫生应符合食品卫生法规的要求。

④ 学校不得出售不利于健康和安全的食品和用品。

⑤ 学生参与维护学校清洁，美化学校环境的活动。

（3）学校社会环境。

社会环境是指学校学生之间、教职员工之间以及学校的教职员工与学生之间关系的质量组合。

① 学校应营造一种相互关心、信任和友好的氛围，树立良好的校风。

② 学校应对有特殊困难的学生提供适当支持和帮助。

③ 学校应注重学生心理的良好发展。

（4）个人健康技能。

① 学校应将健康教育纳入教学计划。

② 学校应培养有益于健康的行为，使学生掌握个人健康技能。

③ 学校每学期应使学生至少有机会参加一次健康教育课外活动，以巩固和补充课堂理论知识和技能。

④ 学校应鼓励学生将健康教育知识的技能向家庭和社区成员传播。

（5）社区关系。

① 中小学生家长应与学校保持密切联系，并参与健康促进活动。

② 社区应支持、参与学校的健康促进活动。

③ 根据学校能力为社区健康促进活动服务。

（6）健康服务。

① 定期对师生进行预防性体检，建立健康档案。

② 开展学生常见疾病防治。

③ 为学生提供心理咨询服务。

④ 开展免疫接种，预防学校内传染病发生。

⑤ 学校应主动向卫生防疫保健机构寻求指导和帮助。

4. 健康促进学校的模式

（1）健康促进学校模式的核心思想。

健康促进学校倡导用学校的整个环境，去帮助人们建立和发展良好的适应能力，以及相应的信心、自尊，并培养学生一些有效的策略和技能，用以恰当地处理和应对那些对人们造成长期影响的消极因素。

（2）健康促进学校模式的基础。

健康促进学校围绕公共卫生政策建立，组织并形成相适应的卫生工作系统，以此来创设支持性的环境。加强社区行动，发展个人技能——这也是对卫生服务系统的一个重新定位过程。

（3）健康促进学校模式。

① 课程、教学和学习。

② 学校组织、团体准则和环境。

③ 合作伙伴和服务。

健康促进学校模式的成功与否，就在于这三方面是否能有机地结合在一起，并在一个学校的内部有效地运作起来。这种健康促进学校的模式，是在学校的课程教学之外，再提供一些似乎"多余"的健康教育。从本质上讲，这种模式是通过课程与政策的重新调整与确立，在学校的整体环境中重新规划和组织相关的活动。

5. 健康促进学校的意义

就在于它使年轻人能够照顾自己、关心他人，能相对自主地做出决策并掌控自己的健康和生活处境，在确保他们健康的基础上，也能使周围的其他社会成员获得健康的关系与环境。大多数的危害因素都存在于学校之外。因此，学校有责任通过增进年轻人的知识和理解力，使其个人和社区的适应力都有所增强。健康促进学校的方法，更有利于整个社区乃至社会，在对待儿童及青少年心理卫生问题的态度上，有所包容和理解。

【思考题】

1. 什么是健康、健康教育、健康促进？
2. 简述健康教育的目的、意义。
3. 高等学校健康促进内容包括哪些方面？

第二章 大学生的生长发育与健康

世界卫生组织（WHO）将10~20岁定为青春期。我国一般把11、12~17、18岁这一年龄阶段定为青春期。17、18~23、24岁定为青春后期（即青年期）。广义青春期包括青春后期，我国大学生基本处于青春后期阶段，生长速度变缓，且渐趋成熟，体格、机能、素质和适应能力达到较高水平。生理、心理和社会活动日益完善，具有明显的青年特征，同时又有其特有的变化。

我国大学生一般都处在18~23岁这个年龄段，正值人体发育的青春后期。它标志着人体内各系统器官组织的发育已达到一个旺盛发展阶段，生理上也趋向成熟，这段时期是身体定型的关键时期。青年期是每个人成长的必经之路，这一时期的生长发育对人一生的健康和生命质量都将产生重要的影响。

第一节 大学生生长发育的时期

一、人体生长发育分期

一个人从出生到衰老，要经过漫长的人生岁月。人的一生，从生长状况的时期上来划分，大致分为胎儿期、婴儿期、幼儿期、童年期、青春期、青年期、成年期和老年期（见表2-1）。

青春期发育的启动标志着人在身体上的全面成熟，是人生中最重要的发育阶段。青春期和青春后期的区别，只是发育成熟程度上的不同，如果说青春期已具有发育的雏形，到了青春后期这种发育则更加完善，接近完全成熟。

表2-1　人体生长发育时期

时间	生长发育时期
受孕0~9周	胚胎期
9~38周	胎儿期
出生~1岁	婴儿期
1~3岁	幼儿期
3~6岁	童年期
6~10岁	少年期
10~23岁	青春期
23~54岁	成年期
55岁以上	老年期

二、人体生长高峰

人的一生生长速度是很不均衡的，有时快，有时慢，呈波浪式起伏，并且到一定年龄以后就停止生长发育。人的生长发育起伏，在一生中只有两次最为突出，医学上称之为"生长高峰"（见图2-1）。

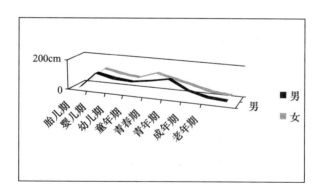

图2-1　人体生长高峰

第一次生长高峰：从胎儿期至出生后1岁，时间只有一年零九个月，但体重却增加了22倍，可见增长的速度是相当迅猛的。

第二次生长高峰：青春期。这一时期，不仅身高、体重长得十分迅猛，更重要的是机体发生了质的变化，这是一个从量变到质变的飞跃过程，也是从童年走向成年的过渡阶段、转折关头和定型阶段。

第二节 大学生身体外形的变化

一、身高

身高是身体发育的基本标志。身高是人体在笔直站立姿势下,从头顶最高点至双脚接触地面的垂直距离。它反映了人体骨骼的发育状况。人的身高在青春期,一年比一年长高。青春期以前,平均每年长高 3~5 cm,男性略高。到青春期平均每年长高 6~8 cm,甚至有的达 10 cm,可见青春期长势是惊人的。有趣的是,一个人的身高,到一定年龄时就不再上升,男性终止生长的年龄为 23~26 岁;女性终止长高的年龄为 19~23 岁。但女性进入青春期一般比男性要早 2 年,在第一次来月经前后,大多数女性身高的增长速度较快,均值很快超过男生。12 岁以后男性也开始突增,1~2 年以后进入高峰阶段,逐渐又超过女性。之后男女性生长水平差距继续扩大,到 17~19 岁时男性的身高均值显著高于女性。大学生所处的年龄段,其身高长势是迟缓的。

(一) 身高的测量

1. 测量使用仪器

测量仪器为身高坐高计。使用前应校对零点,即用钢尺测量基准板平面至立柱前面红色刻线的高度是否为 10.0 cm。使用时应检查立柱是否垂直,连接处是否紧密,零件有无松脱等情况,如有问题应及时纠正。

2. 测量方法

受检者赤脚,立正姿势站在身高计的基准板平足跟、髂骨部及两肩胛间部与立柱相接触,躯干自然挺直,头部正直但不靠立柱,两眼平视前方,保持耳屏(耳珠)上缘与眼眶呈一水平,检测人员站在受检查者右侧,将水平压沿立柱下滑,轻压受检查者顶部,检测误差不得超过 0.5 cm。

目前能有效检测身高能否继续增长的方法是,通过 X 射线,检测骨骺是否闭合,通过骨骺的闭合程度来判断一个人是否达到身高生长的极限。

遗传学家推出利用父母身高预测子女身高的公式:

男生成年时身高 (cm) = (父身高 + 母身高)/2 × 1.08

女性成年时身高 (cm) = (父身高 × 0.923 + 母身高)/2

3. 注意事项

身高坐高计要选择平坦靠墙的地方放置,立柱的刻度尺应面向光源。

测量时要特别注意观察足跟、骶部和两肩胛间部是否紧靠立柱,水平压板与头部接触时,松紧度是否适宜。头发蓬松者要把头发压实,头顶有小辫或发结的要松解后测量。读数完毕立即将水平压板推回到安全高度,以防损坏。测量身高以前,受检者不应进行体育活动和体力劳动。

(二)身高增长的规律

对身高起作用的只有脊椎骨和下肢骨。

1. 脊椎骨

下肢骨的增长规律是先长得慢,后长得快。7岁以前,下肢的长速与上肢骨基本相等。可是一过7岁,下肢的生长速度超过了胳膊的生长速度;以后到了青春期,它的长势更加劲头十足,成了决定身体高矮的关键因素。不过,它的长势不长久,随着青春期的结束,它也就跟着衰落而终于停止。

2. 脊椎骨

脊椎骨的增长速度远远不及下肢骨,但它的长势似乎比下肢骨持久,甚至下肢骨已经停止增长了,它还在一点一点往上长,直到青春后期长势才止住。所以,人的身高,十七八岁以前主要靠下半身,而十七八岁以后主要靠脊椎骨。但中国人身高的差距主要是由下肢骨的长短造成的,而坐高形成的差距则相对较小。

3. 男女生发育水平

青春期前男女生发育水平基本相同,男性略高。10岁左右女性身高开始突增,所以均值很快超过男性,出现第一次交叉。12岁以后男性也开始突增,1~2年以后进入高峰阶段,又逐渐超过了女性,形成了第二次交叉。以后男女差距继续扩大,到18岁时男性的身高均值却显著大于女性。女性停止长高后男性还继续长2~3年。

二、体重

体重是指身体的重量,是身体发育的重要指标之一,它反映人的肌肉、骨骼发育情况和营养状况。

(一)体重的分类

1. 体脂肪

体脂肪是指能用乙醚提取的纯脂肪,是人体中易变的部分。男女在青春期的体脂肪涨势完全不同，随着生长突增的开始，男性的脂肪不断减少；而女生在突增的高峰期，脂肪的数量仍在缓慢增加，只是增加的速度减慢了。突增高峰期过后，在雌性激素作用下，女性的腰部、大腿、臀部、乳房等处不断堆积脂肪，脂肪增加的速度重新加快，使女生更显得丰满。女性月经初潮的时间及月经正常与否，主要取决于体内脂肪含量的多少。要维持正常的月经及体内性激素水平，必须设法使女性体脂含量保持在22%以上。对那些正处于生长发育时期和体重并未超过正常标准的女性来说，减肥节食，限制脂肪的做法是十分有害的。目前推荐的脂肪比范围是：男性10%~20%，女性15%~25%。

医学意义上的肥胖，是指一定程度的明显超重与脂肪层过厚，是体内脂肪，尤其是甘油三酯积聚过多而导致的一种状态。部分体重在正常标准以下的人，其体内的脂肪含量也可能会超标。例如，一些看起来较瘦的人，体内重要器官（如心脏、肝脏或者胰脏）附近积存了大量脂肪，这些脂肪是肉眼所不能发现的。同那些积存在人皮肤下面的脂肪相比，上述所谓的"隐形脂肪"反而更危险。

2. 瘦体重

瘦体重亦称"去脂体重"，去除脂肪以外身体其他成分的重量，由身体细胞重量、细胞外水分和去脂的固体部分组成。其主要成分是骨骼、肌肉。随着身高增长，骨骼不断加长、增粗和变大，重量也不断增加。青春期男性瘦体重增长迅速，幅度大，持续时间长，这一增长变化将持续到30岁；女生的瘦体重则增长相对较慢，持续时间短，18岁以后不再增加。所以，随着年龄的增长，男女瘦体重的差别越来越明显。肌肉的增长更明显。8~15岁，肌肉重量与体重之比仅增加5.4%，而15~18岁猛增11.6%，原因是当身高突增（女生11~13岁，男生13~15岁）时，肌肉主要增长长度；身高增长减慢以后，肌肉明显增粗增宽，水分减少，蛋白质和无机盐增加，所以重量发生明显变化。

青春期瘦体重增长快，反映着对各种营养素的迫切需要。例如，身高每增加1 cm，需要20 g钙，加上每日的代谢需要就更多了。其他营养素，如蛋白、碳水化合物、微量元素等需要量也很大。有些生长快的男生对铁的需要量甚至比女生还大。人体成分的研究表明，人体所有的代谢活泼组织都属于瘦体重。人体成分研究还有助于合理进行体育训练和预防肥胖症，在临床、体育和科研领域中，都有较大的实际意义。体重在一定程度上说明骨骼、肌肉、皮下脂肪和内脏重量增加的综合情况。体重的增长时间较长，幅度较大，成年后体重可继续增加。

（二）体重的测量

1. 测量使用仪器

测量仪器为杠杆秤。仪器误差为 0.1%，即每 100 kg 误差小于 0.1 kg。检测前应校对零点，并于秤台中央放置 0.1 kg 的砝码，以观其灵敏度。

2. 测量方法

将体重计放在平坦地面，调整零点，直到刻度尺呈水平位，然后让受检者站在秤台中央，移动游码使刻度尺处于水平位置，然后读数。误差不得超过 0.1 kg。

3. 注意事项

测量时，受检男生只穿短裤，女生穿短裤、背心。受检者上下秤台时，动作要轻，称重时站在秤台中央。检测人员应熟悉砝码和刻度尺刻度表示的重量。

（三）标准体重

1. 标准体重的计算公式

① 身高在 165 cm 以下：

$$标准体重(kg) = 身高(cm) - 100$$

② 身高在 166~175 cm：

$$标准体重(kg) = 身高(cm) - 105$$

③ 身高在 176 cm 以上：

$$标准体重(kg) = 身高(cm) - 110$$

2. 体质指数

目前，用于测定标准体重最普通与最重要的方法是测定体质指数（Body Mass Index，BMI）。BMI 计算公式如下：

$$身体体质指数(BMI) = 体重(kg) / 身高(m)^2$$

例如，一名男性大学生，体重 55 kg，身高 1.70 m，则其 BMI 为 55/2.89≈19。

体质指数适合所有 18~65 岁的人士使用，儿童、发育中的青少年、孕妇、乳母、老人及肌肉发达者除外。

在发达国家BMI的正常范围为20~25，平均值为22，并认为稍微超过者比瘦小者寿命长。因而许多营养学家提出理想的BMI范围为24~26。发展中国家BMI的正常值为18.5~20。因此世界卫生组织提出全世界范围的BMI数值应为20~22。

（四）体重的增长规律

体重受年龄、性别、生活条件、气候条件、体育锻炼等因素影响。

1. 青少年体重随年龄的增加而增加

正常情况下，青少年体重随年龄的增加而增加，直到成年后还可继续增长。虽然青春期体重明显增加，但增长的高峰不如身高显著，身高的发育先于体重。15~16岁的少女显得身体细长，四肢细软。女性体重增长的时间比身高长，增长的幅度也较大。体重的增加除骨骼增长外，肌肉的增长更为重要。

2. 男女生体重增长的差异

男性在睾丸酮的作用下增长肌肉，增大肌力，且直到30岁才达到高峰。而女性肌肉发育在18岁左右一般就不再进行。女性在进入青春期后，体内雌激素促使脂肪在全身皮下沉积，使体重增长。

（五）高等学校学生体重评价新标准

根据教育部办公厅、国家体育总局办公厅教体艺厅〔2001〕3号，"教育部办公厅、国家体育总局办公厅关于印发《学生体质健康标准》（试验方案）的通知"，评价学生身高标准体重分为过轻、偏轻、适中、偏重、过重五个等级，具体见表2-2、表2-3。

表2-2 高校男生身高、标准体重及分数

体重/kg＼分数＼身高/cm	过轻	偏轻	适中	偏重	过重
	1分	3分	5分	3分	1分
182以上	52.2~55.7	55.8~58.2	58.3~74.9	75.0~77.8	77.9~81.1
175~181	49.6~53.4	53.5~55.8	55.9~71.6	71.7~74.5	74.6~77.5
171~174	47.3~50.7	50.8~53.0	53.1~67.8	67.9~70.4	70.5~73.1
167~170	45.6~48.9	49.0~51.1	51.2~65.5	65.6~68.1	68.2~70.7
166以下	43.4~46.8	46.9~49.0	49.1~62.8	62.9~65.3	65.4~67.8

表 2-3 高校女生身高、标准体重及分数

分数 体重/kg 身高/cm	过轻 1 分	偏轻 3 分	适中 5 分	偏重 3 分	过重 1 分
169 以上	44.5~46.9	47.0~49.4	49.5~67.2	67.3~70.6	70.7~74.1
163~168	42.5~45.0	45.1~47.4	47.5~64.9	65.0~68.2	68.3~71.6
159~162	40.3~42.6	42.7~45.0	45.1~62.2	62.3~65.5	65.6~68.9
156~158	38.3~40.4	40.5~51.1	43.0~59.6	59.7~62.9	63.0~66.2
155 以下	36.3~38.5	38.6~49.0	40.9~57.3	57.4~60.4	60.5~63.7

三、第二性征

人体的第一性征是指生殖系统的性区别。男性包括阴茎、阴囊、睾丸、附睾、输精管、精囊、前列腺。女性包括阴阜、大阴唇、小阴唇、阴蒂、处女膜、前庭大腺、阴道、子宫、输卵管、卵巢。人体的第二性征，是男女进入青春期后逐渐发育完全的身体差异。

(一) 男性第二性征

（1）男子从 11~12 岁后，喉结开始增大并逐渐变得明显，同时声带肥厚变宽，发音低沉而洪亮。

（2）12~13 岁时出现阴毛并由稀变密，由细变粗，分布呈在脐耻骨连线中点以下的一个正三角形。

（3）15 岁时出现腋毛，并有乳部发胀，乳头颜色变深。

（4）16~17 岁时长胡须，皮肤变得粗糙，皮下脂肪厚变薄，皮脂腺分泌旺盛，易形成痤疮。体表体毛表现为粗短浓黑，胸前部体毛也较长。

因此，男大学生的身体魁梧，肩部增宽，胸廓呈前后扁平，喉结突出，声带增宽，发音低沉，须毛丛生。

(二) 女性第二性征

女性第二性征主要包括乳房、阴毛、腋毛、身材等项内容。女性进入青春期后，乳房开始发育，逐渐隆起。乳房发育早可在 8~9 岁，迟可从 14 岁开始，平均 12 岁。乳房发育分五个阶段：第一个阶段，表现为乳头突出；第二个阶段，表现为乳房隆起；第三个阶段，乳头开始着色，形成乳晕；第四个阶段，乳房呈圆锥状突出，乳头变大，乳晕着色加深；第五

个阶段，乳腺发育，其前端呈盘状隆起。

第三节　内脏器官的变化

在青春期形态发育的同时，相应的各器官的生理功能也发生了变化。除生殖系统功能迅速发育外，心血管、呼吸、神经等系统的发育均发生不同程度的变化。在形态发育与功能发育互相促进下，机体逐渐发育成熟。

一、心血管系统的发育

（一）心脏

1. 重量

为保证青春期发育突增的进行，心脏的重量迅速增加，到青春期，心脏再次猛长，重量可达出生时的10倍，到青春后期心脏的重量可达出生时的12~14倍，已达到成人的水平。

2. 容积

心脏的总容量，新生儿为20~22 mL，青春期开始时是140 mL左右，青春期内增长速度逐渐加快，18~20岁时达到240~250 mL。左心室的室壁厚度也在青春期时增加到出生时的2.5倍。心肌纤维增厚，更富有弹性，心脏收缩就更有力，心脏每跳动一次，可输出60~70 mL血量。

3. 心率

心率随年龄增长而逐渐减慢。新生儿120~140次/分；1岁左右110~130次/分；4~7岁80~100次/分。一般16岁左右达到成人心率75次/分左右，女性略快于男性。大学生心容量、心率、输出量等项指标已接近成人水平。

（二）血压

青春期血压的变化与心率相反，年龄小时血压低，随年龄增长上升。

（1）13~14岁时，男性血压平均为13/8.1 kPa（98/61 mmHg），女性血压为13.2/8.8 kPa（99/66 mmHg）。

（2）18岁时男性平均血压为14.9/9.2 kPa（112/69 mmHg），女性血压为14.7/9.4 kPa（110/71 mmHg），之后，血压基本上接近成年人。

二、呼吸系统的发育

（一）频率

人体代谢需要氧气，婴幼儿时期代谢旺盛，但呼吸器官发育还不完善，故年龄越小，呼吸频率愈快。新生儿呼吸 40~45 次/分；1~3 岁 25~30 次/分；8~14 岁 18~24 次/分。青春后期呼吸系统功能增强，达到成人水平。

（二）肺活量

10 岁时平均为 1 400 mL，14~15 岁可增到 2 000~2 500 mL。在一般情况下，男大学生可达 3 500~4 000 mL，强壮者可增到 4 800 mL；女大学生肺活量一般较男生低，平均为 2 500~3 000 mL。

三、神经系统的发育

神经系统是机体内起主导作用的系统。分为中枢神经系统和周围神经系统两大部分。中枢神经系统包括脑和脊髓，分别位于颅内和椎管内。周围神经系统是脑和脊髓以外的部分，其一端与脑和脊髓相连，另一端通过神经纤维与人体各系统相连。人体生活在经常变化的环境中，环境的变化随时影响着体内的各种功能。这就需要对体内各种功能不断做出迅速而完善的调节，使机体适应内外环境的变化。实现这一调节功能的系统主要就是神经系统。它属于结缔组织。

大学生的大脑及神经系统基本发育成熟，脑的重量接近成人，约 1 500 g，脑的外形与核桃仁相似，在结构上，脑表面的沟回组织已完善和分明，神经纤维的髓鞘化、增长和分支已接近完成；在功能上，脑细胞活动增加，兴奋和抑制过程有较好的平衡，联络神经纤维活动增强，大脑皮层的发育呈现飞跃的状态，为思维的发展创造了良好的物质基础。对各种信息的整合处理、协调能力得到提高，表现为逻辑思维、认知能力、理解能力和语言能力达到较高水平。此阶段，脑组织发育的成熟为接受高等教育提供了良好的物质基础。但由于受到现年龄段活跃的内分泌系统影响，神经系统的功能活动虽迅速发展，却不够稳定，容易疲劳，情绪也容易激动，表现意识和思维能力薄弱。因此必须注意，不要使大学生学习负担过重，每天学习时间，包括自习，不超过 10 h。并且充分利用此时期可塑性最强的特点，适当地启发、培养大学生多方面的兴趣，对其大脑发育将有促进作用。

四、消化系统与生殖系统的发育

（一）消化系统

消化系统的基本功能是食物的消化和吸收，供机体所需的物质和能量，食物中的营养物质除维生素、水和无机盐可以被直接吸收利用外，蛋白质、脂肪和糖类等物质均不能被机体直接吸收利用，需在消化管内被分解为结构简单的小分子物质，才能被吸收利用。食物在消化管内被分解成结构简单、可被吸收的小分子物质的过程就称为消化。这种小分子物质透过消化管黏膜上皮细胞进入血液和淋巴液的过程就是吸收。对于未被吸收的残渣部分，消化道则通过大肠以粪便形式排出体外。

（二）生殖系统

大学生的生殖系统已经发育完整。生殖器官包括主性器官和副性器官。男性的主性器官是睾丸，它是产生精子和分泌雄激素的源泉；副性器官包括附睾、输精管、精囊、前列腺等。女性的主性器官是卵巢，它可以产生卵细胞；分泌雌激素和孕激素；副性器官有子宫、输卵管、阴道等，称为第一性特征。两性身体外形在性激素的作用下，第二性征更趋成熟。男性表现为胡须丛生，出现腋毛、阴毛，喉结突出，肌肉发达，发音低沉，肩部增宽等。女性表现为身材窈窕，乳房隆起，身体丰满，骨盆增宽，出现阴毛、腋毛等。

五、大学生的能量代谢的特点

青春期依靠旺盛的新陈代谢为自身高速生长发育奠定了基础。但是进入青春后期的大学生已过了第二次生长发育的高峰期，生长速度相对缓慢，能量消耗也低于青春期，并且有性别差异。此时期是大学生体力潜在力的最佳时期，也是长身体、增体力的最佳时期。大学生既可接受大劳动量、大运动量的锻炼，又可以在很短时期内恢复体力，是儿童和老年人比不上的。

（一）机体的能量来源和贮存

（1）糖类是机体主要的能源物质，机体能量约70%来自糖类的氧化；但机体以糖原形式储存的能量只占体内储存能量的1%左右，这部分能源对于维持神经系统的代谢及短时间的剧烈运动极为重要。

(2) 脂肪也是重要的供能物质，是体内含能量最多的营养物质。在一般情况下，人体所消耗能源物质的 40%～50% 来自脂肪，它是体内各种能源物质贮存的主要形式，其储存量占体内储存能量的 75%。在短期饥饿的情况下主要由体内的脂肪供能。

(3) 蛋白质氧化时也释放能量，占体内贮存能量的 25%，但在一般情况下，它们作为能源被氧化利用的数量较少，只有在长期饥饿或极度消耗时，才相继成为机体能量的主要能源。

(二) 机体能量转化、贮存和利用的特点

(1) 体内各种能源物质氧化生成 CO_2 和 H_2O，同时释放所产生的能量。其中 50% 左右迅速转化为热能，维持体温，并不断通过体表散发，其余部分则满足机体各种功能活动的需要。

(2) 虽然机体所需要的能量来源于食物，但机体不能直接利用物质氧化所释放的能量，而是首先生成高能物质——三磷酸腺苷（ATP）。ATP 广泛存在于组织细胞内，机体细胞利用 ATP 所携带的能量完成各种功能活动。当细胞进行各种活动需用能量时，ATP 便分解为二磷酸腺苷（ADP），同时释放能量直接供机体各种活动的需要。当组织内 ATP 浓度增高时，ATP 可将高能磷酸键转移给肌酸，生成磷酸肌酸（CP）；而当 ATP 消耗时，磷酸肌酸提供能量生成新的 ATP，以维持 ATP 数量的相对稳定。从能量代谢的整个过程来看，ATP 的合成与分解是体内能量转换和利用的关键环节。

ATP 分解所产生的能量，在体内可以发生转化，以不同的形式，如肌肉收缩所需要的机械能，神经兴奋传导所需要的电能，腺体分泌所需要的渗透能等表现出来，最后也都转变为热能。现将体内能量释放、转移、贮存和利用之间的关系进行概括（见图 2-2）。

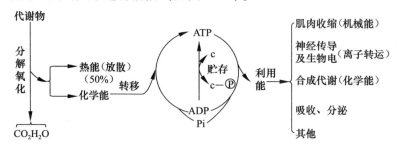

图 2-2　机体能量的释放、转移、贮存和利用

六、影响生长发育的因素

（一）遗传因素

遗传因素是决定身材高矮的主要内因。在社会经济状况相同的情况下，身高的生长具有很大的稳定性，身高的遗传度大约为75%，就是说成人身高有75%取决于遗传，25%取决于环境因素。不过遗传只能决定生长的潜力，但这种潜力是否能得到正常发挥则有赖于各种环境因素。现代医学认为，决定身高的基因是常染色基因，这种基因的位置还不十分清楚。但是，在染色体的分裂和配对过程中，每个人的基因显现性是不同的，因而出现父母不高，子女却很高；父母不矮，但子女却不高的现象。同样，在兄弟姐妹中，由于基因显现性不同，身高就可能出现有高有矮的情况。

（二）饮食营养因素

大学生饮食特点与其他年龄段的人相比，更为复杂。他们对营养的需求表现为：既要热量充足、质量齐全、进餐规律来满足身体需求，又要以择食合理、摄食有度、个体有别等来满足学习、交往和社会活动的需要。而且大学生的生活习惯、生活能力、经济条件等个体差异也比较突出，饮食行为偏差较大。这些因素都不同程度影响着大学生的身心发展。根据资料统计，大学生不良的饮食行为是造成营养不良、危害身体健康的重要因素，应该通过教育手段加以正确引导。

（三）体育锻炼因素

参加有规律的体育运动就能成为影响人体生长发育的明显因素之一。

（1）体育锻炼可以促进生长的机理是：使关节骨骺端软骨受到一定程度的挤压，这种刺激促使骨骺端软骨的细胞加速分裂和发育成熟；提高骨细胞的数量和提高细胞膜上受体活性。

（2）能加速血液循环，增加血液供给，使正在增长的骨骼获得更多的原料。

（3）进行户外体育锻炼。阳光的照射，可使人体皮肤内的7-脱氢胆固醇的物质转变成维生素D，促使骨骼更好地吸收血液中的钙盐，从而加速骨生长，使人体长高。

（四）睡眠因素

睡眠时生长激素分泌旺盛，这有利于身体蛋白质的合成和机体发育；

睡眠时，脊柱和双脚摆脱身体压迫，使关节骨骺端软骨能够自由伸展。因此，大学生必须保证充足的睡眠时间，国家教育行政部门规定每日睡眠时间最好不少于：小学生 10 h、中学生 9 h、大学生 7~8 h。

（五）行为因素

直接吸烟与被动吸烟的青少年，其身高均低于不吸烟者。如法国最近有一份调查报告指出，母亲吸烟饮酒，其子女身高值均低。所以，现在烟酒已被列为身高"公害"。养成一个良好的生活习惯不仅增强了体质和维持了身心健康，更重要的是，这是每个大学生必备的良好素质。

【思考题】

1. 试述人体生长两次生长高峰。
2. 影响大学生生长发育健康的因素有哪些？
3. 计算身高及体重的公式是什么？
4. 过度肥胖容易引起哪些疾病？
5. 通过 BMI 公式计算一下自己的体质指数。

第三章 大学生的行为与健康

行为指的是人类在生活当中所表现出来的生活态度及其具体的生活方式，它是在一定的物质条件下，不同的个人或群体，在社会文化制度、个人价值观念的多因素影响下，在生活中表现出来的基本特征，或者是对内外环境因素刺激所作出的能动反应。

根据行为科学的分类，可以把行为分为两大类：即内潜行为和外现行为。内潜行为指的是人的心理活动行为，包括动机行为、知觉行为和认识行为，以及人格的行为倾向等方面；而外现行为则是指角色行为、人际关系和互动行为、生活方式行为等一系列社会行为活动现象。从对人体健康是否有利的角度，可分为健康行为和危险行为。

第一节 健康行为

在大学教育中融入健康行为的教育与培养，不仅有利于培养大学生的健康素质，提高大学生的健康水平，而且对于提高我国人口的健康水平，促进社会进步有重要意义。

一、健康行为的概念、分类、内容和要求

（一）健康行为的概念

行为就是指人们生活中的一切活动，它往往是内心体验的一种外在表现。从对人体健康是否有利的角度，可分为健康行为和危险行为。

行为是否健康有以下几个标准：

（1）行为是否符合卫生科学。
（2）行为是否有益于自己或他人的健康。
（3）外表行为是否与内在思维、能力一致。对自己的实际能力充满信

心;不过分胆怯推辞、不合时宜地谦虚;对自己力所不及的事不硬充好汉。

(4) 心理承受能力是否适当。遇到挫折、失败、批评时是否能承受;是否对人宽容、谅解;是否对成绩、功劳、进步能采取适当的喜悦,不至于冲动、昏庸;对新的环境、人群、条件是否有较强的适应能力。

(5) 对人生、社会的认识是否积极、良好、正确;是否符合社会前进的发展规律;是否有同情心、正义感;是否能正确对待社会中的黑暗落后、人群中的丑恶阴暗。

(二) 健康行为的分类

1. 基本健康行为

基本健康行为指日常生活中一系列有益于健康的基本行为,如合理营养、平衡膳食、积极锻炼、积极的休息与适量睡眠、保持清洁等。

2. 避开危害行为

避开危害行为指主动回避自然环境和社会心理环境对健康有害的因素,如溺水、车祸、火灾等意外事故发生后的自救;离开污染的环境;积极应对引起心理应激的紧张生活事件等。

3. 保健行为

保健行为指积极学习、掌握预防保健常识,正确、合理地利用卫生保健服务,以维护自身身心健康的行为,如定期体格检查、预防接种,发现患病后及时就诊、咨询、遵从医嘱、配合治疗、积极康复等。

4. 戒除不良嗜好

不良嗜好指的是日常生活中对健康有害的个人偏好。应积极戒除吸烟、酗酒、不良上网、滥用药品、赌博等不良嗜好。

(三) 健康行为的内容和要求

健康是基本人权,也是平等的社会目标,它要求个人不仅立足于个人身心状态的完好,同时还要求关心全社会的健康。在积极倡导健康对人类发展重要性的同时,在重视健康对社会进步的价值和作用的同时,还应提倡个人、群体乃至全社会都积极参与促进健康、发展健康的伟大社会实践活动。

健康行为有许多种。例如合理膳食、适量运动、消除疲劳、心理健康等，这些行为对促进机体健康、人类进步和社会发展都具有重要作用。现就每项内容介绍如下：

1. 合理膳食

食物和营养，对健康具有重要的影响。所谓合理膳食，就是营养学主张的平衡膳食或健康膳食，即保证供给符合机体生理状况、劳动条件及生活环境需要的各种营养的膳食。合理膳食要求符合以下几项内容：

（1）膳食中应含有机体所需要的营养素。

（2）膳食要与人的生长发育不同阶段和不同的生理状况相适应。

（3）根据个体生活和劳动环境的不同来满足特殊的营养需要。

（4）注意限制脂肪和钠盐的摄入量。

（5）膳食结构要合理。

（6）保证早餐的营养需要。

（7）注意水的补充。

（8）合理烹调加工。

（9）合理的膳食制度。

2. 适量运动

（1）适量运动的原则。

① 根据年龄、性别、健康状况，选择适宜的锻炼项目，要注意全面发展。

② 合理掌握运动量，不同性别要区别对待。

③ 采取循序渐进的锻炼方法。

④ 贵在坚持，要持之以恒。

（2）运动的注意事项。

① 运动前要做好充分准备。

② 运动后要做好整理活动。

③ 注意检查场地、器械设备，避免伤害事故的发生。

④ 饭后不宜马上进行剧烈运动。

⑤ 剧烈运动大量出汗后，不宜马上大量饮水。

（3）运动的意义。

①"生命在于运动"，运动是生命的需要。运动有利于增强人体各系统、各器官的功能，增加肺活量，改善呼吸系统的功能。

② 促进肌肉发育和能量代谢，推迟骨关节、肌肉的老年性变化。

③ 提高思维和反应能力，使神经系统处于良好状态。

④ 改善消化系统功能，减轻体重，控制肥胖。

⑤ 提高机体对环境的适应能力，预防疾病，推迟衰老，促进健康。

3. 消除疲劳

（1）疲劳的产生原因。

疲劳一般被认为是在劳动过程中出现作业能力的明显下降，主观上伴有倦怠。疲劳是体内营养成分消耗，代谢产物乳酸等增多发出的警戒信号。若长期处于疲劳状态得不到及时恢复，则可能发展成过劳，使体内各器官功能减退。

（2）大学生大脑疲劳的主要表现。

大脑疲劳表现在：注意力不集中、思维迟钝、记忆力下降、连打哈欠、反应迟钝，以及出现情绪上的波动，如烦躁、厌倦、不安。如果大脑使用某一神经通路时间过长，大脑就会产生疲劳。

（3）消除疲劳的措施和方法。

① 建立良好的生活秩序。有规律的生活，对于保持人体正常的生理活动和心理活动具有积极的作用，可以发挥更大的效率，可以坚持更长的时间而不产生疲劳，而打乱生活节律的工作，则使人容易产生疲劳。

② 生活适度。生活适度有利于人体健康。工作或劳动过度会造成精神紧张，进而产生疲劳。而适度的睡眠能消除疲劳，但睡眠时间过长，会使大脑功能失调；运动适度有益健康，但过度会造成机体受损。

③ 要劳逸结合。只有使学习与休息、紧张与松弛、兴奋与抑制保持协调统一，才能消除疲劳，有益健康。应合理安排学习内容，体力和脑力活动交替进行，不同学科交替进行，这种交替式活动有助于左右脑和大脑不同区域轮流兴奋和休息，不宜疲劳，进而有助于提高学习和工作效率。

④ 适当放慢生活节奏。当今社会竞争激烈，节奏加快，如不适当放慢步伐，很容易产生疲劳。放慢生活节奏是一切要从实际出发，量力而行，不要期求太高太严，不要期望值过高，要从容不迫，有步骤地进行。

⑤ 学会休息。只有会休息，才能会工作。善于休息是保健的重要措施之一，是避免过度紧张、消除疲劳的有效措施。

⑥ 主动调整行为方式。如坐着工作累了，主动走动走动就能消除疲劳；看书累了，干点体力活就会头脑清醒。这种主动调整行为方式的实质就是积极的休息方式，是消除疲劳的常用方法。

⑦ 保证睡眠。睡眠不仅是良好的休息方式，也是消除疲劳、缓解紧张的有效措施。

（4）心理健康。

心理健康是现代健康概念中的一个重要内容，它与躯体健康相互联系、相互影响和相互促进。人体只有躯体、心理、社会适应全面协调发展的健康状况，才是真正的健康。实现大学生心理健康，具体应做到以下几点：

① 牢固树立正确的人生观、世界观、生活观、理想观以及健康价值观。

② 加强身体素质锻炼，特别是劳动锻炼，因为良好的身体素质是心理健康的基础。

③ 加强心理素质锻炼，培养良好的个性心理素质。

（5）保持卫生清洁。

① 清洁卫生的环境能够有效切断传染病的传播途径。整洁的校园、寝室、衣着能够使人产生愉悦、奋发向上的情绪，因此要对所处的环境，尤其对个人床铺、寝室经常进行卫生清洁是十分必要的。

② 同时要注意个人卫生。勤洗澡、勤换洗晾晒衣物、勤剪指甲、勤理发、勤洗手等良好的卫生行为习惯都能够有效预防疾病的发生，都是良好的健康行为。

二、影响健康行为的因素

（一）信念

信念是人的知识、感觉、道德、信仰、价值观、自感性、思维、行为等的总和。通过教育培养使人具有健康方面的知识和行为的过程，就是使人树立健康信念的过程。

（二）传统民族文化背景

每个民族、国家长期以来都固定生活在一定的环境中，这样就形成了某些特定的生活方式、风俗习惯、婚姻关系、饮食起居习惯、服装、嗜好，甚至道德、信仰等。改变不良的传统文化习惯是非常困难的，正像它的形成一样，它的改变也绝非是一朝一夕的事。文化素质较高的大学生在这方面也应像在其他文化领域一样，任重道远，树立健康文明的行为规范。

（三）家庭、社会、同事关系

人从出生以后就受到家庭成员、同伴和社会的影响，这种言传身教对于人的成长、行为、举止、说话都将产生深远的影响。不良影响可造成贻害将来的潜意识。大学生处于大学这个"小社会"中，面临着较复杂的人际关系、社会。如果同学、同伴之间关系良好、正确，将会使人轻松愉快，身心健康。反之，如果行为不文明、不健康，将会影响与人交往的能力，进而产生不良的社会关系，有碍于身心健康。

（四）经济条件

有的人称这个问题为资源问题。当今，劳动的价值、商品经济的概念已逐步进入人们的头脑。随着我国经济文化生活水平的日益提高，我们已消灭了天花、霍乱等烈性传染病，但是要进一步提高整个民族的体魄、素质，使之成为一个先进的民族，高校的大学生肩负着重担，他们应该成为拥有健康行为的先驱者。

（五）个人条件

人的个性和经历是影响人的行为的基本条件。人生经历中，有的人易于接受教育，能较快、自觉地纠正不良行为（如吸烟、酗酒、不良学习习惯和饮食习惯等）；有的人性格固执，较难接受教育，恶习难改，贻误终生乃至影响后代。

三、献血、器官捐献与健康

（一）献血与健康

《中华人民共和国献血法》第一条：为保障医疗临床用血需要和安全，献血者的身体健康，发扬人道主义精神，促进社会物质文明和精神文明建设，制定本法；第二条：国家实行无偿献血制度，国家提倡十八岁至五十五岁的健康公民自愿献血；第七条：国家鼓励国家公务人员、现役军人和高等学校在校学生率先献血，为树立社会主义新风尚做表率。依据《中华人民共和国献血法》，在校大学生在年龄上适合无偿献血。

1. 献血注意事项

（1）按规定要求进行登记，填写体检表。

（2）量体重、测血压，并由医师进行身体检查。

（3）抽少量血样进行化验检查。

（4）到休息厅等候体检结果，体检结果有效期2周。

（5）体检合格者，刷洗双臂，手臂不清洁易造成采血部位感染和血液污染。

（6）交验体检合格登记表和采血标签，进行采血。采血穿刺前要紧握拳头，当采血针进入静脉后，拳头做握紧动作，直到采血结束。

（7）采血完毕，按住止血棉球至少5 min，不要捻动棉球使皮下血肿。

（8）献血后到休息厅休息，领取无偿献血证书和纪念章。

2. 献血前注意事项

（1）学习献血知识，了解献血常识，消除紧张心理。

（2）献血前两餐不吃油腻食物，不饮酒，但也不要空腹，可吃馒头、蔬菜等清淡食物。

（3）献血前洗澡或至少洗净双臂。

3. 献血中注意事项

精神不要紧张，要同医务人员密切合作，有节奏的抓紧和放松拳头，整个献血过程为2~3 min。

4. 献血后注意事项

（1）献血针拔出后将前臂伸直后稍微上抬，用另一只手的食指和中指接压针眼处至少5 min，不要捻动棉球。正常人献血200~400 mL对健康无不利影响，不影响正常的工作、学习和生活。

（2）献血后两天内不做剧烈运动。适当休息，保持针眼处清洁，如针眼处皮肤青紫可作热敷。

（3）献血后饮食营养要合理搭配，多吃瘦肉、猪肝、蛋奶和豆制品，蔬菜和水果，献血当天要饮水，但不能暴饮暴食。

5. 不能献血的几种情况

（1）性病、麻风病和艾滋病患者及艾滋病病毒感染者。

（2）肝炎病患者、乙肝炎表面抗原阳性者、丙肝炎抗体阳性者。

（3）过敏性疾病及反复发作过敏者，如经常性荨麻疹（单纯性荨麻疹非急性发作期间可献血）、支气管哮喘、药物过敏。

（4）结核病患者。

（5）心血管疾病患者，如高血压、各种心脏病、低血压，以及血栓性静脉炎等。

（6）血液病患者，如贫血、真性红细胞增高症、各种出凝血疾病、白血病等。

（7）消化系统和泌尿系统疾病患者，如较重的胃溃疡、十二指肠溃疡、慢性胃溃疡、急慢性肾炎、慢性泌尿感染、肾病综合症、慢性胰腺炎。

（8）呼吸系统疾病患者，如慢性气管炎、肺气肿、肺心病、支气管扩张、肺功能不全。

（9）内分泌及代谢障碍性疾病患者，如腔垂体及肾上腺疾病、甲亢、肢端肥大症、尿崩症、糖尿病。

（10）器质性神经系统疾病，或精神病患病者，如脑炎、脑外伤后遗症、癔病、精神分裂症、严重的神经衰弱。

（11）寄生虫病及地方病患者，如黑热症、血吸虫病、丝虫病、钩虫病、囊虫病以及肺吸虫病、克山病、大骨节病。

（12）各种恶性肿瘤及影响健康的良性肿瘤患者。

（13）做过胃、肾、脾切除等重要内脏器官切除手术者。

（14）慢性皮肤病患者，特别是传染性过敏性及炎症性全身皮肤疾病，如广泛性湿疹、全身性牛皮藓等。

（15）有眼科疾病，如角膜炎、虹膜炎、神经炎、眼底有变化的高度近视。

（16）自身免疫性疾病及胶原性疾病，如系统性红斑狼疮、皮肤炎、硬皮病。

（17）有吸毒史者。

（18）同性恋者，有多个性伴侣者。

（19）体检医生认为不能献血的其他疾病者。

6. 暂时不能献血的几种情况

（1）半月内拔过牙或其他小手术者。

（2）妇女月经前后3天、妊娠期、流产后未满6个月、分娩及哺乳期未满 1 年者。

（3）感冒、急性胃肠炎病愈未满 1 周者、急性泌尿道感染病愈未满 1 个月、肺炎病愈未满 3 个月者。

（4）某些传染病，如痢疾病愈未满半年者、伤寒病愈未满 1 年者、布氏杆菌病愈未满半年者、疟疾病愈未满 3 年者。

（5）近 5 年内输注全血或血液成分者。

（6）较大手术后未满半年者、阑尾切除、疝修补术、扁桃体手术未满 3 个月者。

（7）皮肤局部性炎症病愈未满 1 周者、广泛性炎症愈后未满 2 周者。

7. 无偿献血者用血的规定

（1）自献血后 3 个月为用血起点日，以该日推算 4 年内用血，可以按献血量的 3 倍用血，并免采集、储存、体检、分离等费用，超过 4 年或 3 个月用血的，按献血等量用血，免采集、储存、体检、分离等费用。

（2）无偿献血 1 000 mL 以上者，可终身享受无限量用血，免采集、储存、体检、分离等费用。

（二）献血与健康

一个健康人的全身总血量相当于体重的 80% 左右，即 50 kg 体重的人，体内总血量为 4 000 mL，人体平时足有 80% 的血液在全身循环，还有 20% 约 800 mL 的血液储存在肝脏、脾脏、皮肤等小血库中备用，每次献血 200～400 mL 只相当于全身血量的 5%～10%，献血后储备中的血液会很快释放到血液循环中来，而且献血后骨髓造血速度加快，对健康不会有影响。国外血液专家研究表明，一个人献血后可因血液黏滞度和比重降低，脑血流量增加而感到头脑清醒、轻松灵活、记忆力增强。一些人献血后食欲增强、睡眠安稳、精神焕发、感冒次数减少。长期坚持适量献血，还可以有效降低动脉硬化、脑血栓、脑溢血、心肌梗塞等病的发病率。坚持经常献血的人，他们的细胞比不献血者年轻，进而延缓衰老，增长寿命。而且，一旦遇到外伤失血，也有强的承受力和自我调节能力。

（三）器官捐献与健康

器官一直是治疗那些已经不能用其他疗法治愈的重要生命器官终末期疾病的唯一疗法，因而器官捐献应运而生。

1. 器官捐献的原则

（1）自愿原则：主要体现在捐献者对捐献的人体器官享有知情同意并自主决定的权利。

（2）无偿捐献的原则：主要体现在禁止任何形式的器官买卖，捐献者以无偿的方式进行。

（3）优先考虑其他医疗方法的原则：优先考虑其他治疗方法。

（4）无伤害原则：主要体现在尊重捐献者生命健康和人格尊严，要求摘取活体器官，不得伤害捐献者的生命安全，不得伤及非必要的部位，并对摘取部位进行合格处理。

（5）鼓励捐献遗体器官的原则：主要体现在为社会献出最后的"爱心"。

2. 其他捐献与健康

（1）活体器官捐献：大部分人体器官无再生功能，故摘除活体器官会影响捐献者的身体健康，即使不危及生命，其他器官也不能代替摘除器官的功能。因而对活体器官捐献，国家有严格的规定。

（2）遗体器官捐献：需要鼓励遗体器官捐献，比如角膜移植会使失明的人重见光明，而对死者不会有任何影响。为此国家提倡死后器官捐献。

第二节 大学生行为的特点及行为倾向

一、大学生行为的特点

（一）自主性强却又孤独沉默

人作为行为的主体是受价值观支配的，它规定了人的行为特征，确立了人的行为方向。从整体上看，大学生的知识水平、文化修养和思想觉悟居同代青年的高层次。他们大多都确立了正确的价值观念，他们的行为在其价值观主导下也表现出较强的自主性。他们强调个性、张扬自我，但有相当一部分的大学生只是在自己熟悉的同学、朋友面前表现出热情、开放、善于言谈，而在陌生人面前则显得很拘谨。大学生行为又常表现出自制性差、自律性低的特点。这也是他们不健全的自主意识逆向发展的结果。这种特点常常表现为他们对社会化集体生活中行为规范的不适应——违背甚至是破坏。大学生有时缺乏对他人的宽容与理解，对自我言行没有及时进行反思、改正，久而久之，他们就处在了孤独的境地。

（二）目的性强却又盲目追求

行为的目的性是人类行为的重要标志之一。大学生的价值观决定了他们具有较高层次和较为明确的行为目标和生活目标。由于他们对人生充满无限憧憬，对生活也充满极高的热情，有理想、有目标，因而他们学习的目标明确具体，职业的选择取向注重个人价值的实现。这种目的性作为他们的需求指向和动机归结，引导和规定了大学生的行为方向。比较一致地指导他们成才。可以说，大学生的主要行为都是围绕实现这一根本目标而进行的。同时，大学生虽然思维敏捷，思想早熟，但缺乏稳定性，支撑思想判断的核心价值体系仍未完全建立起来，言行容易被外界因素影响。因此在明确的目的性行动中，还伴随着许多随意性行为。这些行为包括漫无目的的盲动、摇摆不定的变动和一反常态的逆动。这些随意性行为是与大学生目的性行为相对立的。它与大学生价值观指导下的行为目标相背离，是一种不正常、不负责任的低层次行为。如迟到、旷课、酗酒、吸烟、迷恋上网聊天、网恋等。这反映出部分大学生目的性行为的不稳定、不成熟。

（三）接受能力强，但又急功近利

新时期的大学生是在时尚潮流、互联网快速发展的影响下成长的一代，对新鲜事物很敏感，接受能力也很强；他们思维活跃，具有很强的创新性，善于在互联网上接受新信息、学习新的知识或技能。虽然这个变化发展的社会能给当今大学生带来丰富的资源，但这也难免对其产生不良的影响。市场经济社会的趋利性原则影响着人们的思想行为，明确的奋斗目标下滋生的急功近利的浮躁心态，使大学生缺乏面对挫折的勇气以及等待机会的耐心，最后他们很有可能会失去人生的航向。

（四）有序性强却又多变起伏

大学生行为与其相对稳定的生活形式、生活节律相适应，带有明确的有序性特点。大学生行为常常会按照固定化模式出现和延续，而变得单一、简捷。有的学生把这种生活戏称为教室、食堂、宿舍——三点一线的生活轨道。行为的有序性还表现为规范性，它要求大学生的客观行为必须服从于社会制度，法规校纪。这也是协调集体生活、培养良好习惯的强有力的外部因素。大学生行为又是多变、易变的。求变意识促使他们在行为中勇于探索、勇于创新。但是这种多变性也常常把他们的行为引向反面，从而既可表现为对集体生活中固定规律、条例和约束的厌恶、抵制和违抗，也可表现为自己行为的随意起伏。这种行为的多变性是与大学生思想上的易激、情绪上的易感相联系的，是其心理不成熟、不稳定的外部写照。

（五）沉稳性与突发性强

大学生的思想文化素质和道德水平，决定了他们对自己行为的较强的责任意识。他们能较为慎重、稳定地决定自己的行为方向和行为方式，对行为产生的效果和所达到的目标有一定的预见能力。这种沉稳性还包括了大学生行为的持续稳定性。大学生的主要任务是学习，其主体行为也就是学习行为。同时大学生行为又存在着浓重的突发、偶发的情绪色彩，许多行为往往和他们的一贯行为表现没有必然联系，常常是不知不觉地发生。这一类行为往往是大学生不满情绪的宣泄和激烈感情的表露，其后果也是消极的，甚至是破坏性的。这类行为在年龄小、阅历浅的低年级学生和带有严重不满情绪的牢骚型学生以及感情抑郁、遭受挫折的学生身上尤其明显。

二、大学生的行为倾向

（一）积极进取型

这些大学生具有积极向上的进取欲望。他们在学习生活中保持着较高的主动性，他们的思想相对稳定，有明确的进取目标，能自觉地将理想追求付诸行动。

（二）顺应仿效型

在大学集体生活中，顺应仿效行为占有较大比重，这对大学生适应新的生活环境，维护大学生群体的整体性、一致性有一定积极作用。

（三）怀疑批判型

这些学生喜欢以批判、怀疑的眼光审视世界。他们对社会生活、教育理论、模范典型等不易轻信，甚至是抱着批判否定的态度，喜欢独立思考，有一定个人见解，但看待问题比较偏激。

（四）随意松散型

这属于大学生中的低层次，他们的行动盲目性大，不能自觉地约束自己的行为举止，喜欢无拘无束地自行其是。这些学生中容易发生自由散漫、不思进取、违犯校规等现象，尤其是当我们的教育管理不严格时，他们就更容易放松自己，导致行为中的任意放纵。

第三节 不良嗜好行为

不良的行为和生活方式是影响人类健康的最主要杀手。与健康有关的不良嗜好行为：其一为不良生活方式。不良生活方式是一组习以为常的、对健康有害的行为习惯，包括能导致各种成年期慢性退行性病变的生活方式，如吸烟、酗酒、缺乏体育锻炼、不良上网行为、高盐、高脂饮食、不良进食习惯等。不良的生活方式与肥胖、心血管疾病、早衰、癌症等的发生关系密切。其二为致病倾向行为。不耐烦、敌意、情绪过分压抑和不能自我克制，爱生闷气，易患冠心病、宫颈癌、胃癌、直肠癌、肝癌等。其三为不良就医行为。该组行为表现形式有疑病、对疾病恐惧、讳疾忌医、不及时就诊、不遵从医嘱、滥用或过度用药、迷信、自暴自弃等。其四为违反社会公德行为，吸毒、性乱等违法乱纪行为。如吸毒可直接导致身体极度衰竭，依赖毒品则等于放弃前途、放弃健康；静脉注射毒品可传播乙肝、艾滋病；性乱可传播性病、艾滋病。

改变不良行为，促进健康行为的形成，建立起健康的生活方式，为大学生一生的健康打下基础。健康行为是保证身心健康、预防现代疾病、延年益寿的关键因素，也是提高中华民族素质的具体内容之一。

一、吸烟行为

吸烟者遍及全球，吸烟人数约占全球人数的25%，我国有3.5亿烟民，消费量占世界烟产量的33%，特别是青少年的吸烟率每年以2%速率递增，15岁以上人群的吸烟率高达34%，吸烟已成为我国一个严重的社会和公共卫生问题，如不及早采取有效措施，控制吸烟行为，其后果相当严重。

大学时期是人生中社会化过程的重要阶段,大学生可塑性强,可以通过教育转变观念,从而使他们懂得吸烟害人害己的道理,进而主动放弃吸烟,这对他们的人生将产生积极的含义。如果大学时期不吸烟,并且牢记吸烟的危害,对于实现终生不吸烟是具有重要作用的;因此,大学生不吸烟,标志着无烟社会迟早有一天会到来,大学生不吸烟具有重要的现实意义。

(一) 吸烟者的生理依赖

烟草的活性成分是尼古丁碱,正是它使烟民得到刺激并最终导致生理依赖。一片烟叶可能含有 2%~10% 的尼古丁,烟草的使用率仅次于酒精,但与疾病和死亡相关的因素中吸烟高居第一。25 岁的吸烟者如果每天吸 1~2 包烟,他的寿命将比不吸烟者少 8 年。

(1) 用低到中度的剂量的尼古丁时,可以兴奋中枢神经及心血管系统。报告称,烟民吸烟可以降低焦虑,而控制吸烟则增加焦虑。

(2) 大剂量时,尼古丁则对上述系统起抑制作用。机体对香烟气体有很高的敏感性,乃至于吸入第一口香烟 10 s 之后,尼古丁就可以透过血脑屏障。在脑内,尼古丁可以刺激儿茶酚胺、肾上腺素而导致心率增加、血压升高。在应激状态下,它对心血管的效应还会扩大。而这些生理改变只是烟民的一部分体验。

(3) 使用尼古丁也会产生部分耐受性。不断重复使用同一剂量,烟民的主观情绪、脑电图(EEG)及心血管反应会明显降低。增加剂量以后,一般可以使这些反应达到某一水平,应该注意,这一陈述表达有两重意思。首先,部分耐受是指即使重复使用某一剂量,有些反应仍然存在。其次,人体存在一种耐受的限度,大剂量的尼古丁让吸入者难以承受从而会控制进一步的吸入。

(二) 吸烟的危害

1. 诱发和加重多种疾病

吸烟的危害在于烟焦油中含有多种致癌物质。吸烟可致肺癌、食道癌、胃癌、膀胱癌等癌症。吸烟致癌可能有两种因素:一是口腔呼吸道黏膜直接接触高热。纸烟在点火后燃烧温度大致在 220 ℃ 左右,但正在抽吸烟气时的燃烧温度却很快增高到 500 ℃ 以上。吸烟较多或吸短烟头的人,口唇部黏膜容易出现白斑,就是这种高热的影响。这种白斑长期接受频繁的高热刺激，易成疣状白斑，也可发生溃疡，甚至可以发展成恶性肿瘤。另一个致癌因素是纸烟燃烧时蒸馏出来的烟焦油中含有多种致癌物质，如多环芳香烃、亚硝基氨类化合物等物质。

2. 尼古丁的危害

（1）疲劳。一氧化碳与红细胞的结合力比氧气高200倍。它通过肺部扩散到血液中，置换氧气并且干扰氧气在全身的分布，造成缺氧血症，结果会使吸烟者很快感到疲劳，同时也是心脏病人突然死亡的重要诱因。

（2）损害神经系统和循环系统。一氧化碳还有另一种内部副作用：它可以增加血管系统的脂肪沉积率。不但可以使血管痉挛，又可以使血液的黏稠度增加，从而改变血液流速，减少脑部和心脏的供血量，因而可增加冠心病、心肌梗塞、高血压和脑血管意外等疾病的发生率。

（3）动脉硬化。吸入尼古丁可以刺激肾上腺素的释放。肾上腺素引起全身的脂肪细胞变化，使其脂肪酸进入血流，增加了动脉硬化的危险。

（4）吸烟还能破坏巨噬细胞，大大降低人体免疫反应，在这种情况下，人体会因感冒而引发各种疾病。

（5）胎儿对吸烟的副作用也很敏感。孕妇吸烟可致胎儿出生体重降低，大脑发育迟缓，增加婴儿突然死亡综合征（SIDS）。虽然越来越多关于吸烟对胎儿危害的警告，但仍有许多妇女在孕期吸烟，同时丈夫吸烟也会影响胎儿。

（三）吸烟行为的形成

1. 开始吸烟的6种主要危险因素

（1）有吸烟的朋友或家庭成员。

（2）对同伴吸烟有较高评价。

（3）认为吸烟是成熟、独立、坚强的表现。

（4）缺少人际关系的支持或对事业成功的期望较低。

（5）是个冒险者或叛逆者。

（6）沉迷于吸烟带来的情绪及药理效应。养成一种弊多利少的坏习惯。

2. 心理社会因素影响

（1）最初为尝试阶段，这一阶段一般始于20岁以前，享乐人生。

（2）随后进入分化阶段，尝试者在环境因素和心理社会因素的影响下开始分化；一部分仍停留在尝试阶段的不吸烟者，另一部分出于社会性礼节，发展为吸烟者。

(3) 吸烟者随后进入吸烟行为的保守阶段。

(4) 其中一部分进入戒烟和戒烟状态的保持阶段。

(四) 戒烟方法

1. 戒烟阶段

(1) 计划前阶段。在计划前阶段，吸烟者并未积极地考虑戒烟。计划前阶段的吸烟者或多或少被劝说：任何一种健康风险都与吸烟相联系。吸烟行为仍处于正常频率，这可以作为以后评价的基线。

(2) 计划阶段。在计划阶段，吸烟者认真地考虑将来某段时间里要戒烟（大约 6 个月以后），但是还没有做出承诺。

(3) 准备阶段。在第三阶段即准备阶段，不但考虑了戒烟，而且还想下个月就开始（意图），并且已在过去 1 年中曾尝试过（行为）某些戒断方法。

(4) 行动阶段。行动阶段是指开始戒烟后的 6 个月。这一阶段包括努力去改变行为和环境来克服吸烟。

(5) 维持阶段。戒烟 6 个月以上，直到戒烟行为成为一种习惯。

2. 临床干预

药物、行为及认知方面的干预：

(1) 全部戒掉：减少吸烟量似乎不见效，当许多人减少到一天吸 8~10 根时，他们的老毛病又犯了。

(2) 做好精神准备：你应对戒烟持坚定态度，并清楚知道为什么要戒烟。一些人写下了戒烟的理由并请朋友亲人来帮忙。选择一个特定日期，作为戒烟日，如生日或某纪念日。

(3) 抛掉烟具：扔掉所有香烟、火柴、打火机及卧室与工作间的烟灰缸。并且把有烟味的衣服认真洗干净，或请牙医把熏黄的牙齿洗一下。

(4) 用药膏戒烟：用尼古丁药膏敷于胳膊或躯干部位，每 16~24 h 更换一次，保持这样的行为 12~16 周，可帮你解除尼古丁的毒瘾。

(5) 戒烟糖、戒烟茶，以及各式各样的戒烟药具，如"速效戒烟香水"等，以及针灸戒烟都可试用，关键在于决心和毅力。

（五）戒烟的障碍

1. 对香烟的渴求、愉快与焦虑

戒烟最常见的障碍是对香烟的渴求，失去吸烟时的主观愉快感，戒烟后变得易激动。这些是由自信这一人格变量作中介的。自信心不足者更加关注渴求、愉快的感受，而自信心较强者则有望戒掉，而且这类人更加关心健康，也能很仔细地盘算戒烟后的健康获益。

2. 戒烟与体重增加

常被引用的一种坚持吸烟的动机是避免戒烟后的体重增加。首先，吸烟者体重比按年龄配对的不吸烟者轻 3 kg。其次，当人们开始吸烟时，体重会减轻。再次，当人们戒烟时体重会增加。女性平均增加 4 kg，男性平均增加 3 kg。动物研究结果与此一致。两个主要的假说来解释这种体重增加的现象。

（1）认为吸烟改变了代谢过程使食物吸收不充分。同样，吸烟可能改变热量的燃烧率。

（2）认为戒烟后感到食物更有吸引力、更有味道。摄入糖类比其他食物要多，这一事实也许可以解释部分体重增加的现象。戒烟后体重是否增加取决于饮食与锻炼。一般来讲，吸烟者如果想戒烟又害怕体重增加，首先，适度减少热卡摄入。其次，应开始进行有规律的锻炼，这种锻炼本身也有助于戒烟。

3. 吸烟对人体的危害具有隐蔽性

吸烟的危害不是立竿见影的，而是需要一段很长的时间才能显现出来的。很多人心理有误解，"我的同事吸了几十年烟并未得病，但有位朋友从未吸烟却患了肺癌"，这是一些人下不了决心的重要原因。

4. 吸烟成瘾

吸烟成瘾是内因与外因相互促进的结果。内因主要是尼古丁在人体内的蓄积作用。长期吸烟，血液中尼古丁含量达到一定浓度后，它会反复刺激大脑并使各器官与之相适应，并对其产生耐受性，即适应了慢性毒害作用。若停止吸烟会出现所谓"戒断症状"：烦闷、失眠、厌食等。

二、酗酒行为

（一）酗酒的最新定义

酗酒是一种原发的慢性疾病，遗传、心理、社会环境因素影响其发展和表现。该病常呈进展性和致命性，其特点是对饮酒不能自控；思想关注于酒，饮酒不顾后果；产生思维障碍。每一症状可以是持续性或周期性的。

该定义包含的一些内容需做以下解释：

（1）该定义建立在疾病概念上，也就是说，该病是由潜在的躯体病理改变引起的可观察症状。酗酒是一种原发性慢性疾病，而它不是一种疾病的症状，而是疾病本身。

（2）该定义指出了可能的病因，这包括生物学因素和心理社会因素，该定义高度符合生物心理社会模式，虽然该定义是在旧定义上的改进，但要提醒人们，它本身不是诊断标准。

（3）该定义强调酗酒的症状可以持续存在或周期出现，慢性嗜酒者是一类每天大量饮酒并持续多年的人，而狂饮者明显呈周期性，他可以戒除数天、数周甚至数月，但之后又开始数天、数周或更长时间的持续饮酒。

（二）酗酒的分类及诊断

1. 酒依赖

酒依赖的表现与任何物质依赖一样：

（1）耐受性增大。

（2）戒断症状。

（3）用量失去控制，长期使用。

（4）反复试图节制或戒除均失败。

（5）大量时间浪费在寻求饮酒上。

（6）影响社会、工作、家庭责任。

（7）不顾严重后果，坚持饮用。

5年以上规律饮酒可形成酒依赖。尽管一些人可以在数小时、数天内产生耐受，但耐受与依赖的出现并不一致，而且酒成瘾与可卡因或尼古丁成瘾相比需时间更长。与可卡因相比，酒依赖呈慢性过程，这可能与酒精的味涩、宿醉效应有关。

2. 酒滥用

酒滥用是一种慢性不良饮酒，可由以下4种表现来确认。

（1）社会、工作、家庭职责受损。

（2）在危害情况下饮酒，如驾车。

(3) 由于饮酒反复违法。

(4) 不顾不良的社会和心理后果继续饮酒。

3. 酒中毒

酒中毒是饮酒后的暂时状态。

(1) 表现为语言含糊、反应迟钝，注意力和记忆力受损。

(2) 共济失调，步态不稳，注意力和记忆力受损。

(3) 最主要的标准是异常行为表现。

4. 酒戒断

出现于长时间大量饮酒后突然停止的情况。出汗、心率增快、手震颤、恶心、失眠、激惹、焦虑、感知扭曲。临床上至少有两组症状。

(三) 酒精中毒的法律标准

(1) 血酒精浓度，行为和认知（见表3-1）。

表3-1 血中不同酒精浓度的影响

血酒精浓度/%	酒精对精神—行为的影响
0.05	开始对高级中枢神经系统产生影响，肌肉放松，判断力受损自控力下降
0.10	对中枢神经系统的影响扩大到低级中枢，精神动力受损，包括反应时间和协调性，大多情况下达到法律中毒阈值
0.15	反应时间明显延长
0.20	感觉和运动能力明显受抑制
0.30	恍惚但意识存在，不能意识周围环境
0.40	中枢神经系统认知功能几乎完全丧失，昏迷
0.50	极度死亡危害（甚至低于该水平少数人就会死亡）

此外，有些变量影响机体吸收酒精的量和速度，包括性别、体重、饮酒频率、代谢率、进食量和时间。体重54 kg的成年女性在2 h内饮酒4杯以上（36 mL 80°酒或360 mL啤酒）BAC就会超过0.10%，体重82 kg的成年男性2 h内饮酒五六杯，BAC可能不会超过0.10%。

(2) 法律定义BAC阈值有些随意性，为健康起见，BAC阈值定得很低，为0.08%。甚至降到0.04%，但这比某些欧洲国家的0.02%还是要高。

(四) 酒精的作用：生理学，神经学和免疫学

1. 神经学

酒精入血后像麻醉剂一样作用于大脑，首先降低高级认知功能，如判断力和推理，随后很快改变感知、运动。慢性酗酒可导致一种健忘障碍，包括远期记忆受损。酒精作用于阿片肽，干扰其合成并改变其在大脑的浓度，准确地说，酒精代谢产物作为替代物作用于大脑阿片受体部位，产生心理舒适感。另外，酒精可能对一些神经递质产生作用，包括 GABA、5-HT 及其前体物、多巴胺、甲肾上腺素、乙酰胆碱，加压素及其他物质。

2. 生理学

酒精作用到完全被氧化为止，氧化主要在肝脏，从消化道、胰、脾入血的所有物质回心之前先经肝脏。一杯酒全部清除大约需 4h，导致中毒的大量酒精可能在 24 h 内不能全部被清除，这样对肝的损伤就很大。酒精的一个重要作用是改变食物代谢，乙醇可能提供嗜酒者能量的 50%，有时因为错过进食或部分进食，总的结果，酒精打破了摄入的营养平衡，降低了胃肠道的吸收，损害了营养物质的利用、贮存、排泄。长期酗酒会引起营养不良，维生素缺乏，免疫抑制。常缺乏的维生素为维生素 A、C 和一些 B 族，叶酸，烟酸。

3. 免疫抑制

长期饮酒可能产生免疫抑制作用。酒精抑制骨髓中淋巴细胞的产生，酒精干扰中性粒细胞向感染部位的转移，这导致饮酒者的感染率高。营养良好的酗酒者中几乎没有免疫抑制的迹象。

（五）饮酒的危害

酒精进入人体后，会对人体的各器官产生影响，长期酗酒则会产生各种并发症。

1. 神经系统的损害

中枢神经系统是对乙醇最敏感的器官，大脑皮层尤其敏感。酗酒引起的神经系统并发症包括中枢神经系统病变、外周神经病变及植物神经病变等。

（1）经常酗酒可引起片段性遗忘症，遗忘的时间跨度可以从数分钟到一两天不等。片段性遗忘似乎与血乙醇浓度上升过快有关，可发生于初期酗酒者身上。不过，反复出现片断性遗忘被认为是病态饮酒具有特征性的标志之一。

（2）酒的相关性痴呆。这种痴呆的特点是病人的认知能力呈进行性衰退，且学习、利用新知识及解决问题的能力均明显受损。晚期病人常不注意仪表和社会行为规范，并出现易激惹、情绪不稳定等症状。

（3）酒的相关性小脑病变。有些酗酒者生前没有共济失调症状。

（4）酗酒还可发生多发性神经病，病人的感觉、运动及植物神经系统均受累。开始时通常先有感觉症状，如轻度感觉异常，症状逐渐加重，表现为麻木感、灼热感，直至感觉丧失，运动觉、位置觉丧失。

2. 消化系统的损害

（1）口腔和咽部癌症发生率明显增高。酒对胃黏膜具有直接毒性作用，可破坏胃的天然屏障。研究发现，饮酒次数的增多，可引起慢性胃炎、胃溃疡。

（2）肝硬化。一些重度饮酒者，反复大量饮酒会导致严重的酒相关性肝炎，到病情进展的后期即可形成肝硬化。酒的相关性病人中约有11%进展为原发性肝癌，男性是女性的3倍。

3. 对其他器官系统的损害

（1）血液。酒精可以抑制血小板和红、白细胞的生成，因此，总是过量饮酒的人将容易患贫血症、出血和感染。

（2）心脏。尽管有些证据表明：每天饮1～2杯酒可降低心脏病的危险性。但是超过2杯以上却会增加胆固醇，并使血压升高，造成心肌的过度膨大，这是一种可以导致患病和死亡的恶习。

（3）肠。酗酒可以改变小肠内细胞结构，使它不能正常吸收营养物质和微量元素，以致发生营养不良。

（4）胰腺。过量饮酒者比不饮酒的人患糖尿病概率高10倍，因为酒精可以逐步破坏胰腺，使它产生胰岛素量减少。

（5）皮肤。酗酒将会加速人的衰老，因为酒减小皮肤弹性，造成其快速老化。非常明显，过量饮酒造成的生理破坏将潜在地对人体产生巨大的破坏作用。

4. 胎儿的损害

妇女饮酒的一个主要危害是对胎儿的损害。

（1）怀孕期间饮酒很可能导致流产。

（2）如果胎儿幸存到出生，也很可能是低体重儿。如果母亲怀孕期间每天喝酒3杯以上，孩子智能异常的危险性就会增加3倍，这是由于以下两种原因：一是母体吸收的酒精减少了对胚胎大脑的供氧。二是怀孕期酒精吸收改变了大脑发育中神经元的生长和移动。这一观察结果对人类有重要意义，因为酒精综合征的胎儿，神经树突分枝短而少。

（3）胎儿酒精综合征（FAS）包括低智商、警觉性低、多动、精细及粗糙的操作都存在问题。FAS会影响患儿终身。

（六）酗酒行为的成因

1. 遗传模型

酒精成瘾的原因蕴含在遗传编码中。动物模型被用来研究遗传风险，尤其是用来研究酒瘾。现在有充分的证据支持遗传模型。单卵双生酗酒的同病率几乎是双卵双生的2倍，不管孪生子是在亲生父母家里长大，还是在寄养父母家里长大，都有这样的一致性。父亲或母亲都可能把酗酒传给儿子，而不传给女儿。

2. 心理学病因

焦虑、抑郁能使人酗酒。

（七）控制饮酒

控制饮酒是全社会都应大力提倡的文明风气，学校更应率先杜绝饮酒。坚持搞好饮酒有害健康的宣传教育，让广大同学自发地抵制饮酒，特别是烈性酒。

三、吸毒行为

毒品是指鸦片、海洛因、吗啡、大麻、可卡因以及国务院规定管制的其他能够使人成瘾的麻醉品和精神药品。

（一）青少年吸毒行为的界定及类型分析

1. 青少年吸毒行为的界定

吸毒行为是指行为人明知是毒品仍嗜好吸食、注射的行为。吸毒行为通常具有致害性、渐强性和依赖性等特点。在我国，依据现行法规，吸食、注射毒品是违法行为而非犯罪行为。吸毒行为是一种具有严重社会危害性的越轨行为。

2. 吸毒行为的分类

第一类，利己型吸毒。利己型吸毒又可分为两种情况，一是自娱式吸毒，即吸毒者通过吸食毒品来暂时改变自己的精神和心理状态，从而获得愉悦的体验和感受。绝大多数吸毒者属于此类型。二是炫耀式吸毒，即吸毒者吸食毒品的主要目的是获得特殊的社会群体影响力，借助吸毒行为显示具有勇冒风险、藐视法律的实力，表明自己在群体中的身份。

第二类，利他型吸毒。一定人群为了表明从属于特定群体和亚文化，或是为了确定自己认同某个特别人物而采取的吸毒行为。这类吸毒者通常把吸毒看成一种仪式，其功能是让某一特定团体和某个特别人物认同自己，进而获得一种群体归属感。

第三类，失范型吸毒。此类吸毒行为主要是由于社会的剧烈变化，社会价值观念混乱，传统的行为模式失效，社会约束力削弱，缺乏达到目的的手段，角色需求模糊、矛盾，引起个体社会角色紧张，借助吸毒来宣泄。从个人行为看，此种吸毒类型还包括个人因工作、学习、家庭和情感等受到严重挫折而造成心理精神失控而进行吸毒的行为。低龄段青少年的吸毒行为以前两种类型为主，高龄段青少年的吸毒行为以后一种类型为主。

（二）青少年吸毒行为的成因

1. 青少年自身的主观因素

（1）好奇心驱使，无知心理误导。

好奇心是个体在遇到新奇的事物后引起注意，产生操弄意念等一系列内在心理变化。引起人们对毒品产生强烈好奇心的，一是毒品的神秘性。毒品被明令严禁进入商品市场，毒品买卖活动都是在地下秘密进行的，这常常会激起一些青少年的想象和疑问；二是情境的隐蔽性。可以说，绝大多数吸毒青少年原先并没有亲眼见过吸毒的真实情境，即使知道一点，也是从别人的传言中获得的，在强烈的好奇心理的驱使下，一些幼稚冲动的青少年便逐渐形成试图亲临其境以观实情的想法，并设法靠近毒品、观察毒品，甚至目睹吸毒者的现实行为。他们起初抱着体会体会吸毒是什么感觉，抽着玩玩，试一试的轻率态度，但一经染上毒品之后，便一发不可收拾，被毒魔死死缠住，不能自拔。

对毒品危害性认识的缺乏也是导致青少年走上吸毒之路的重要原因。他们中的绝大多数对染上毒瘾、被毒魔缠住后不能自拔的严重后果一无所知。

（2）社会角色紧张度。

当今的青少年大多是独生子女，由于优越的条件，很多人养成了很强的依赖性；而家庭教育和学校教育中的某些缺陷以及开放后消极亚文化的冲击，又使部分独生子女对家庭和学校的生活、教育产生烦腻或反感心态，进而发展到试图摆脱家庭、学校和成人对他们的管束的程度。青少年的感情较脆弱，遇到突发性的压力与冲突，遇到外界伤害，精神极易被摧垮。精神痛苦，无法排解，在其他不良因素的促进下，便可能走上吸毒之路。

（3）青少年交往行为不慎导致吸毒。

在一个人的社会化过程中，特别是从青春期开始，有一个非常重要的影响因素，就是同辈群体。由于同辈群体在地位、年龄、兴趣、经历、爱好和价值观方面具有极大的同质性，所以彼此容易相互吸引、互相影响。

2. 家庭因素

家庭是青年少社会化的主要场所和第一学校。家庭结构不全，家庭教育方式不当等都是促使青少年走上越轨道路的重要因素。

（1）家庭结构残缺或家庭破碎。

破碎的家庭是导致青少年越轨的重要原因之一，尤其是在父母离婚后，患有情感饥饿综合征的青少年，其身心健康状况普遍逊于正常的家庭子女。在这种缺乏情感交流的环境中，其心灵受到创伤，感情受到压抑，往往产生逆反心理，甚至实施反社会行为。

（2）家庭教育方式的偏差与不当。

家庭教育方式偏差主要体现为溺爱型和粗暴型教育方式。有些独生子女被百般宠爱，成为父母的掌上明珠，生活条件极为优越。父母百般呵护，有求必应使他们意志薄弱，心理承受能力差，于是他们逐渐养成了好逸恶劳、追求吃喝玩乐的习性，并形成自高自大、唯我独尊的性格，一旦满足不了其日益膨胀的欲望，就极易走上邪路。有的父母望子成龙或望女成凤心切，不考虑子女的实际与可能，一味给他们加压，使他们难以承受而产生逆反心理，进而出现逃学旷课、学习成绩下降等现象。对此，父母不是耐心教导，而是棍棒相加，这严重摧残了子女的身心健康。在青少年吸毒者中，由于家庭教育方式偏差与不当的影响而导致他们染上毒瘾的占有相当比例。

3. 社会因素

（1）社会转型中不利因素的影响导致价值观错位。

目前我国正处于由计划经济体制向社会主义市场经济体制过渡的转型

期，随着改革深入，开放扩大，各种新思潮、新事物蜂拥而至，各种社会矛盾也日益突出，学校、家庭因此受到巨大冲击，社会调控功能减弱，甚至处于某种程度的无序和失控状态。同时，社会转型带来的价值观念多元化、社会生活方式多样化，使传统的道德受到挑战，而新的道德体系未能同步建构起来，致使青少年面对新事物、新思潮缺乏正确的判断依据，在他们尚未形成正确的人生观、价值观、世界观时，其极易受腐朽思想毒害，价值观发生错位。一些青少年错误认为吸毒就是一种高级享受，是有钱的标志，甚至是一种时髦。正是在这种错误的价值观误导下，他们以吸毒为荣，相互攀比毒品的档次和吸食量，相互吹嘘吸毒的感受，以至吸毒成瘾。

（2）禁毒宣传不足，造成某种宽容心理环境。

在目前禁毒的社会宣传方面，其实际操作也存在着令人担忧的一面。有关远离毒品的社会宣传目前做得还不够深入扎实，存在着针对性差、覆盖面小、手段单一、缺乏感染效果，以及形式主义、机械主义等弊端。致使很多社会公众，特别是青少年对吸毒行为的评价存在着令人担忧的偏差。

（三）吸毒的危害

1. 吸毒对躯体的损害

躯体成瘾出现的症状是全身肌肉疼痛、抽搐、震颤。医学证实，年轻时染上毒品的人，一般寿命不超过40岁。

2. 吸毒对人精神的摧残

毒品能改变脑内化学物质结构，引起精神错乱。吸毒者一时得不到毒品，大脑神经就会异常，释放生物电，把人折磨得痛不欲生。吸毒者往往采取自残，甚至自杀的方式来脱离折磨。

3. 吸毒对家庭的影响

吸毒成瘾后，吸毒者为了购买昂贵的毒品把家里的钱物挥霍一空，甚至卖儿卖女，遗弃老人，妻离子散。

4. 吸毒对社会的危害

吸毒者为获毒资，往往置道德、法律于不顾，他们行骗、偷窃、抢劫、卖淫、行凶杀人或参与贩毒。有些人通过卖淫嫖娼不仅自己易感染性病、艾滋病，而且自身还会成为传染源。

另外，一个民族吸毒的人多了，不仅会引起各种违法犯罪现象，破坏经济，而且还会影响整个民族的精神和身体素质，青年大学生必须远离毒品，大力宣扬毒品的危害。

四、不良网络行为

网络作为一种新的传媒手段，是科学技术日益发展的结果，也是人类进步的重要表现之一。目前我国的网民数量已经有了相当的规模，其中最主要的是青少年，尤其是青年大学生。作为一个虚拟的空间，一方面，网络具有开放性、便利性、互动性、丰富性和服务的多样性等诸多优点，其信息的发布、传递、接受、储存一体化，极大地改变了青年大学生之间的交流、沟通方式。另一方面，网络给青年大学生们提供了更为广阔的学习空间、快速获取信息的手段，交流沟通的便利给青年大学生带来的是平等和自由的享受。但互联网开放、自由、无时空限制等特点也给各国政治、法律、伦理道德、公共健康方面带来一些负面影响。不良网络行为可以使人身心受到损害，引发社会矛盾，以致违法犯罪。

（一）网络环境下大学生的行为特点

1. 人际交往模式在改变

（1）放松地进行人际交往。

网络是一个开放虚拟的空间，它的开放性、互动性、虚拟性和隐蔽性使人们可以十分放松地进行人际交往。可以随心所欲地通过论坛高谈阔论，而不必担心权威或长辈的兴师问罪；通过网络环境，他们可以随意地进入任一个虚拟社区，能够与许多人随意交谈，或是发表意见；在交往过程中还可以不断地改变自我角色和表达方法，并根据对方的反应随时解释、修改、补充信息，建立各种各样的人际关系而并不在意与之进行交往的究竟是怎样一个人，他们只享受网络化环境下人际交往过程中的直抒胸臆，张扬个性。

（2）独立和自由的人际交往。

网络环境下人际交往的新异有趣，为青年大学生的"沉溺"行为埋下了隐患。网络环境下人际交往的独立和自由，使他们的行为选择既带有创新意识又具有冒险的因素。他们中有一部分沉溺于网络游戏或虚拟世界中而不能自拔，甚至荒废学业。有的还被不法之徒欺骗和敲诈，从而造成了精神上的伤害。

2. 传统价值取向在逐渐解体

在快节奏、高压力的社会环境中，他们追求的是夸张、刺激，希望求得更能舒缓神经、释放压力的学习和交流途径。故而网络给青年大学生带来了全新的视觉和感官享受。它的自由度也使许多人没有了道德限制，可以随心所欲、为所欲为。同样，思想的混乱也使学生面临着很大的困惑：各种价值取向、思想观念、宗教信仰、风俗习惯和生活方式等的冲击碰撞与融合，使初涉社会的大学生迷乱了方向。他们误以为反叛和纯个人主义就是网络时代的特征，越有个性就越有魅力。正确的人生观和世界观、传统道德观和价值观在网络沉迷中逐渐解体。

3. "虚拟化"性格在形成

一方面，网络化环境为他们提供了自我行动的无限可能性，因而随着多种个性的建立，青年大学生的自我意识会相应得到强化。另一方面，网络上无限制的自由感、虚拟世界的幻觉和充分满足感以及行为的"非实体化"，使一部分学生无法接受现实世界，他们变得焦虑、内向、急躁、冲动而又孤僻，甚至谎话连篇。无法面对生活学习中出现的各种挫折和压力，无法解脱在现实中遇到的种种矛盾和困境。他们沉醉于包容、隐匿、随意、感性、轻松的网络环境中，从而导致虚拟化性格逐步形成。

（二）不良网络行为

不良网络行为是指通过网络行为，使人身心和社会受到损害的行为。如长时间上网可导致神经衰弱、精神恍惚、免疫力下降、视力减退，而且还会健康受损。制作网络病毒导致窃取他人有价值信息、使互联网瘫痪，耗费大量社会资产。在网络使用的人群中，大学生是属于比较容易成瘾的一群人。许多研究显示，大学生是网络成瘾的高发群体：美国宾州某大学有58%的大学生因为花在网上的时间太多而影响了学习；得克萨斯州大学的心理学家发现，至少有14%在校学生符合网络成瘾症的标准；北京大学对北京12所高校的近500名本科生进行抽查，结果显示，大学生中网络成瘾者在被试者中占到6.4%。

（三）不良网络行为对健康的损害

1. 长时间上网引起躯体疾病

有研究显示，长时间上网会使大脑中的化学物质多巴胺水平升高，这种物质可使人呈现短时间的高度兴奋，易导致食欲不振、焦躁不安等，甚至会引发心血管疾病等。长时间上网对身体健康常见的损害还有：视疲劳、脑疲劳、胃肠病、心血管病、腱鞘炎、斑疹及其他疾病，亚健康状态，如情绪低落、兴趣丧失、睡眠障碍、生物钟紊乱、免疫减退、饮食下降、体重减轻和思维迟缓、社会活动减少等。

2. 迷恋网络交往而产生"网络自闭症"

许多大学生喜欢网上的交往方式，因为在网上不仅可以与各类朋友畅所欲言，而且不必暴露自己的身份。当他们在现实生活中遇到挫折时，希望在网上寻求安慰，在网络上追求虚拟的完美人生。面对不理想的现实感到悲观、失望和消极时，他们只愿和电脑网络打交道，不愿和现实中的人交往，整日沉迷在虚幻的网络世界里，与现实产生距离感，对现实生活毫无兴趣，人际关系淡漠。这部分大学生的个性特征在人际互动中常表现为不尊重他人，以自我为中心，过于功利、过于依赖、妒忌心强、自卑、敌意、偏激、退缩、内心不合群，等等。

3. 玩游戏等而产生"网络上瘾症"

由于网络游戏具有互动性，一部分学生抵抗诱惑的能力比较脆弱，自制力也不强，经常玩"网络游戏"，极易上瘾。患上"网络成瘾症"后，就会沉迷于其中而不能自拔，只要一接触"网络游戏"就异常兴奋。一旦被"网络游戏"网住，就会带来不可忽视的影响，比如：有的大学生因对"网络游戏"上瘾而经常旷课、逃学，甚至荒废学业；特别是网络游戏上瘾会给大学生带来严重的心理问题，甚至有自杀的意念和行为。据研究统计，男生上网成瘾的人数比女生多，男女生中患网络成瘾症的人数比例分别为10%和5.1%，男生人数比例约为女生的两倍。中科院心理研究所在全国13所高校的最新调查显示，50%以上中断学业的（包括退学、休学）大学生都是因为网络成瘾。

4. 网上"黄色""暴力"内容对大学生健康的危害

由于互联网交流的随意性、隐蔽性，网上的色情、暴力、灰色信息等网络垃圾随处可见，其中尤以色情信息对大学生的危害最大。有的学生因经常漫游色情网站，染上了色情成瘾症，有的形成暴力倾向，从而误入歧途，走上违法犯罪道路。有的自身成为被侵害的对象：学生在和"网友"见面时，被骗或遭受意外伤害的事件屡见不鲜，给其身心造成巨大伤害。

另外，网上黑客事件经常发生，盗窃别人的密码、偷看他人信件，以及利用互联网宣扬别人的隐私事件，等等。许多大学生网民因担心自己的电脑遭受网络病毒破坏和黑客攻击，害怕网上个人隐私失密和自己的电子邮件被别人打开偷看。特别是面对网上欺诈、恐吓、暴力时，他们经常会感到惊恐不安和无所适从，产生焦虑。这对大学生的身心无疑会造成损害，防范信息污染已成为国家，乃至全球共同关注的问题。

（四）学会健康上网

由于上网行为在大学生生活中占有的重要位置，因此学会正确上网，正确健康使用网络是十分必要的。

1. 明确上网目的，理智上网，健康上网

提倡利用互联网进行文献检索、阅读新闻、发表文明负责的见解、相互沟通信息。不盲目浏览网页，不传播低俗、色情、暴力的信息，不制造毫无根据的言论，自觉抵制不良信息。

2. 科学用脑，注意劳逸结合

要注意上网时间不宜过长，一般每 20 min 需要眼睛离开显示屏幕，视线移向远处或闭上眼睛 5~10 min，以有效放松眼部肌肉和神经。如果出现眼部、肩背部、手部肌肉酸痛、精神紧张，应立即停止上网，休息至少 20 min，杜绝通宵上网。

3. 注意保护个人信息，以防不法侵害

上网时注意保护自己，不轻易泄露自己的个人信息。核对网页网址是否准确，尤其是金融、购物网址。安装正版杀毒软件，定期升级、杀毒，防止黑客和木马程序入侵，重要文件设置密码。对网上交友、"中奖"信息，不要轻信。不提倡"网友见面"，以防受到不法侵害。

4. 积极投身社会实践，在实际生活中增长才干

虚拟世界永远无法替代现实生活，大学生必须积极投身社会实践，主动加强自身心理素质的修炼，不断提高社会适应性。学习和了解一些心理健康常识，学会与人相处，能与他人相互尊重、相互学习。培养积极的兴趣和爱好，参与到集体生活中去。结合实际社会需求，树立恰当的奋斗目标，并坚定意志向目标迈进，学会在现实生活中寻找乐趣和成就感。了解社会、认识国情，坚定理想信念，增强自身的历史使命感和社会责任感；可以在走出校门、深入实际、深入基层、深入群众、参与公益活动、社会

调查、志愿服务、生产劳动、科技发明和勤工助学等一系列活动，在活动中受教育、长才干、做贡献，努力在参与现实社会活动中获得自我价值的实现。

5. 全社会积极行动，营造健康的网络环境

无论是家庭、学校还是全社会，都有责任帮助大学生树立远大的理想，学校要加强管理，丰富校园文化生活，正确引导他们合理安排业余时间；有关部门要加强立法、监督，规范，管理好网站，最大限度地减少电脑网络、电子游戏对大学生造成的不良影响，让高科技产品真正造福于全人类。

【思考题】

1. 简述健康行为的内容和要求。
2. 吸烟有何危害？
3. 酗酒有何危害？
4. 简述如何健康上网。

第四章　营养与大学生健康

营养是健康的物质基础,是人们从事一切活动的物质保证。大学生正处于青春后期,身体各个器官日渐成熟,是人生中的关键时期,合理的饮食营养非常重要。如果营养不合理,不但影响生长发育与健康,而且,还会得营养缺乏症。大学生作为优秀的青年群体,祖国未来的希望,其素质水平的高低将直接影响我们国家未来的发展。营养是高素质人才的物质基础,合理营养对保证大学生的身心发育与健康,贯彻德、智、体、美、劳都得到发展的教育方针起着重要的作用,因此大学生具有健康的饮食行为与良好的营养状况,是适应未来社会竞争的必要前提和基础。

第一节　饮食健康基础

只有对饮食健康的基本知识有所掌握之后,才能够学会如何做到合理饮食和平衡营养,而学生饮食不平衡和其营养知识的匮乏密切相关。一个人要生存,就必须吃东西,食物进入人体后,是如何被消化吸收的呢?人体的消化系统由哪些器官组成呢?大学生要健康成长,必须按照一定比例合理吸收人体所需的七大营养素,这些营养素是什么呢?每天所吃食物的营养价值是高是低呢?现代食品安全问题日益突出,常见食品的卫生问题,这些都属于饮食健康基础的内容。因此,饮食健康基础由4部分内容组成,包括人体的消化吸收、大学生成长所需的7大营养素、各类食物的营养价值和常见食品卫生问题。通过这一部分内容的学习,大学生可初步了解吃和平衡饮食的重要意义,常见食物的卫生问题以及如何科学合理地安排饮食才能保证身体获得均衡的营养。同时,这也为以后学习打下良好的基础。

一、人体的消化吸收

人体在进行新陈代谢的过程中,不仅要从外界摄取氧气,还要从外界摄取各种营养物质,作为新陈代谢的物质原料和能量来源。消化道内物质透过黏膜上皮细胞直接或间接进入血液或淋巴液的过程称为吸收。

(一)消化概念及方式

1. 消化

营养物质包括蛋白质、脂肪、糖类、维生素、水和无机盐等,主要来自食物。其中游离的无机盐、水和许多维生素可以直接被机体吸收和利用;而蛋白质、脂肪和糖类,在食物中多以分子结构或难溶解的团块出现,不能直接被机体吸收和利用,它们必须先在消化道内经过机械性和化学性加工,使之分解为结构简单的小分子物质,才能被机体吸收和利用。食物在消化道内被加工分解成可吸收形式的过程,称为消化。

2. 食物的消化有两种方式

(1)机械性消化。通过消化器官的平滑肌运动,将食物切割变碎,与消化液混合、搅拌,并顺消化道推进的过程,称为机械性消化。

(2)化学性消化。通过消化液中各种消化酶的催化作用,将食物中的大分子营养物质分解成结构简单的小分子的过程称为化学性消化。

在正常的情况下,两种消化方式的作用是相互配合同时进行的。

(二)消化腺的分泌和消化液的功能

1. 消化腺

消化腺包括存在于消化道黏膜内的腺体和附属于消化道的唾液腺、胰腺和肝脏。每日分泌的消化液总量达 6~8 L。消化液主要由有机物、电解质和水组成。

2. 消化液的主要功能

(1)分解食物中的各种营养物质。

(2)为各种消化酶提供适宜的 pH 环境。

(3)稀释食物,使其渗透压与血浆的渗透压相等,有利于吸收。

(4)消化液中的黏液有保护消化道黏膜免受物理和化学性损伤的作用。

(三)营养物质的吸收

消化道内的吸收,是指各种食物的消化产物以及水分和盐类等物质通过消化道黏膜上皮细胞进入血液和淋巴的过程。小肠有许多吸收的有利条件：

① 在小肠内，糖类、蛋白质、脂类已消化为可吸收的物质。

② 小肠的吸收面积大。小肠黏膜形成许多环行皱襞，皱襞上有许多绒毛，绒毛的上皮细胞上有许多微绒毛，使小肠黏膜的表面积增加600倍，达到200~250 m²。

③ 小肠绒毛的结构特殊，有利于吸收。绒毛内有毛细血管、毛细淋巴管（乳糜管）、平滑肌纤维及神经纤维网，消化期间小肠绒毛的节律性伸缩与摆动，可促进绒毛内的血液和淋巴流动。

④ 食物在小肠内停留的时间较长，能被充分吸收。通过营养物质的吸收，为生命活动提供能量，所以吸收具有重要的生理意义。

1. 吸收的部位

在消化道的不同部位，吸收的速度是不同的，这主要取决于该部位消化管的组织结构，以及食物在该部位的成分和停留的时间。口腔和食管一般不进行吸收，但某些药物（如硝酸甘油）可被口腔黏膜吸收；胃仅吸收高度脂溶性物质（如酒精）和少量水分；大肠主要吸收水分和盐类；小肠是各种营养物质吸收的主要部位，其中大部分在十二指肠和空肠吸收，胆盐和维生素B_{12}则主要在回肠吸收。

2. 吸收的机理

（1）被动转运的机理。

这主要包括单纯扩散、易化扩散、渗透等作用。

① 扩散作用也是物质透过薄膜的一个重要因素。如果薄膜两边的流体压力相等，而两边溶质的浓度不同或性质不同，那么，溶质的分子可从浓度高的一边透过薄膜扩散到浓度低的一边。

② 渗透可以看作是在特殊情况下的扩散。如果薄膜是一个半透膜，水分和一部分溶质易透过，而对另一部分溶质则难透过，于是两边就发生了不相等的渗透压，渗透压较高的一边将从渗透压较低一边吸收一部分水分，使渗透压达到平衡。

（2）主动转运的机理。

吸收还依赖于肠黏膜上皮细胞的主动转运过程，是一种需要消耗能量的、逆着电化学梯度和浓度梯度的运动。它可转运电解质，如Na^+、K^+、Ca^{2+}、Cl^-、I^+等，以及非电解质，如一些单糖和氨基酸。主动转运包括泵转运、出胞和入胞作用。

3. 吸收的途径

（1）跨细胞途径。

被吸收物质通过小肠绒毛上皮细胞的顶膜进入细胞内，在通过基侧膜进入细胞外间隙，最后进入血液和淋巴。

（2）旁细胞途径。

吸收物质通过肠上皮细胞间的紧密连接，进入细胞间隙，再进入血液。

（四）各种主要营养物质的吸收

1. 糖的吸收

糖被吸收的主要形式是单糖。在肠管中主要的单糖是葡萄糖和不等量的半乳糖和果糖。在肠绒毛上皮细胞的顶膜上有 Na^+ - 葡萄糖和 Na^+ - 半乳糖载体，它们分别与 Na^+ - 葡萄糖和 Na^+ - 半乳糖结合，依靠细胞外 Na^+ 顺浓度差进入细胞时所释放的势能，将葡萄糖、半乳糖转运入细胞，经基侧膜易化扩散入细胞间液，再进入血液。钠对于单糖的主动性转运是必需的，没有任何其他离子能代替钠的作用。当钠的主动转运被阻断后，单糖的转运便不能进行。果糖是通过易化扩散进入肠绒毛上皮细胞的，不伴随 Na^+ 的转运。

2. 蛋白质的吸收

蛋白质在小肠内分解为氨基酸后才能被吸收。氨基酸的吸收机制和单糖相似。

① 是通过继发主动转运的。在小肠绒毛上皮细胞的顶膜上有 Na^+ - 氨基酸和 Na^+ - 肽同向转运体，它们分别转运中性、酸性、碱性氨基酸与亚氨基酸，以及二肽、三肽入细胞。进入细胞内的氨基酸以及少量的二肽、三肽，经过基侧膜上的氨基酸或肽转运体易化扩散入细胞间液，再进入血液。小肠吸收中性氨基酸比吸收酸性或碱性氨基酸的能力强。

② 转运氨基酸也需要同时有钠的主动吸收提供能量，当钠的主动转运被阻断后，氨基酸的转运便不能进行。少数氨基酸的吸收不依赖于 Na^+，可通过易化扩散的方式进入肠上皮细胞。

③ 在小肠刷状缘上存在二肽、三肽转运系统，这类转运系统也是继发性主动转运。动力来源于 H^+ 的跨膜转运。

3. 脂类的吸收

脂类的消化产物,包括甘油一酯、游离脂肪酸、胆固醇、溶血卵磷脂。

① 胆盐与脂肪的水解产物形成水溶性复合物。当这些复合物增多时,许多分子就会聚合起来形成混合微胶粒。混合微胶粒到达微绒毛上,释放出其内的脂类消化产物,然后顺浓度梯度扩散进入细胞,靠胞饮作用而被吸收。这是脂肪在小肠中的吸收形式。中短链脂肪酸由于脂溶性较好,不需再酯化,而直接扩散出肠上皮细胞,进入绒毛内的毛细血管,经门静脉运输。

② 长链脂肪酸及甘油一酯被吸收后,在肠上皮细胞的内质网再酯化形成甘油三酯、胆固醇酯及卵磷脂。并与肠上皮细胞合成的脱辅基蛋白结合,形成乳糜微粒。经淋巴途径而间接地进入血液。正常成人可吸收95%以上的被消化的脂类,婴儿吸收脂类的能力较低,只能吸收85%~90%。

4. 水的吸收

水分的吸收有滤过和渗透两种力量。消化道每天吸收9 L的水。水分的吸收主要在小肠,7~8 L大肠吸收400~1 000 mL。小肠吸收水分的主要方式是渗透。小肠吸收其他物质时所产生的渗透力,是促使水分吸收的极为重要的因素。肠内营养物质及钠的主动吸收,造成肠内容物的渗透压低于肠上皮细胞内、组织间液及血液的渗透压,从而促使水分从肠腔经跨细胞途径和细胞旁途径转入血液。这是水分被吸收的主要因素。另外,水也能从血浆转运到肠腔,例如,当胃排出大量高渗溶液进入十二指肠时,由于水分从肠壁渗出,食糜很快变成高渗。如果大量的水分迅速进入肠腔可导致腹泻。

5. 无机盐的吸收

(1) 钠的吸收。

小肠每天需吸收25~30 g的钠(其中摄入的钠为5~8 g,其余为消化液中的钠),因此,每日进入肠上皮细胞的钠的总量远远大于摄入的钠量,肠上皮细胞内存在着钠泵,这就使钠可以逆着电化学梯度转运。

① 一部分钠是伴随着糖及氨基酸通过继发性同向转运进入细胞。Na^+进入细胞后,通过基侧膜Na^+泵泵出细胞,经细胞间液进入血液。

② 另一部分钠是伴随着H^+和K^+的逆向转运(H^+或K^+分泌进入肠

腔）而吸收的。

(2) Cl^- 和 HCO_3^- 的吸收。

Cl^- 是通过被动扩散而迅速吸收的。Na^+ 的吸收造成肠腔内内容物负电位，而肠上皮细胞基侧膜一侧为正电位，于是 Cl^- 顺着电位差而吸收。在上段小肠的胰液及胆汁中含有大量的 HCO_3^-，其吸收是以与 H^+ 交换的方式进行的，即通过 $H^+ - Na^+$ 交换进入肠腔内的 H^+ 与 HCO_3^- 结合生成 H_2CO_3，后者解离为 H_2O 和 CO_2。H_2O 留在肠腔，CO_2 易于通过肠上皮细胞而吸收入血，最后从肺呼出。

(3) 铁的吸收。

人每日吸收铁约为 1 mg，仅为每日摄入膳食铁的 5% 左右。食物中的铁绝大部分为高价铁，不易被吸收，需还原为亚铁才能被吸收。食物中的铁在酸性环境中溶解而易于被吸收，故胃液中的盐酸有促进铁吸收的作用。维生素 C 使 Fe^{3+} 还原为 Fe^{2+}，因此可促进铁的吸收。铁主要在十二指肠被吸收。Fe^{2+} 与绒毛顶膜上的转铁蛋白结合形成 Fe^{2+} - 运铁蛋白复合物转入细胞内，然后 Fe^{2+} - 运铁蛋白复合物从细胞外液扩散入血液。铁由黏膜细胞向血浆转运的速度受机体对铁的需要程度所调节。铁的转运过程也为主动转运，需消耗能量。

(4) 钙的吸收。

钙的吸收是通过主动转运进行的，摄入的钙 30%～80% 被吸收。钙的吸收还需要维生素 D_3，钙盐只有在水溶液状态和不被沉淀的情况下，才能被吸收。在 pH 约为 3 时，钙呈离子化状态，吸收最好。如肠中磷酸盐过多，就会形成不溶解的磷酸钙，使钙不能吸收。Ca^{2+} 通过小肠绒毛顶膜上的钙通道顺着电化学梯度进入胞浆，然后与细胞膜内表面的钙结合蛋白结合，通过胞浆，最后再由基侧膜上的 Ca^{2+} - ATP 酶（Ca^{2+} 泵），及 $Na^+ - Ca^{2+}$ 交换体，释放到细胞外间隙。有些 Ca^{2+} 还可通过细胞其余途径被吸收。

6. 维生素的吸收

(1) 水溶性维生素的吸收。

维生素是以单纯扩散的方式被吸收，维生素 B_{12} 与内因子结合成复合物，转运到回肠被主动吸收。

(2) 脂溶性维生素的吸收。

包括维生素 A、D、E 和 K 的吸收机制与类脂物相似。对于吸收维生素 K、D 和胡萝卜素（维生素 A 的前身）来说，胆盐是必需的，这说明这些脂溶性化合物在吸收之前必须先乳化。

二、大学生成长所需的营养素及营养价值

营养是指人体摄取、消化、吸收和利用食物中营养物质以满足机体生理需要的生物学过程。是保证人体正常生长发育的重要因素。均衡合理的膳食以及良好的饮食行为是大学生身体发育以及完成繁重的大学学业的重要保证，而不合理的膳食行为则会影响身体健康。

（一）糖、脂肪、蛋白质与大学生的营养需求

人一生各个时期的发育、成长和健康状况都与膳食息息相关。青春期的营养素支出就比成人多 13%～15%。

1. 蛋白质

（1）蛋白质的生理作用。

① 蛋白质是细胞构成的主要成分。人体的每个组织、器官，从毛发、皮肤、肌肉、血液，到内脏的器官和大脑以至骨骼，蛋白质都是它们的主要成分，占皮肤干重的 60% 左右，占肌肉干重的 80%，占大脑及神经干重的 45%，占骨骼干重的 28%。

② 人体各种化学代谢反应，都必须有酶的催化才能进行，至今已发现上千种酶，这些酶皆是蛋白质，另外，如胰岛素、生长激素、甲状腺素、催乳激素等，它们在人体内发挥重要调节作用，蛋白质是形成人体必需酶和激素的主要原料。

③ 蛋白质是构成抗体的原料。人体在遭到外界病菌和病毒侵袭时，会产生一种与之相应的抗体，这种抗体就是各种免疫球蛋白。由此可见，蛋白质可维持人体的正常免疫功能，增强抵抗力。

④ 蛋白质还可调节体液的平衡。人体血液与组织液之间经常交换水分，彼此间都需要平衡。这是靠血浆蛋白浓度和电解质浓度来维持的，如果膳食中经常缺少蛋白质营养，血浆蛋白的含量就会下降，就会使血液的渗透压低于组织液，从而导致水肿。

⑤ 蛋白质还是体内运送各种物质的载体，如运送氧气和二氧化碳的血红蛋白，运送脂肪的载体脂蛋白，运送铁的铁蛋白等。

⑥ 蛋白质还能提供热能，每克蛋白质在人体中被氧化分解后提供约

23.64 kJ（5.6 kcal）热能。

（2）蛋白质的来源和大学生每日蛋白质供给量。

人体从日常食物中得到蛋白质主要有两个方面，一为动物蛋白质，二为植物蛋白质。蛋白质的需要量是根据年龄、性别、劳动强度和健康状况来决定的。男大学生每日为80 g，女大学生每日为70 g。

2. 碳水化合物

（1）糖类的生理作用。

① 糖类在人体内最主要的生理作用是供给机体能量，每克糖可产生17.15 kJ（4.1 kcal）热能，其分解后的产物是二氧化碳和水，很容易排出体外。

② 糖类还是构成神经组织的成分，所有的神经细胞和组织都含有糖类。

③ 糖原具有保肝和解毒作用。当肝脏内糖原充分时，可使肝脏对致病微生物感染引起的毒血症和某些化合物（如酒精、砷等）有较强的解毒能力，从而起到保肝作用。

④ 糖类对蛋白质有庇护作用，并促进蛋白质生成。当糖类作为能量被释放时，可减少蛋白质的消耗，进而使蛋白质更有效地发挥修补和合成组织的功能。

（2）碳水化合物的来源和大学生每日供给量。

人体从日常食物中得到糖的途径主要有：一是谷类，占70%～75%，二为植物蛋白质。蛋白质的需要量是根据年龄、性别、劳动强度和健康状况来决定的。热能男大学生每日10.9 mJ（2 600 kcal），女大学生每日9.6 mJ（2 300 kcal）。

3. 膳食纤维

（1）膳食纤维的生理作用。

① 通便防癌：膳食纤维对肠壁有刺激作用，能促进肠蠕动，还具有很强的吸水性，因此利于通便，及时清除肠道内有害物质。

② 降低血清胆固醇：膳食纤维还可对机体内胆固醇代谢发生影响，膳食纤维可吸附胆酸，减少胆酸重吸收，从而促进肝内胆固醇代谢转变为胆酸排出，有降低血清胆固醇作用。

③ 限制餐后血糖升高：膳食纤维增加食糜的黏度，使胃排空速度减慢，并使消化酶与食糜的接触减少，所以使餐后血糖升高较平稳，同时也影响其他营养物质消化吸收。

④ 吸附某些化学有害物质：能有效吸附某些食品添加剂、农药、洗涤剂等有害物质，有利于人类健康。

（2）膳食纤维的来源和大学生每日供给量。

中国营养学会最近制定了中国居民不同能量摄取者膳食纤维的推荐摄入量标准：低能组 24.13 g/d（13.4 g/1 000 kcal），中能量组 29.36 g/d（12.23 g/1 000 kcal），高能量组 12.35 g/1 000 kcal。

4. 脂类

（1）脂肪的生理功能。

① 脂肪是热能最高的营养素：1 g 脂肪能产生 39.54 kJ（9.45 kcal）的热能，而每克蛋白质只能产生 17.15 kJ（4.1 kcal），所以脂肪是含热能最高的营养素。

② 脂肪是构成身体组织的成分：人体体重的 20% 左右是脂肪组织，脑和神经组织中含有 2%~10% 的脂肪。

③ 脂肪给人体提供必需脂肪酸：必需脂肪酸是脂溶性维生素 A、D、E、K 等的载体，它们不溶于水，只有溶解在脂肪中才能被人体吸收。

④ 维持体温：脂肪不易传导热量，皮下脂肪层可以防止体内的热量过多散失，也能防止外界环境的热量过多地传入体内，从而起到保温和隔热作用，以维持人体的正常体温。

⑤ 保护内脏器官和维持健美体型：在内脏器官周围的脂肪，可以保护和固定一些重要器官免受机械摩擦和移位，如同软垫，可避免撞击和震动。

（2）食物来源和大学生供给量。

动物性食物来源主要有猪、牛、羊等动物脂肪及骨髓、肥肉、动物内脏、奶脂、蛋类；植物性食物来源主要是各种植物油坚果。一般认为每日膳食中有 50 g 脂肪即能满足此项需要。

（二）矿物质与大学生营养需求

矿物质即无机盐，是构成人体组织和维持正常生理功能所必需的各种元素。

1. 钙

（1）钙的生理功能。

① 维持细胞正常通透性，降低毛细血管的通透性。

② 心脏和肌肉的收缩，神经的兴奋性，神经递质的合成、分泌和作

用等，都受血液中钙的浓度的调节。正常人血清中钙含量为每升 1.12 ~ 1.13 mmol（4.5 ~ 4.9 mg/100 mL）。血清钙含量降低时，神经肌肉兴奋性增强。大学生在运动时手、脚抽筋，可能就是血钙浓度低所致，要适当补充钙质。

③钙还参加血液的凝固过程。有钙的参加，凝血酶才能起到凝血作用。身体受伤出血或牙眼出血时能够及时凝血或止血。

（2）钙的来源与供给量。

膳食中应多选择含钙丰富的食物，如大豆及其他豆类、粗粮、水果、荠菜、苋菜、花椰菜、鱼类、蛋类、乳类、虾皮以及各种禽畜的骨骼等。钙的供给量为 1 000 mg。

2. 铁

（1）铁的生理功能。

铁是组成血液的重要成分，铁与甘氨酸结合形成血红素，血红素再与球蛋白结合生成血红蛋白。血红蛋白是红细胞的主要组成部分。氧和二氧化碳是通过血红蛋白运输的。

（2）铁的来源及膳食参考摄入量。

膳食铁来源首先是动物血和肝，其次为牡蛎、有壳的水生动物、黑木耳、芝麻、蘑菇。成年男子每人每日 15 mg、女子 18 mg。

3. 锌

（1）锌的生理作用。

锌对蛋白质的合成起极重要的作用。当人体锌缺乏时可引起生长迟缓、性成熟迟缓、味觉改变、异食癖、伤口不易愈合等多方面的异常。

（2）锌的来源及膳食参考摄入量。

锌的来源以动物性食物为主，如肉类、海产品、家禽等。但以海产品中牡蛎的含量较高，可达 1 000 mg/kg。植物性食物中锌含量少。

供给量：参照 2000 年中国营养学会推荐的锌膳食参考摄入量 15.5 mg。

4. 碘

（1）生理作用。

碘是人体微量元素之一，人体中含量很少，为 15 ~ 20 mg，其中 70% ~ 80% 存在于甲状腺。碘是甲状腺素的重要组成部分。在促进人体生长和调节新陈代谢速度方面具有重要作用。

（2）碘的来源与供给量。

含碘量较高的食物有海产品，如海带、紫菜、海参等，海盐中也含有少量的碘。

供给量：中国营养学会2000年提出的每人每日碘的推荐摄入量150 mg。

5. 磷

（1）生理作用。

磷是人体内含量较多的元素之一，成人体内含量约650 g，占体重的1%，磷是构成骨骼和牙齿的原料，在骨形成过程中需要1 g磷，磷酸盐与胶原纤维的共价联结在骨矿化中起重要作用。磷是机体所有细胞中的核酸组成成分，细胞膜的构成物质，如蛋白质、磷脂等。物质代谢产能反应也需要有磷的参与。

（2）磷的来源与供给量。

磷在食物中分布很广，瘦肉、蛋、鱼、干酪、蛤蜊，以及动物的肝、肾含量很高。海带、芝麻酱、花生、干豆类、坚果、粗粮含磷也很高。膳食 Ca/p 比值 1∶1.5 最为适宜。

6. 镁

（1）生理作用。

镁是必需常量元素中含量最少的，正常人体含镁20~28 g，其中55%在骨骼中，27%在软组织中，6%~7%分布于其他细胞。近年来发现镁与细胞第二信使CAMP的生成、激素及生长因子的受体、心肌细胞阳离子通道及维生素D代谢等多种生理功能有关。

（2）镁的来源与供给量。

植物性食物含镁最多，如粗粮、干豆、坚果、绿叶蔬菜；肉类和海产品含量也较多。中国居民膳食镁适宜摄入量（Al）规定，成人350 mg/d。

（三）维生素与大学生营养需求

1. 脂溶性维生素

（1）维生素A。

① 生理功能。

维生素A与正常视觉有密切关系，是合成视紫质的原料。缺少维生素A，形成视紫质的速度减慢，眼睛对暗光不能调节，到了黄昏或光线暗处就看不清东西，模糊一片。这种现象医学上叫"夜盲"。维生素A对上皮的形成、发育以及维持上皮组织的健全也十分重要，可以维护呼吸道、胃肠道、泌尿道等处黏膜的健康，减少人体对呼吸道传染病的感染，防止皮肤干燥、粗糙、起小丘疹（毛囊角化），维生素 A 还是骨骼正常生长所必需的，它有助于细胞增殖。维生素 A 缺乏时，可出现生长停滞，还影响生育能力。

② 食物来源及供给量。

一是来源于动物性食物，以动物肝、未脱脂乳、乳制品以及蛋类，含量较高；二是植物性食物中的维生素 A，以绿色、黄色蔬菜和水果含量高，如胡萝卜、西兰花、菠菜、韭菜等。

供给量：成年男性每天 800 μg，女性 700 μg。

（2）维生素 D。

① 生理功能。

维生素 D 是具有胆钙化醇生物活性的一类化合物。维生素 D_3 对骨骼形成极为重要，促使骨和软骨正常生长，与甲状腺素一起防止低钙性手足抽搐症和骨质疏松症，保持血钙的正常水平。

② 食物来源及供给量。

含维生素 D 较丰富的食物是动物肝、蛋黄、海产品。一般成人经常接受日照，是维生素 D_3 最好的来源，一般无须再补充。

供给量：成人每日获得 7.5~10 μg 维生素 D 即可使钙的储留达到最高的程度。

2. 水溶性维生素

（1）维生素 B_1。

① 生理功能。

维生素 B_1 的主要生理功能是以辅酶形式促进糖代谢。维生素 B_1 对生长发育，促进食欲、胃肠道的正常蠕动和消化液的分泌等都有重要的作用。当机体缺乏维生素 B_1 时可出现脚气病（不是霉菌引起的"脚癣"）。

② 食物来源及供给量。

维生素 B_1 广泛存在于天然食物中，含量较高的有动物内脏、瘦肉类、豆类、酵母、坚果等；全粒谷物含维生素 B_1 较丰富。

供给量：成年男性 1.3 mg/d；女性 1.2 mg/d。

（2）维生素 B_2。

① 生理功能。

维生素 B_2，又名核黄素，维生素 B_2 是体内多钟氧化酶系统不可缺少的辅基部分。维生素 B_2 还参与色氨酸转变为尼克酸，参与叶酸转化生成各种酶，其间接地对细胞增殖及人体的生长起作用。

② 食物来源及供给量。

维生素 B_2 存在于动植物食品中，含量较高的是动物内脏、乳类、蛋类、鳝鱼、蘑菇、豆类。

供给量：成人男性 1.4 mg/d，女性 1.2 mg/d。

（3）维生素 C。

① 生理功能。

维生素 C 参与形成胶原，使伤口愈合；维生素 C 在体内作为酶的激活剂、物质还原剂，发挥着作用。它还能增强机体对疾病的抵抗力；维生素 C 可降低血中胆固醇含量。

② 食物来源及供给量。

维生素 C 的主要来源为新鲜蔬菜和水果。

供给量：中国营养学会的标准：成人每日 60～100 mg。

（四）水与大学生营养需求

水是人类赖以维持最基本生命活动的物质。一般人不吃食物能够维持生存一周或更长时间，但不喝水任何生物均不能生存，说明水对人类生命活动的重要性。

1. 生理功能

（1）构成人体的重要成分。

水是人体不可缺少的重要营养素之一。占成人体重的 50%～70%，其存在形式为细胞内外液，细胞内液包括身体各组细胞；细胞外液包括组织间液、血浆。

（2）参与物质代谢。

水在体内直接参与物质代谢，许多物质都溶于水，成为离子状态发挥重要的生理功能。水作为载体输送营养物质和排出代谢废物。

（3）调节体温。

水对体温调节很重要。它能吸收体内不断分解代谢产生的大量能量而使体温保持不变，当外界温度高或体内产热过多时，通过蒸发或出汗使体温保持恒定；外界温度降低时，则通过减少蒸发而保持人体的体温恒定。

(4) 润滑作用。

机体胸腔、关节腔、韧带、肌肉等部位都有水作为润滑剂，保证这些组织器官正常活动和免受外来的伤害。水可保持肌肤柔软，有弹性，维持腺体正常分泌以及头发有光泽。

2. 水的种类

(1) 自来水。

自然界可以饮用的水为"淡水"，即河流、湖泊、泉水或地下水。我们现在所用的饮用水标准规定：色度不超过 15 度，混浊度不超过 3 度，不得有异臭、异味，不得含有肉眼可见物及毒物，pH 值 6.5~8.5，总硬度 450 mg/L，氟化物 1.0 mg/L，重金属等有毒离子不得超过 0.05 mg/L，细菌总数小于 100 个/mL，总大肠菌群小于 3 个/L。

(2) 蒸馏水。

把普通饮用水加热变成蒸汽，流入冷凝室内冷凝便成蒸馏水。但长期饮用会缺少矿物质，影响人体健康。

(3) 矿泉水。

矿泉水必须是天然的。国家关于饮用矿泉水标准中规定了各种有害元素的含量，并要求符合饮用水的卫生标准。因此，必须符合国家标准的矿泉水，才能够饮用。

(4) 纯净水。

在普通饮用水的基础上，经多层反复过滤，进一步去掉细菌或一些大分子物质，使饮用水更为安全，但水中的矿物质也同时被过滤丢失，也不适合长期饮用。

(5) 活性水。

活性水又称负离子水，它是通过科学手段，重新排列水的氢氧分子，使水的活性增强，即渗透力和溶解力增强，含氧量提高，更容易被机体利用，有利于人体健康。但其作用、作用机制、市场前景等有待进一步研究。

3. 供给量

水的需要量受年龄、膳食、活动情况、外界温度及机体健康状况等因素的影响，一般情况下，中国成人水参考摄入量为 1 mL/4.2 kJ（1mL/kcal），总量约为 2 500 mL。天气炎热、高温作业、剧烈运动等因素使人体出汗过多，应适当增加摄入量。

三、常见食品卫生问题

根据世界卫生组织的定义,食品安全是"食物中有毒、有害物质对人体健康影响的公共卫生问题"。食品安全也是一门专门探讨在食品加工、存储、销售等过程中确保食品卫生及食用安全,降低疾病隐患,防范食物中毒的一个跨学科领域。学校食堂饮食安全,最重要的就是从生产原料的购进,到储存环境、设备、工具及加工和出售的全过程都要确保安全卫生,在没有任何污染的环境下进行。

(一) 食品采购问题

采购是食品卫生安全的头一关,在采购食品中,借工作之便牟取私利。违反《食品采购制度》《索证制度》,采购未经检疫的肉类食品和三无劣质食品进入食堂,这种行为就是没有从进货源头上把住食品卫生安全关。

(二) 食品验收问题

食品、蔬菜、调料、米面等入库前未经库管员检查,将过期腐烂、霉变的食品收入库。

(三) 食品储存问题

入库后,库管员未将食品及原材料按类别、分库、分架储放。生与熟、食品与杂物、成品与半成品、食品与天然冰混合乱放。库房没有设置防虫防鼠设施。对隔夜冷藏超过24小时的食品或其他变质食品没有及时报告管理员进行销毁。出售变质食品及下架销毁食品。出库的食品达不到新鲜、卫生、安全。

(四) 食品加工问题

烹饪加工食品时,所使用的原材料及加工物的洁净度,对食品的安全至关重要。因此,炊事人员上岗前没有搞好个人卫生,没有统一着工作服、戴工作帽,没有使用专用工具进行规范操作。服务员摘菜、洗菜不认真。厨师改刀时生、熟菜板不分,烹饪时使用腐烂变质原料或三无食品。

(五) 食品出问题

出售腐烂霉变等过期食品和剩菜剩饭。

(六) 餐具用具消毒问题

清洁员在清洗消毒过程中,没有按卫生防疫部门规定的比例配制洗涤液和消毒液。用消毒柜消毒的，不能保证消毒时间，记录不全。食堂餐具一餐一消毒不够。

第二节 大学生的膳食平衡

随着现代科技的迅速发展，食品工业也日新月异，出现在市场的食物产品更是琳琅满目。面对种类繁多的食物品种，大学生应该如何从中选择恰当的食物，构建自己的平衡膳食是一个必须解决的现实问题。比如一日三餐该如何选择食物，该搭配什么食物满足不同季节身体的需求。另外，面对国外麦当劳、肯德基、必胜客等快餐在中国的崛起和国内快餐店的兴起，西式快餐和中式快餐的营养价值将有待了解。对于市场上花色多样的饮料、零食和保健品，它们的营养价值如何呢？大学生消费时应该如何选择呢？包括一日三餐、四季饮食、直视快餐、饮料消费、零食问题和保健品选择，这将是现代大学生构建自己的平衡膳食时直接面对的问题。通过学习，学生对现代饮食业有深入的了解，能够从营养学的角度剖析市场上各种食品的价值，从而得以从品种繁多的商品中选择出最适合自己的食物，合理安排饮食，健康成长。

一、向大学生普及营养知识的意义及必要性

（一）向大学生普及营养知识的意义

营养是有机体生长、发育并从事一切活动的物质基础，也是保证人体正常生长发育的重要因素。从人本身来看，饮食涉及年龄、性别、民族、工作岗位与居住生活环境等；从物质的角度来看，饮食涉及种类、成分、原料产地、搭配加工、使用方式等；从社会的角度来看，饮食涉及民俗、习惯、经济、道德等。因此，对大学生进行饮食与健康教育不仅是传播营养健康知识的重要途径，而且是培养高素质人才的一种良好方式。科学合理的营养对生长发育有着明显的促进作用，是增进健康、增强抵抗力、预防疾病的重要因素。如果营养不良或缺乏，可导致各种生理机能下降，降低机体的适应能力及抵抗力，可能成为很多疾病的致病因素。

随着我国经济的迅速发展，人们对生活质量的要求逐步提高，迫切希望获得营养学相关知识，以提高自身的健康状况。而大学生作为人类社会的主

力军、社会的引擎，对社会有着巨大的影响力，同时社会对大学生也有着巨大的依赖与信任。因此，在高校普及营养学，正确引导大学生对营养学的理解，不仅提高了大学生自身的健康状况，而且对社会有着巨大的推动作用，对人类的健康起着导向作用，为确保人类营养与健康有着深远意义。

（二）大学生营养学普及的必要性

1. 营养是大学生学习的基础

大学生正处在青春期向壮年期的过渡阶段，是一生中生长发育最为旺盛的时期。大学生的生长发育状况，学习效力的高低，生活能力及抗病力的强弱，等等，都与营养有着密不可分的关系。学生的膳食结构存在着很多不足，仍然处于"高谷物膳食"类型。突出特点为总体营养水平较低，以粮谷类为主，而动物性食品和蔬菜、水果类食品摄入不足，特别是优质蛋白质的摄入不足。蛋白质的摄入以动物肉类为主，水产、禽肉类摄入较少。由于营养知识的缺乏，不能合理地选择和搭配食物，使营养不良和营养过剩问题日益突出。

2. 营养是大学生学习的保证

高校学生是一个特殊的群体，他们良好的营养状况是其成人期健康的基础，关系到中华民族未来的整体素质。大学生营养不良发生率较高，这与日常生活中错误的营养态度和营养行为相关，大学生在营养态度和行为方面的及格率低，在膳食中存在着不吃早餐、爱吃零食、偏食、挑食及忽略三餐的质和量等不良行为。甚至为了减肥而盲目节食，使三大营养素供能比例失衡，早、中、晚餐比例严重失调。这些问题的出现，食物供应是一方面的原因，更主要的是营养知识的贫乏和对营养的重要性认识不足，这都说明了在大学教育中普及营养学的必要性与紧迫性。因此，我国高校将营养教育纳入高等院校的教学计划，对在校大学生进行营养教育，使其掌握正确的营养知识，树立正确的饮食态度，从而改变饮食行为，为成为一个德、智、体等方面全面发展的建设人才提供良好的基础条件。

二、大学生营养失衡的原因

（一）营养知识、态度、行为

1. 学生营养知识极度匮乏

不明白基本营养知识，比如很多学生不了解营养素是什么，它主要包括哪些，它们对人体的具体生理功能和主要食物来源是什么。对营养知识的缺乏，在很大程度上会直接影响学生日常生活中的平衡膳食行为，而平衡膳食行为的正常与否又会影响到学生的健康状况。不了解饮食与疾病有很大的关系，如长期营养不良可引起免疫功能低下、贫血、低血糖等；长期营养过剩可导致心血管疾病及糖尿病等。大学生是人类知识结构层次较高的群体之一，他们正处于生长发育的中后期，活泼好动，而且进行着繁重的脑力劳动和紧张的学习。所以，这个时期是他们一生中各种营养素需要量最大的时期，有必要提高大学生对自己营养健康负责任的意识，科学管理自己。学校对大学生没进行营养与健康方面的教育，学生缺乏营养与健康方面的知识，没有保健意识，因而不知道如何合理搭配日常的饮食。

2. 营养态度

大学生对营养知识缺乏深入的了解，他们根本不能将现有的营养知识用于日常行为中。但他们普遍具有较好的营养态度，愿意为健康改变饮食习惯，这是实现从态度到行为转变的基础，所以应抓住这一契机，在高校大力推广营养健康教育。这样受益人绝非仅是他们本人，其子孙后代也将受益无穷。

3. 营养行为不良

良好的饮食行为是健康的基础。学生中有不良饮食习惯者较多，挑食现象严重，以及生活没规律，甚至为了减肥而盲目节食，使三大营养素供能比例失衡，"早餐被忽略，午餐在流浪，晚餐太丰盛"等营养消费观念在大学生中非常普遍。这都是引起营养不良及营养过剩的原因，另外，学生对营养知识了解太少，从而造成他们不能正确选择食物。学生中低体重及瘦弱者检出率较高。大学生正处于生长发育的旺盛时期，此期学习负担较重，活动量大，其对能量和营养素的需求都超过其他成年人。

（二）自律性差

大学生是一个特殊的群体，远离父母，没有了父母的督促与提醒，饮食通常凭自己的喜好选择，几乎不考虑膳食因素，生活不受约束，随意性很大。多数大学生在珍惜健康和为健康投资上，做得很不自觉，也很不理性，世界卫生组织提倡的不吸烟和饮酒不过量的健康生活方式，还得不到大学生应有的重视。一方面，不吃早餐或早餐简单对付、盲目节食、零食当正餐、吃速食快餐、光顾街边小食摊、食色素超标食品、饮料当水喝、爱吃夜宵烧烤、饮酒作乐、偏食，等等。另一方面，由于营养素摄入过量导致的"肥胖问题"已经成为影响当今大学生健康的主要问题。这些反映出大学生不注重学习保健科学知识，未确立保健意识和不具备自我保健能力，这些现象是导致营养失衡的主要原因之一，若想改变现状，必须从当代大学生的自律性抓起。

三、大学生营养失衡的预防

（一）早餐一定要吃好

1. 不吃早饭的原因

绝大部分大学生是因为要睡懒觉而忽略了早餐这一环节；另有一部分学生是由于吃下过多夜宵而导致早上没胃口，1~3年级的学生有较大的学习量，习惯于熬夜学习或上网，深夜饥饿难忍并食用大量夜宵，第2天则没有胃口或不愿起床，这种现象在冬天尤为恶劣。

2. 不吃早餐的危害

（1）不吃早餐不符合人体的生理情况。

一日三餐是符合人体消化系统的活动规律的。对于一般混合食物来说，在胃的停留的时间 4~5 h，人吃过食物以后，胃开始蠕动，并大量分泌消化液，这个工作一般持续 4~5 h，这时胃内容物全部排空，送入小肠。接着，胃就用力收缩（机械收缩），人们就会产生饥饿感，也就是到该进食的时候了。根据人体胃肠生理这一活动规律和我国大学生的学习和生活习惯，安排一日三餐，两餐间隔 4~5 h 是符合人体生理情况的。早餐的好坏影响学习成绩，早餐的分量和内容也与学习成绩有关。长期不吃早餐不但造成营养不均衡，抵抗力低，还会增加患胆结石、心肌梗塞、脑血栓等疾病的危险，不吃早餐的人容易发胖和衰老。

（2）不吃早餐，热能和营养都达不到要求标准。

根据大学生特点，早、中、晚三餐热能分配比例分别是 25%~30%、40%、30%~35%。早餐占总热量的 25%~30%。早饭是午前学习、进行各种活动的主要能源，这已被事实证明。大学生上午学习课程比较集中，脑力劳动紧张，能量消耗较多，大脑功能在很大程度上取决于你早上吃什么。故应特别注意吃早餐。早餐应以质量为主，而不是以数量为主。要以米、面等碳水化合物为主，同时要摄入一定矿物质帮助新陈代谢，早餐所提供的营养素很难从午餐或晚餐中得到补充。另外，研究认为，早餐摄取的蛋白质及其他营养成分，身体对其吸收和利用率高，而晚餐吃的蛋白质被身体利用较少。早餐膳食中有足够的蛋白质和其他营养素，整个上午工作学习精力充沛，思维敏捷。

3. 吃好早餐的措施

（1）加强营养知识的普及教育。

高校应把营养及健康教育纳入大学教学计划，通过开设营养学公共课，利用广播、电视、校园网、学报、健康讲座、知识竞赛等形式，大力宣传推广营养知识，提高大学生的营养素养，正确处理营养与健康、营养与疾病预防的关系。增强自我保健意识，合理制订自己的膳食结构，实现健身、健美、健康的目标。要加强大学餐厅文化建设，在餐厅与学生之间开展经常性的互动活动，大力营造尊重科学、合理膳食、营养就餐的良好氛围。

（2）注重培养学生良好的饮食习惯。

向大学生传输健康合理饮食的观念，大学生只有形成了健康合理饮食的观念，才能将所具备的营养知识转变到真真切切的日常行动中，建立良好的饮食习惯。加强对大学生的日常行为的规范引导，坚持自我管理与学校管理并重，引导大学生严格落实一日生活制度，自觉养成按时起床、上课、熄灯就寝的良好生活习惯，建立良好的饮食制度，使饮食更加科学化、合理化，做到一日三餐定时定量，少吃或不吃零食，热量分配科学合理。

（3）采取针对性行为干预措施。

学校卫生部门要根据学生体质监测情况，与学生工作部门及食堂、体育教育配合，对营养不良或营养过剩的人群进行营养食谱、运动锻炼的指导，要大力推广营养早餐知识，改变部分大学生不吃早餐或早餐品种单一、营养搭配不合理的现状。

（二）注意合理饮食结构

1. 大学生饮食结构失衡的主要原因

（1）主观上的忽视。刚刚踏入社会，大学生往往把精力放在学习、社团之中，无暇顾及自身的健康；另外，从收入状况来看，大学生无疑属于整个社会的低收入群体，因而大学生饮食消费行为只能在低层次上徘徊，由于受经济条件的限制，大学生不得不紧衣缩食，于是就出现了廉价的饭菜在大学餐厅受欢迎和比较畅销，而营养价值不受重视的现象。

（2）缺乏营养知识和营养指导。膳食结构的不合理是营养失衡的主要原因，而膳食结构不合理又主要归咎于营养知识的缺乏。大学生的能量及多种营养素摄入量都偏低，其中蛋白质、能量、钙、维生素 A、维生素 B_2 的摄入量均不足；营养素的来源不够均衡，大学生膳食构成以粮谷类和蔬菜类为主，肉类、蛋类摄入量较少，男生水果类摄入量较低；三餐的热能分配及热能来源不够合理，早餐摄入的能量比例过小，晚餐能量比例过高。

（3）流行审美观直接助推的结果。女大学生为追求苗条而采取节食措施来控制体重的行为已渐成风气，过度节食带来的直接后果是就是营养不良或引发各种疾病。

（4）学校餐饮业市场化的负面影响，为了压低人员工资、降低饭菜成本，有的大学餐厅摊位饭菜品种单一，偷工减料，以低价位吸引学生；有的还存在单方面迎合学生饮食口味，对主副食、蛋肉禽、蔬菜营养合理搭配，科学烹饪等要求不管不顾的现象。

2. 大学生饮食结构失衡的危害

对饮食盲目追求感官的色、香、味，导致脂肪、糖份等营养摄入过多，产生肥胖；某些营养不足，盲目追求食物的精细化，及温室速成农作物的出现，导致饮食中维生素、矿物质膳食纤维及水份的摄入不足。营养失衡会对身体健康产生多种危害，例如癌症、昏厥、近视、贫血以及其他疾病，等等。

3. 合理饮食的重要性

大学生时代是发育身体的重要时期，同时也是形成健康饮食习惯的阶段，在大学时期树立合理饮食的意识、养成合理的饮食习惯，既能够促进身体的正常发育，又能保证健康的体魄。均衡科学合理的饮食，可以保证生命体征的正常运作，不合理的饮食习惯，无异于透支身体的健康。作为大学生，在校学习的前提是把自己的身体搞好。对于每一名大学生，如果想拥有健康的体魄，不仅需要丰富的营养知识，而且需要在专业指导下形成健康饮食的习惯。在越来越激烈的社会竞争下，大学生的生活和学习压力正逐渐加大，养成正确的饮食和生活习惯，保持乐观的心态与情绪，对自身的健康成长有着重要的作用。

4. 合理营养的措施

合理营养指的是在保证不发胖的前提下，对营养的需求要从质和量两个角度来考虑，以在保证营养丰富的前提下，力求食物品种多样。只有合理地摄入各种营养素，才能保证机体维持适宜的营养状况。

（1）平衡膳食分类。

营养素的关系很微妙，讲究营养需合理搭配食物。价值贵的食物并非一定具有丰富的营养素。营养素也并非越多越好，而需依赖于科学组合、形成比例和有规律的消化活动，以达到营养平衡。一般平衡膳食分成四类：

① 粮食类。这是热能的主要来源，由于各种粮食的成分不完全相同，最好是米、面、小米、玉米、绿豆、红豆、黄豆等替换着吃，掺和着吃，避免长期食用单一品种。

② 富含优质蛋白质的食物。这包括瘦肉、鸡、鱼、蛋、奶等动物制品，以及植物性食品，如黄豆类。动物性食品的吸收率一般比植物性高。大学生正处于生长发育的后期，学习又紧张，身体每天要储备一定量的蛋白质，因此蛋白质的需要较高，故每天要保证一定的富含蛋白质的食物。鸡蛋和牛奶不能完全代替肉，因为动物肉和心脏中的血色素型铁易于吸收，蛋白质有促进同时摄入的非血色素型铁的吸收。

③ 蔬菜类。这是维生素和矿物质的主要来源。蔬菜品种多，营养成分有很大差异。如柿子椒和各种绿叶菜含维生素多，黄橙色菜含胡萝卜素多，水果中含有机酸和各种蛋白酶类，等等。

④ 烹调油类。油类可以供给一部分热量，促进脂溶性维生素的吸收，供给不饱和脂肪酸，增进食物的色、味、香。

（2）食疗和养生。

食疗和养生已经成为了现代人饮食生活中一个重要的组成部分。大学生应针对大学生常见的疾病，包括缺铁性贫血和钙摄入不足等问题，从现代饮食的角度出发，注重疾病的食疗方法和饮食注意原则，并能够有意识地在日常生活中通过饮食来调理身体，强壮体魄。

（3）走进饮食。

在漫长的岁月里，在选料、切配、烹饪等技艺方面，我国的菜系经长期演变而自成体系，具有鲜明的地方风味特色，每种饮食后面都蕴藏着一种文化，大学生应比较全面地了解我国的饮食状况和中华饮食文化，增强民族意识、民族自豪感以及爱国情怀，同时对世界各地的饮食文化有所了解，扩大知识面。

（4）加强对高校餐厅的正规化管理。

要对餐厅的炊事和服务人员提供营养与食品卫生知识的系统培训，为每个餐厅配备 2～3 名专职营养师，依据大学生自身特点实施营养餐，尽可能满足大学生的健康及学习需求，建立有利于提高大学生身体素质的膳食模式。

（三）杜绝暴饮暴食

在大学生中偶尔可以发生暴饮暴食的情况。暴饮暴食就是由于一次吃喝太多，超过正常饮食数量的一倍或几倍，以致有时造成消化不良、胃炎、胃扩张等疾病。

一般情况下，虽吃的多一些，但不会暴饮暴食。发生暴饮暴食，总要有些条件，有两种情况值得注意，

一个原因是，连续几顿没吃饭，到进餐时，饥饿感很强，饮食又非常可口，就可能狼吞虎咽，一次吃得非常多，达到暴饮暴食的地步。

另一个原因是，在佳节或某个纪念日的聚餐，同学欢聚，又有美酒佳肴，十分热闹。有的同学爱开玩笑，往往提出比赛，打赌谁吃的多。由于青年人争强好胜，餐桌上倒是取得了胜利，但饭后得了消化不良的胃病，几天吃不下东西，个别人甚至胃痛，需要找医生治疗。

第三节 学校食物中毒的预防

食物中毒事件在我国各地时有发生，高校校园内食品卫生管理薄弱环节较多，食品污染隐患严重，是发生集体性食物中毒的高危场所。把学校食品安全纳入公共卫生范畴，加大对食源性疾病主动监测力度，利用各种媒体如广播、电视、网络、报刊等广泛宣传食物中毒及食品安全知识，增强大学生预防食物中毒的能力，提高防范意识，减少食物中毒发生。

一、食物中毒概述

（一）食物中毒的概念

食物中毒是因为吃了有毒食物所引起的一类急性疾病的总称。我国对食物中毒的概念阐述的比较具体：摄入了含有生物性、化学性有毒有害的食品，或把有毒有害物质当作食品摄入后出现的非传染性（不属于传染病）的急性、亚急性疾病统称为食物中毒。

有毒食物在外观上与正常食物没有明显的差别，进食量也与平时相同。因暴饮暴食引起的急性胃肠炎；个别人吃了某种食物，如鱼、虾等而发生的变态反应性疾病；经食物而感染的肠道传染病（如痢疾、伤寒等）和寄生虫病（如旋毛虫病、囊虫病等），这些都不属于食物中毒的范围，也不能把这些食物认为是有毒的食物。因此，正确理解有毒食物和食物中毒的概念，对于患者是否按食物中毒患者急救治疗，对于引起发病的食物是否按有毒食物进行处理，在实际工作中有重要的意义。除此以外，还有一些是因长期摄入少量被有毒物质污染的食物，并未引起急性中毒，但是往往造成慢性毒害，甚至可表现为致癌、致畸、致突变作用。这种慢性毒害就其性质来说，不属于食物中毒，但应高度重视，严加防范。

（二）食物中毒的共同特点

（1）起病急，潜伏期较短。

集体暴发性食物中毒发生时，很多人在很短时间（一般在24或48小时）内同时或先后相继发病，在短时间内达到高峰。

（2）症状相似。

患者都有大致相同的表现，多见急性胃肠炎症状，腹痛、腹泻、恶心、呕吐；其他症状：发热、头晕、痉挛、昏迷等。

（3）患者有食用共同食物史。

所有中毒患者都在相近时间食用过同一种有毒食物，发病范围局限在食用该种有毒食物的人群中，停止食用这种有毒食物后，发病就很快停止。

（4）人与人之间不直接传染。

停止食用有毒食物或污染源被清除后，不再有新患者出现，呈同时性暴发。流行曲线常于发病后急剧上升又很快下降，形成一个高峰。

(5) 从食物和病人能查出引起中毒一致的病原。

上述特点，在集体暴发性食物中毒时比较明显，而在个体散发性病例时就不太明显，因此易被忽略，故在实际工作中需要引起注意。

(三) 食物中毒的分类

1. 细菌性食物中毒

它是指人们摄入含有细菌或细菌毒素的食品而引起的食物中毒。细菌性食物中毒又分成：

（1）感染型。它是由细菌在体内增殖引起的，例如：沙门氏菌、致病性大肠菌、副溶血性弧菌。

（2）毒素型。它又分由细菌的毒素引起的（如肉毒杆菌、葡萄球菌）和由食物腐败引起的（如过敏性食物中毒）。

（3）其他型。由蜡状芽孢杆菌、肠球菌等引起的食物中毒等。细菌性食物中毒的发生与不同区域人群的饮食习惯有密切关系。

2. 有毒动植物中毒

食入动物性中毒食品引起的食物中毒即为动物性食物中毒。如河豚鱼、有毒贝类引起的中毒。有毒植物中毒，如毒蘑菇、木薯、四季豆中毒等。一般因误食有毒植物或有毒的植物种子，或烹调加工方法不当，没有把植物中的有毒物质去掉而引起。

3. 化学性食物中毒

食入化学性中毒食品引起的食物中毒即为化学性食物中毒。如某些金属或类金属化合物，农药等引起的中毒。化学性食物中毒发病特点是：发病与进食时间、食用量有关。一般进食后不久发病，常有群体性，患者有相同的临床表现。剩余食品、呕吐物、血和尿等样品中可测出有关化学毒物。

4. 真菌毒素和霉变食品中毒

真菌在谷物或其他食品中生长繁殖产生有毒的代谢产物，人和动物食入这种毒性物质发生的中毒，称为真菌性食物中毒。如赤霉病麦、霉甘蔗等引起的中毒。中毒发生主要通过被真菌污染的食品，用一般的烹调方法加热处理不能破坏食品中的真菌毒素。真菌生长繁殖及产生毒素需要一定的温度和湿度，因此中毒往往有比较明显的季节性和地区性。

(四) 食物中毒的原因

(1) 生产经营者疏于食品卫生管理,对食品加工、运输、贮藏、销售环节中的卫生安全问题注意不够。此类中毒发生率最高,出现在学校食堂和饮食服务单位的食物中毒多属此类。

(2) 滥用食品添加剂或使用非食品原料。

(3) 误食。主要是食用亚硝酸盐、河豚鱼、毒蘑菇和农药、鼠药污染的食物引起的中毒。

(4) 投毒。

(五) 食物中毒的基本预防控制措施

1. 细菌性食物中毒防制措施

(1) 防止污染,控制微生物生长繁殖,用消毒设施杀灭病原菌。

(2) 不生吃海产品,在加工、运输、销售等各个环节严禁违规操作。

(3) 避免各种污染源对食品的污染,生熟食品应分开存放。

(4) 食品销售部门应做到当日加工,当日销售。罐头食品生产应严格按照工艺流程生产加工。

(5) 做好防蝇、防鼠、防尘工作。

(6) 感冒和化脓性皮肤病患者不得从事食品加工和食品销售工作。

2. 有毒动植物引起食物中毒的防制措施

(1) 加强卫生宣传,加强市场管理,不准销售腐败变质的鱼类。

(2) 广泛宣传毒蘑菇中毒的危险性,提高人们对毒蘑菇的识别能力。

(3) 有些中草药不合理服用也会引起中毒,所以,要严格遵守中医师的用药原则,不要自己乱服用中草药。

3. 化学性食物中毒的防制措施

(1) 食品加工生产过程中使用的化学物质,如酸、碱、盐类以及某些食品添加剂必须符合国家食品安全卫生标准要求。

(2) 建立健全农药、鼠药管理制度,运输、储存、使用、销售等环节,一定要严格按照规定执行。

(3) 不吃腐烂变质的蔬菜,不用苦井水煮饭做菜,腌制菜一定要腌制 20 d 以上再食用。

(4) 真菌毒素和霉变食品引起食物中毒的防制措施要做好粮食在田间

或储藏期间的防毒工作。

二、食物中毒的处理原则

1994年卫生部颁布的《食物中毒诊断标准及技术处理总则》明确规定，发生食物中毒后要及时报告当地卫生行政部门，并对中毒者、食品及现场作出正确的处理。

为了及时处理和控制食物中毒事故，保障人民身体健康，卫生部颁布了《食物中毒事故处理办法》，自2000年1月1日起施行。

（一）对中毒者采取紧急处理

（1）停止食用中毒食品。

（2）采取病人排泄物和可疑食品等标本，以备检验。

（3）组织卫生机构对中毒人员救治。

（4）及时将病人送医院急救。

（5）对可疑中毒食物及其有关工具、设备和现场采取临时性控制措施。

（二）对中毒食品的处理

（1）保护现场，封存造成食物中毒或者可能导致食物中毒的食品及原料。

（2）为控制食物中毒事故扩散，责令食品生产者收回已售出的造成食物中毒的食品，或者有证据证明可能导致食物中毒的食品。

（3）经检验，属于被污染的食品，予以销毁或监督销毁。

（三）对中毒场所采取相应的消毒处理

（1）封存被污染的食品用工具及用具，并进行清洗消毒。

（2）对微生物性食物中毒，要彻底清洗、消毒。接触过中毒食物的餐具、容器、用具以及贮存食品的冰箱、设备、加工人员的手也要进行消毒处理。对餐具、用具、抹布最简单的是用煮沸方法，煮沸时间不应少于5 min。对不能进行热力消毒的物品，可用75%酒精擦试或用化学消毒剂浸泡。

（3）对化学性食物中毒，要用热碱水彻底清洁接触过中毒食品或可能接触过的容器、餐具、用具等，并对剩余的可疑食物彻底清理，杜绝中毒隐患。

（四）食物中毒报告制度

发生食物中毒或者疑似食物中毒的单位应及时向所在地人民政府卫生行政部门报告，说明发生食物中毒事故的单位、地址、时间、中毒人数、可疑食物等有关内容。

（1）中毒人数超过 30 人的，应当于 6 h 内报告同级人民政府和上级人民政府卫生行政部门。

（2）中毒人数超过 100 人或者死亡 1 人以上，应当于 6 h 以内上报卫生部，并同时报告同级人民政府和上级人民政府卫生行政部门。

（3）中毒事故发生在学校、地区性或者全国性重要活动期间应当于 6 h 以内上报卫生部并同时报告同级人民政府和上级人民政府卫生行政部门。

任何单位和个人不得干涉食物中毒或者疑似食物中毒的报告。

三、高校食品卫生安全防范

（一）做好三防

1. 防食物中毒

有效预防的方法分为以下三种：

（1）细菌、微生物性食物中毒预防：烹调时高温杀灭细菌，运输储存要在低温下进行。

（2）化学性食物中毒预防：化学物品清洁剂、杀虫剂，要远离食品，不使用有毒的器具、容器、包装材料盛装食品，不过量使用食品添加剂。

（3）有毒食物预防：如毒蘑菇、死甲鱼、死黄鳝、死贝类、河豚鱼、苦杏仁、黑斑甘薯、新鲜黄花菜及未经过检疫的肉类，不得加工食用。发芽的马铃薯应清除发芽部位经水浸泡方可使用，烹调豆角要彻底加热熟透，木薯不宜生吃。

2. 防坏人投毒

在现代竞争激烈市场中，经常出现不正当的竞争现象。所以在食品安全管理中，食堂管理人员对各环节实施有效监督，严禁非操作人员进入厨房、库记和精加工间及付饭厅。对外来人员办事进行登记和查问。内部人员被辞退、解雇等应多加注意。还有水源的管理要设专人管理，要上锁。要提高警惕，避免投毒事件发生。

3. 防疾病传染

在炊具和餐具管理上，有四道工序，就是一洗、二刷、三冲、四消毒，四个环节缺一不可，必须坚持专人操作，采用多种消毒方法，防止交叉感染。还要定期灭蝇、灭鼠、灭蟑螂。在冷荤间、主食间、切配间、付饭间都应配备紫外线消毒灯，切断传染源。定期对炊服人员进行体检，发现不合格的人员立即调离食堂，避免疾病传播。

（二）建立食品卫生安全培训体系

食品卫生安全的实施离不开人，有了高素质的人才能保证实施得好。所以，必须培养出懂食品卫生法规、懂食品安全知识，有服务意识、有敬业精神的人，要想达到这样的目的，岗位培训就显得格外重要。现在各食堂员工，大多数是临时工或是农民工，普遍存在文化水平偏低、业务素质不高的问题。他们的优点是能吃苦、能出力，缺点是服务意识不强，而且在食品卫生安全方面的知识十分匮乏。要想使这支膳食队伍能够适应岗位需要，必须加大岗位培训力度，对他们进行系统培训，使他们胜任这项工作来实现食品卫生安全的目标。岗位培训应当实现形式多样灵活。培训内容有针对性、实用性。既可以脱产，也可以不脱产；既可短期，又可以中长期和业余。培训的形式没有固定模式，一切要从实际出发，从本单位的需要出发。合理安排时间，区别不同对象，采取不同的培训形式。采用多种手段和渠道对员工进行实用、高效、迅速的培训。

（三）建立高校食品卫生安全管理体系

1. 建立完善规章制度

建章建制，要本着有针对性和可操作性的原则来完善一系列的规章制度。从食品的采购、验收、库管、加工、出售等。从卫生的管理、个人卫生、餐具卫生、消毒管理、厨房卫生、餐厅卫生、环境卫生等。从行政财务管理、中心主任、管理员、会计、出纳、培训制度、机械使用管理、突发事件应急预案等。

2. 强化监督

有了完善的规章制度，能否执行遵守，监督是关键。即使再好的制度如果失去对执行过程中的监督，其制度往往流于形式，如同摆设。监督的同时对违反制度的要罚，对执行好的要奖，奖罚分明才是监督的真谛。检查中除主管部门的监督外还要班组自查，中心或处室定期检查与抽查相结合，对食品卫生安全和伙食质量层层把关。在检查中发现的问题及时解决处理，来保证食品卫生安全。

（四）建立高校食品卫生安全应急处理体系

1. 组织领导

成立由校长任组长，后勤副校长任副组长，卫生院（所）、饮食处、学生处、保卫处为成员的食物中毒应急处理领导小组。

2. 制定食物中毒报告制度

出现症状，当事人立即报告给校卫生所或饮食处、学生处。校卫生所马上报告给应急处理领导小组，同时报告给卫生局及防疫部门。学生处、饮食处马上报告给组长（校长），同时校长向上级主管部门报告，食堂立即停止生产经营活动。保护好现场，追回已售出的可疑中毒食品，予以封存。收集可疑中毒食品及患者呕吐物、粪便、洗胃液等，留交卫生监督部门及现场调查人员。

3. 建立责任追究制度

按《学校食物中毒事故行政责任追究暂行规定》第三条："学校的校长是学校食品卫生安全管理第一责任人，从校长到食堂厨师层层落实责任，使他们提高对食品卫生安全工作的认识，把食品卫生安全工作当作重要工作来抓，保证学校食品卫生安全。建立高校食品卫生安全的实施体系、防范体系、培训体系、管理体系、应急处理体系是高校食品卫生安全管理的基本构架。只有做好这五个方面工作，才会使高校食品卫生安全管理收到实效。"

思考题

1. 蛋白质有何生理功能？
2. 碳水化合物有何生理功能？
3. 膳食纤维有何保健功能？
4. 脂肪有何生理功能？
5. 如何简便计算成年人体重？
6. 何谓常量元素、微量元素？各含哪些元素？
7. 钙有何生理功能？大学生钙膳食摄入量标准如何？食物来源如何？

8. 铁有何生理功能？大学生铁膳食参考摄入量标准如何？食物来源如何？

9. 锌有何生理功能？大学生锌膳食参考摄入量标准如何？食物来源如何？

10. 何谓脂溶性维生素？主要有哪些？哪些食品含量高？

11. 何谓水溶性维生素？主要有哪些？哪些食品含量高？

12. 维生素 A 有何生理功能？大学生的推荐摄入量是多少？食物来源如何？

13. 维生素 D 有何生理功能？大学生的推荐膳食摄入量是多少？食物来源如何？

14. 维生素 E 有何生理功能？大学生的推荐日供给量是多少？食物来源如何？

15. 维生素 B_1 有何生理功能？大学生的参考摄入量是多少？食物来源如何？

16. 维生素 B_2 有何生理功能？大学生的推荐摄入量是多少？食物来源如何？

17. 维生素 C 有何生理功能？大学生的每日供给量标准是多少？食物来源如何？

18. 为什么说水是人类赖以生存的物质？大学生水参考摄入量是多少？

19. 为什么早餐一定要吃好？

20. 何谓平衡膳食？怎样才能做到平衡膳食？

21. 暴饮暴食为什么有害于身体健康？

22. 何谓食物中毒？

23. 食物中毒有何危害？

24. 食物中毒有何特点？

25. 食物中毒处理的原则如何？

第五章　性健康教育与常见性病防治

性健康教育涉及医学、心理学、社会学、教育学等综合教育范畴。从广义上说，性即指性别，亦指男女两性在生物学、心理学和社会学上的特征之和；从狭义来说，性即指人的性行为。所谓性心理健康是指，通过丰富和完善人格、人际交往和爱情的方式，达到性行为在躯体、情感、理智和社会诸方面的圆满和协调。性心理健康一般包括三方面内容：一是具有科学的性知识，正确认识性的自然属性和社会属性。二是在两性关系中具有尊重感、社会责任感、分寸感等。三是性欲的满足应该符合社会的道德规范，做到既具有享受性行为的能力，又具有调节控制性行为的能力。当代大学生正处于青春后期，心理状况近于成熟但还不稳定的时期，在此期间，接受性健康教育使其提高性道德观念和法制观念，有利于大学生的健康成长。

第一节　性成熟带来的身心变化

一、青春期性生理变化

（一）男性青春期性生理变化

1. 遗精

遗精标志着男性的性生理成熟，它是在无性行为活动时出现的射精现象。1~2个星期出现一次是较普遍的，是正常的。

2. 男性第二性征

男性阴毛开始出现的年龄有很大的个体差异，一般在 11 岁左右出现。

腋毛一般在阴毛出现1~2年后萌出，少数男性腋毛出现早于阴毛。胡须在腋毛出现约1年后萌出，同时额部发际后移、身材高大、体格健壮、肌肉发达、肩膀宽厚，逐步形成男性成人面貌。喉结从12岁开始出现，13岁声音变粗，至18岁时喉结、变声基本发育完成。

（二）女性青春期性生理变化

1. 月经周期

月经标志着女性的性生理成熟，它是子宫内膜发生有规律的周期性脱落，而产生的阴道流血现象，一般28~30 d一次，故称月经。

（1）修复期：也叫再生期，子宫内膜在月经期脱落排出后，残余的子宫内膜从基底层再度生长，修复内膜创面，这个修复过程不到2天时间，此期为月经周期的4~6 d。上皮细胞从残余的内膜腺体断端向上及四周增长，而覆盖在子宫黏膜的表面。

（2）增殖期：此期为周期的7~14 d，子宫内膜迅速增殖。到排卵期，子宫内膜厚度增加3~4倍，腺体数目增多。卵泡分泌的雌激素数量增多，雌激素刺激子宫内膜增殖、变厚，卵泡发育，卵子成熟。

（3）分泌期：此期为周期的15~23 d。卵泡排出卵子，残余的卵泡逐渐形成黄体，在分泌雌激素的同时，孕激素分泌量逐渐增多。在雌、孕激素共同作用下，子宫内膜继续增生、增厚，富于营养，为受精卵的着床、植入做好准备。

（4）月经期：此期在月经期的1~4 d，主要变化为内膜的出血和脱落。出血来自动脉或静脉，在内膜层形成分散的小血肿，使内膜向外凸出，与周围机能层分离，然后破裂而脱落。出血在不同时间先后发生于子宫内膜的不同部位，所以子宫内膜脱落是分散的，成小片状与血液一同经阴道逐渐排出。子宫内膜一面脱落，一面修复，经过修复期，重新开始下一个子宫内膜周期。

2. 女性第二性征

乳房的发育通常是女性进入青春期的标志，但发育年龄及历经的时间有很大个体差异，在8~11岁开始。阴毛在乳房开始发育后6个月至1年出现。腋毛一般在阴毛出现后6个月至1年出现。

（三）青春期男、女性生理差异

大学生处于青春生理变化的中、后期，身体外形、第二性征和生殖器官逐渐发育成熟。此期两性生理变化差异及注意事项见表 5-1。

表 5-1 青春期两性生理变化差异及注意事项

内容	男性	女性
体型	身材相对高大，骨骼粗壮，肩膀宽阔，骨盆相对狭小，身体呈明显倒三角形	身材相对矮小、细巧，肩膀较窄而骨盆较大，呈正三角形
身体成分	骨骼肌的重量占全身体重的42%；脂肪只占体重的18%	骨骼肌则只占6%；脂肪丰满，占体重的28%
第二性征	长胡须，汗毛多而密，腋毛和阴毛都比较丰富；喉节突出，声音低沉；乳房不发达，胸部平坦	不长胡须，汗毛细小，腋毛和阴毛也较男性少；不长喉节，声音尖细；乳房发育，皮肤细腻
外生殖器	阴茎的长度和周径增加，易做性梦，阴茎常会勃起；阴囊增大、颜色变深	阴阜隆起，大阴唇变肥厚，小阴唇变大且有色素沉着
内生殖器	睾丸逐渐发育，曲细精管发育完善，生精细胞发育成熟，产出精子；睾丸内的间质细胞发育，并产生男性激素——睾丸酮；精囊和前列腺增大并开始分泌，此时常出现遗精（泄精）	阴道的长度及宽度增加，阴道黏膜变厚，出现皱襞；阴道内分泌物开始增多，其性状（稀薄、黏稠）渐现周期性变化；子宫发育变大，卵巢皮质中的卵泡开始有了不同阶段的发育变化，并有排卵，出现月经来潮
注意的问题	1. 遗精属正常生理现象，其频率因人而异。如次数过频并伴有身体不适，应及时就医检查，消除不良因素。 2. 注意遗精后卫生，遗精后及时更换内裤，解小便一次，清洗阴部及污物	1. 青春期月经时有不规律；随着发育调整渐近正常。 2. 多数痛经属于功能性，一般不需特殊治疗。 3. 经期不宜剧烈运动、游泳、洗浴，注意经期卫生和下肢的保暖。 4. 如有顽固性剧烈痛经、长期月经不调、经血量过多，应及时就医检查

二、青春期性心理变化

性成熟的心理变化是伴随其生理变化而出现的。

（一）青春期性心理发展

1. 对异性疏远阶段

随着性器官的发育，在第二性征开始出现后，男女性别分化明显，与异性接触感到难为情、腼腆、羞涩。

2. 对异性好感阶段

随着性机能发展和知识增长，他们逐渐摆脱了心理上的闭锁状态，开始希望了解异性、接触异性、爱慕异性。男女孩之间开始由相互抵触、疏远转向好感。

3. 向往异性阶段

表现出对异性倾慕和对爱憧憬，愿意与异性交往。此期青年们爱打扮、讲风度，愿意在异性面前表现自己的长处，喜欢别人注意自己。

4. 爱情阶段

身心的发展和正常的社交活动，使青年把最初萌发的对异性的好感，逐步发展为爱情，这是性意识发展成熟的特征。

（二）大学生的性心理特点及两性性心理差异

（1）大学生的性心理特点。

一是对性的神秘感和好奇心较强，渴望了解性知识。二是对异性的爱慕与追求，在异性面前的情感一般是希望了解他们，包括生理和心理，开始感到被异性吸引，产生接近异性的感情需要。

（2）两性性心理差异（见表5-2）。

表5-2 大学生男女性心理差异

内容	男性	女性
对异性的感情	外显、热烈、强烈的爱人欲望	含蓄、深沉、内敛、温存
行为表达方式	积极、主动、直接、勇于表达	被动、隐蔽、采取暗示表达爱意
内心体验	新奇、喜悦、快乐、兴奋、神秘	惊慌、羞涩、神秘、向往被爱、不知所措
对待感情挫折	一般能经得起挫折，较大度，善于更换表达和表现方式，但失恋后又往往不善于宣泄，内心伤害较深	一般多愁善感，善于及早退却，受挫后的宣泄、释放方法和手段较多，伤感的持续时间不会太长
对待性冲动	视觉易唤起性冲动，做性梦和自慰的频率多于女性，自控能力较弱	听觉和触觉易引发性冲动，做性梦和自慰的频率少于男性，自控能力相对略强

第二节　青春期性健康教育

大学生首先要正确认识青春期出现的各种生理变化，培养健康的性意识和性道德，自觉抵制淫秽、低级、下流的不良刺激；其次在交友中，要慎重选择，男女交往应是自然、坦率和友好，保持冷静，理智克制冲动，既要珍惜友谊，更要珍惜自己的"第一次"。另外要生活规律，睡眠充足，不要酗酒。保持外生殖器卫生，勤换内裤，不穿紧身裤，避免摩擦刺激，有助于克服性欲，更有益于发育。

一、男性青春期性教育

（一）正确认识遗精

大多数男孩对自己的首次遗精缺乏心理准备而感到焦虑和不安。每个男子都有遗精的现象，无论是未结婚的还是已结婚的，只是因个体身体状况存在着次数的差异性。

（二）正确对待手淫

手淫是指用手或工具对自己的外生殖器进行抚弄和摩擦，以获得性快感，引起性高潮或射精的过程。对于一个男青年说，由于睾丸分泌雄激素的作用，产生性欲望和性冲动，这是健康的生理要求。

（三）怎样缓解性冲动

性冲动是客观存在的。如何摆脱性冲动的困扰，更加精神饱满地投入学习和工作，是现代青年所要共同面对的问题。排解性冲动的途径不外两种：一是性行为。性生活中，人们会不知不觉加深呼吸，使细胞的氧气量增加，从而促进体内各脏器和组织的功能，这样便有利于排解性冲动。不过，性行为必须要在性道德、性法律允许的范围内进行。大学生要拒绝婚前性行为和嫖娼等。二是各种缓解方式。积极参加各种集体活动，如体育活动、文艺活动、社团活动等，试着多和异性交往，使自己变得大方开朗，用健康的性观念、性态度和性道德来约束自身行为，养成良好的学习生活习惯。

二、女性青春期性教育

（一）正确对待月经

1. 痛经

表现为在经期来临时，出现下腹剧烈疼痛并伴有恶心呕吐、面色苍白等症状。未婚女大学生的痛经一般属功能性，多在月经来潮的第一、二天出现。

2. 经期的卫生保健

一是防止感染。二是保持情绪稳定。因为月经期与精神活动有关，情绪不稳引起神经系统机能紊乱，可能导致月经不调。三是月经期间可以正常地工作、学习和劳动。要避免过度劳累和剧烈运动，防止机体疲劳，抵抗力下降。四是避免湿冷，不食用刺激性食物。

3. 月经期体育锻炼

月经是生理现象，一般的盆腔充血可能出现腹痛、腹胀、轻度不适，但血液循环、肌力等并不出现明显的生理功能上的变化。因此，没有理由禁止女性在月经期参加体育运动，比如徒手操、托排球、打乒乓球，适当活动可以改善盆腔的血液循环，减少盆腔充血，并有助于调整大脑兴奋抑制过程，减少不适感。

（二）接受自己的体像

体像是指少女的体型、相貌。少女性心理的产生，自然会产生性爱意识，也自然对自己的体像特别关注。

三、性道德与婚前性行为

（一）性道德的含义

性道德是指在处理与异性交往、恋爱及性行为过程中应遵循的观念，它是社会道德规范的一部分。在不同的历史时期，不同的社会、不同的民族，对性行为的道德评价有不同的标准。人们在社会关系中所处的地位不同，道德观念也可能有所不同。经过长时间的生活实践和文明演进，人们逐渐形成了并为多数人所接受的一个性道德标准，这个标准就是"自愿"和"无伤"。

（二）性道德的标准原则

1. 自愿的原则

人们要进行性行为，必须有其目的性，为达到目的，就必须由一个主体影响另一个主体，成为一种社会性行为。这样就会有双方或一方主动，双方愿意或仅仅一方愿意的区别。性道德的标准之一，就应该建立在双方自愿原则上。

2. 无伤原则

只片面地强调"自愿"原则，只要两性同意，就可以随意发生性关系，显然也是不道德的。"无伤"的原则应从各方面广义地理解，以保持性道德的准则。

3. 爱的原则

在性生活中具有对异性，尤其对某一特定异性的爱情，就成为人类性道德的重要原则。

4. 婚姻缔约的原则

性行为需由道德规范和法律来制约。

（三）大学生要提高性道德认知水平

只要具备正确的性观念，就可以在异性交往中正确控制性生理本能表现出的性要求，而不造成对他人的骚扰和对社会的不良影响，有意识地培养和发展积极健康的道德情感，在协调两性关系时处理好和谐与冲突、愉悦与骚扰、奉献与索取、融洽与占有、发展与停滞、创造与束缚这六对性道德范畴之间的关系。同时还要养成坚韧的性道德意志，坚持诚敬、恭谨、笃信、忠贞四个性道德原则，用理性的力量控制和压抑感性的冲动，避免做出不理智的性行为。

（四）性法律

性既有个人属性也有社会属性。性关系作为一种特殊的人际关系，必然要受到约束，法律就是约束性关系的底线。一个人的性活动一旦超越了法律许可的范围，就会触犯法律，受到法律的制裁。

中国当代的性法律大致可分为两大类：一类是有受害者的性犯罪，包括强奸、奸淫少女和侮辱妇女这三项罪名；另一类是无直接受害者的性犯罪，其中包括聚众淫乱、卖淫和制作传播淫秽品三项罪名。

（五）婚前性行为及危害

婚前性行为是指未婚者在办理合法婚姻手续前的性行为。

大学生发生婚前性行为的危害：

（1）婚前性行为不合法。性生活是法定夫妻的权利，婚前性行为属不合法行为。由此带来的伤害不受法律保护，带来的各种义务不受法律的约束，常易引发一些矛盾和纠纷，甚至合法权益受到伤害。

（2）婚前性行为易造成挫折。恋爱的结果不仅有有情人终成眷属，而且有无缘分道扬镳。倘若发生性关系，一旦恋爱失败，就会造成严重的挫折和打击，尤其对女性，失去贞操，"有怨无法诉"，"一失足成千古恨"。

（3）婚前性行为易造成身体伤害。婚前性行为较隐秘，没有正常、规律、稳定的家庭生活背景和性生活的卫生常识，易造成内外生殖器疾患，甚至性病、艾滋病等。最常见的是未婚先孕、堕胎、人流术后综合征的发生，这对身体乃至婚后的性生活和生育都会带来极大的影响。

（4）婚前性行为会造成心理失调。尝试禁果必然紧张，加上缺乏必要的性知识，会让对方产生异常想法。双方都会蒙上心理阴影，造成家庭生活不幸。

四、计划生育与性安全及性侵犯的防御

（一）计划生育的意义

有效并有计划地控制人口的过多增长，实现人口与经济、社会、资源、环境的协调发展和可持续发展；调整我国人口的结构，有效地发挥人力资源作用；有利于提高全民族的人口质量和人们的素质；有利于劳动就业；有利于保护儿童和妇女的健康；有利于个人和家庭的美满，从而保证家庭幸福、社会和谐稳定。

（二）避孕

1. 避孕套的使用

避孕套是一种用机械的方法阻断精子和卵子结合以达到避孕的目的。避孕套有男用避孕套和女用避孕套，男用避孕套就是通常所说的安全套，应用较为广泛。使用安全套必须注意：使用前要先吹气检查是否有破裂漏气现象；射精后在阴茎未软缩之前就及时捏紧根部缓缓拔出，以免精子漏入阴道。安全套不仅有避孕的作用，同时也有预防性病的作用。

2. 宫内节育器的使用

置于宫腔内的器具，一次放置，长期避孕，并且取出后很快恢复生育能力。宫内节育器的质地、形态多样，较适用于已婚已育妇女。我国有近50%的女性选择使用宫内节育器避孕。

3. 药物避孕

避孕药的作用在于抑制卵巢排卵；改变宫颈黏液的黏稠度，以阻止精子穿过宫颈，进入子宫腔；干扰受精卵在宫腔内膜上的发育；促进子宫、输卵管平滑肌的收缩，起到抗早孕的作用。口服避孕药根据其剂型和作用的不同可分为：短效避孕药、长效避孕药、探亲避孕药、事后避孕药。各类避孕药的服用，要根据其药品说明书，在计划生育人员或医生的指导下进行。

4. 安全期避孕

这仅对月经周期规律的女性而言有一定效果，但不是绝对，每一次性

生活都有怀孕的风险，切忌存在侥幸心理。

5. 避孕失败的补救措施

（1）药物流产：指怀孕早期不用手术，通过服用药物终止妊娠的方法，适合于停经 50 d 以内的早孕者。

（2）人工流产：指采用人工手术（吸宫术或钳刮术）方法，把已经发育但还没有成熟的胚胎和胎盘从子宫里取出来，达到终止妊娠的目的。人工流产适宜妊娠 10 周以内。

（3）中期引产：指利用手术（水囊引产或药物羊膜腔内注射）方法，将妊娠中期的胎儿及其附属物引出，达到结束妊娠的目的。适用于妊娠的 12～24 周。

上述各种终止妊娠的方法，必须在医生的指导下或住院进行实施。

（三）性安全与性侵害的防范及应对

1. 安全性行为

安全性行为是指没有任何体液交换的性行为或没有任何引起疾病（性病、艾滋病等）和受孕机会的性交活动，安全的性行为是保护自己和保护他人的明智之举。为此大学生要做到洁身自好，杜绝一切婚外性行为；保持单一并彼此忠诚的性伴侣；性交时一定要带质量可靠的安全套。

2. 性保健

性健康是身体健康的重要内容之一，注意性保健就能保护和促进性健康。怎样做好性保健？首先，要养成良好的性卫生习惯，经常保持外阴部生殖器及肛门周围的清洁卫生，及时清除皱褶内的污垢。其次，性生活前清洗外阴，性生活后及时排尿一次，然后再次清洗外阴。

女性要格外注意月经期的卫生与保健，月经期严格避免性生活；妊娠期前三个月禁止性交，以避免流产；以后的妊娠期也应有所节制，动作不能粗暴和剧烈；分娩后的产褥期也应避免性交，以防感染和大出血。

3. 性侵害的防范

性侵害是指在性方面造成的对受害人的伤害，包括性骚扰。性骚扰和性侵害的表现形式多种多样：性骚扰包括语言、文字、图像、电子信息、肢体行为五种形式；性侵害主要包括暴力型性侵害、胁迫型性侵害、社交型性侵害、诱惑型性侵害、滋扰型性侵害。性侵害是危害大学生身心健康的重要问题之一。因此，掌握一些基本防范方法很有必要。

（1）珍爱自己的身体。要保护自己的生殖器及其隐秘性，不允许任何人在任何条件下，以任何理由，触摸和玩弄自己的生殖器，包括亲戚、朋友。

（2）行为端庄，态度坚决。在人际交往中，行为端庄，不得过分暴露。参加社交活动与男性单独交往时，要理智而有节制地把握好自己，避免给他人性侵犯以可乘之机。

（3）保持警惕，提高识别能力。大学生应当消除贪图便宜的心理，对一般异性的馈赠和邀请应婉言拒绝，以免因小失大。尤其对于不相识的异性，要保持一定距离。

（4）定期沟通联系。大学生在外应经常或定期与家人保持联系，外出时可向同学和老师报告去向，烦闷时经常与亲人、挚友沟通。

（5）学点防身术，加强自我防范。一般女性的体力均弱于男性，防身时要把握时机，出奇制胜，快、准、狠地出击其要害部位。即使不能制服对方，也可寻机逃离险境。

（6）懂法、用法，保护自己。不要惧怕那些失去理智、纠缠不清的无赖或违法犯罪分子的要挟和讹诈。要大胆揭发其阴谋或罪行，及时向老师、家长或同学们报告，寻求组织和法律的保护。

4. 应对性侵害

（1）要勇敢镇定，沉着观察周围环境，采取适当的防卫方式，牢记侵害者特征，并给他留下印记。尽快逃离事发现场，到安全地带。

（2）要保留性侵害证据，不要沐浴、解手、洗涮，更不要更衣、洗衣或毁掉自己身上的衣物。

（3）立即报警，及时通知家长，或向自己信赖的老师、学长求得帮助，运用法律武器维护自己合法权益，惩治罪犯。

（4）马上找人陪同，到公安医院或二级以上公立医院进行医学检查，取得被性伤害的医学证明。同时接受正规的心理咨询和心理治疗。

第三节　常见性传播疾病与防治

一、性传播疾病概述

（一）性传播疾病概念

性病的全称为性传播疾病，是由性接触而传播的传染病。

（二）常见性病共有的一些症状

（1）男性：排尿频繁，排尿疼痛，尿道烧灼感，尿道口红肿，有脓液流出。

（2）女性：白带增多，有臭味，排尿疼痛；发生性交时疼痛。

（三）性病的传播

（1）性接触传播：性接触是所有性病共有的、最主要的传播途径。

（2）间接接触传播：有些性病可以通过间接途径传播，如淋病患者的生殖器分泌物沾染了浴巾、澡盆、坐便器时，在不消毒的情况下，其他人接着使用就有可能受到传染。

（3）母婴传播：在胎儿出生前、出生过程和出生后的密切接触中，有些性病可以从母亲传给胎儿或新生儿，如梅毒、淋病等。

（4）血液传播：梅毒螺旋体存在于血液里，如果输入这种血液或使用被污染的注射器，就有可能传染梅毒。

（四）性传播疾病的危害

性传播疾病的危害很大，它不仅给个人，也给家庭和社会造成很大损害，常常可以通过性生活再传染给配偶，或者通过分泌物和污染物品的接触，如毛巾、水盆等传染给家属，孕妇也可将病原体直接传给胎儿，发生先天性性病等。所以，我们要对性传播疾病的危害有足够认识，积极开展对它的防治。

（五）性传播疾病的预防与控制

（1）保护易感人群。应加强卫生宣传教育，了解和掌握性病的传播途径和一般特点，掌握必要的卫生保健知识，提高个人性健康水平。

（2）切断传播途径。性病最主要的传播途径是性接触传播。

（3）加强疫情管理，及时治疗，预防传播。

二、常见性传播疾病

（一）淋病

1. 概念

淋病是由淋球菌引起的一种泌尿生殖系统传染病。可以发生于任何年龄阶段，目前临床上淋病患者主要为性生活比较活跃的中青年，特别是青年。男性高发年龄组为 20~24 岁，女性为 15~19 岁。

2. 传播途径

（1）性交传播：人是淋球菌的唯一天然宿主。淋病患者是其传染源，性接触是淋病的主要传播方式。成人特别是男性，淋病 99%~100% 属于性交传染。

（2）非性接触传播：主要是接触病人含淋病双球菌的分泌物或污染用具，如沾有分泌物的毛巾、脚布、盆子、衣裤、被褥、床单、浴盆、大便纸，甚至马桶的坐板等均可传染。

（3）产道感染：淋病患者的产妇，分娩时产道内的淋病双球菌就可能传染给新生儿。

3. 临床表现

（1）淋病潜伏期一般为 2~10 d，平均为 3~5 d。

（2）男性淋病多表现为急性尿道炎。初期表现为尿道口红肿、发痒及轻微刺痛；继而有稀薄黏液流出，严重者有轻度肿胀，引起排尿困难；同时可伴有腹股沟淋巴结肿大、炎症或压痛，严重者可伴有全身寒战、发热、食欲不振、头痛等症状。

（3）女性淋病多表现为急性尿道炎或宫颈炎。主要表现为：外阴红肿、发炎和糜烂；尿道口红肿、有浆液或脓性分泌物、尿频、尿急、尿痛、排尿困难或血尿；子宫颈口糜烂，白带有血丝或呈脓血性白带，有恶臭气味；还可出现全身性症状，如发烧、恶心、呕吐、食欲不振等，下腹痛、腰痛，严重者可引起输卵管、卵巢脓肿破裂或化脓性腹膜炎等症状。

（二）尖锐湿疣

尖锐湿疣是由人类乳头瘤病毒引起的。在近 30 年来，由于对外交流的增多，患这种病的人迅速增多，现已跃居性传播疾病的第二位，仅次于淋病。

1. 乳头瘤病毒的结构特点

人类乳头瘤病毒属于 DNA 病毒，病毒在上皮细胞内生长，温暖潮湿的环境下更容易繁殖。因此泌尿生殖器和肛门等处是尖锐湿疣的好发部位。

2. 传播途径

（1）它主要是通过性接触而传播。与患有尖锐湿疣的人发生性接触后，约有三分之二的性伴侣会受到感染。尖锐湿疣多发生在有婚外或婚前不洁性乱史的 20~30 岁的青年人中。

（2）本病也可通过非性接触传播，如食物、生活用具（被污染的浴巾、内裤、浴盆等）或手的自身接触而散播。

（3）孕妇患有尖锐湿疣后，可通过胎盘、血液、分娩或出生后密切接触而传染给胎儿或婴儿。

3. 临床表现

（1）尖锐湿疣的潜伏期一般为 1~12 个月，通常为 3 个月左右。

（2）临床表现多种多样，常在皮肤黏膜部位出现多发性乳头瘤样或疣状损害，即主要在外生殖器及周围出现典型的疣状丘疹。男性尖锐湿疣常见于冠状沟、包皮、龟头、系带及尿道口，有时可见于阴茎体及周围皮肤。女性则好发于大、小阴唇、阴蒂、阴道前庭，其次为阴道、宫颈。初发时，为少数微小淡红色丘疹，逐渐增大、增多，融合形成乳头状、菜花状或鸡冠状增生物，有的根部有蒂，有的形成大的斑块。表面呈皮肤色、粉红色或污灰色。可自觉有痒感，偶有糜烂、渗液，散发恶臭。常因瘙痒而引起细菌继发感染。

（三）非淋菌性尿道炎

非淋菌性尿道炎是指有尿道炎症状，但尿道分泌物涂片或培养检查时，查不到淋球菌的一类疾病。在我国仅次于淋病、尖锐湿疣，居第三位。

1. 沙眼衣原体的结构特点

非淋菌性尿道炎的 40%~50% 由沙眼衣原体引起，20%~30% 由支原体解脲脲原体引起，尚有部分原因不确定。衣原体在 56 ℃~60 ℃下经 5~10 min 即死亡；0.1% 甲醛、0.5% 苯酚可在短期内将其杀死。对热抵抗力差，55 ℃时，经 5~15 min 即死亡；苯酚、来苏儿等也易将其杀死。

2. 传播途径

（1）非淋菌性尿道炎主要通过性交感染，好发于性活跃的青年人。

（2）分娩时可能通过产道传染给新生儿，引起新生儿结膜炎或肺炎。

3. 临床表现

（1）非淋菌性尿道炎的潜伏期一般为 1~3 周，然后逐渐表现出症状，主要侵犯泌尿生殖系统。

（2）男性非淋菌性尿道炎往往表现为尿道瘙痒和排尿疼痛，少数伴尿频，晨起后尿道口有少量稀薄黏液性分泌物或仅有痂膜封尿道外口，或发现内裤有少数污秽。

（3）女性非淋菌性尿道炎多以宫颈为中心扩散到其他部位。表现为白带增多，宫颈水肿或糜烂，但临床症状不明显；尿道灼热感，或尿频、尿道口充血微红，挤压尿道有分泌物溢出，但不少患者无任何不适。

（四）生殖器疱疹

生殖器疱疹又称阴部疱疹，是由单纯疱疹病毒（HSV）引起的性传播疾病，侵犯生殖器及肛周皮肤黏膜交界处，具有慢性、复发性等特点。

1. 单纯疱疹病毒的结构特点

单纯疱疹病毒为 DNA 病毒，对乙醚及脂溶剂特别敏感。对高温和低 pH 值都不稳定，湿热 50 ℃及干燥 90 ℃，30 min 即可灭活，但在低温下可生存数月。

2. 传播途径

（1）主要通过性器官接触而传播，病人和无症状的带病毒者是主要传染源。单纯疱疹病毒的传染性极强，凡与患有阴茎疱疹的男性发生一次性接触的女性，有 60%～80% 可被感染。

（2）通过母婴传播传给后代，如通过产道感染或羊膜早破而感染。

（3）单纯疱疹病毒可分为 Ⅰ 型和 Ⅱ 型两种。Ⅰ 型疱疹主要通过呼吸道、皮肤、黏膜密切接触传播，感染腰部以上部位的皮肤黏膜和器官。Ⅱ 型疱疹病毒主要存在于女性宫颈、阴道、外阴皮肤及男性阴茎、尿道等处，是引起生殖器发炎和疱疹的罪魁祸首。90% 的生殖器疱疹是由 Ⅱ 型病毒引起的，10% 由 Ⅰ 型引起。

3. 临床表现

（1）经性器官接触后，潜伏期 2～20 d，平均约 6 d。

（2）患病部位先有烧灼感，很快在红斑基础上发生 3～10 个成群的红色丘疹，伴有瘙痒，丘疹很快变成水泡，3～5 d 后变成脓疱，破溃后形成糜烂或溃疡，自觉疼痛，最后结痂。整个病程可持续 20 d 左右。

（3）发病期间可出现发热、头痛、全身不适、颈项强直、脑膜炎和骶神经功能不全等症状。

（4）男性好发于龟头、冠状沟、尿道口、阴茎、阴囊、大臂和臀部等处。女性则好发于阴唇、阴阜、阴蒂、肛周及阴道，约 90% 的人还可同时侵犯宫颈，出现阴道分泌物增多或下腹痛，可并发宫颈和子宫炎。

（五）阴道毛滴虫病

阴道毛滴虫病是由鞭毛原虫——阴道毛滴虫引起的一种常见的性传播疾病。

1. 阴道毛滴虫的结构特点

阴道毛滴虫鞭毛虫体部呈梨形，活动能力很强，低温时（3 ℃ ~ 5 ℃）活动力明显减弱，但可存活 21 d，干燥时易死亡。阴道毛滴虫只能寄生于人类的阴道、尿道或膀胱等处。

2. 传播途径

（1）主要通过性交方式传播。

（2）也可通过坐式马桶、浴盆、脚盆、内衣、卫生巾、被褥等间接传播。

3. 临床表现

（1）女性阴道感染毛滴虫后，一般要经过 4 ~ 28 d 的潜伏期。临床表现为阴道、外阴瘙痒和灼热感等，对刺激不能忍受；白带增多，呈泡沫状、灰黄色，有腥臭味，严重时白带可混有血液；也可引起尿频、尿痛、尿急，甚至间歇血尿等。症状往往于月经前后、妊娠、疲劳或房事后加重。

（2）男性尿道也是感染滴虫的主要地方，但无症状的占 50% ~ 90%。引起尿道炎者表现为尿痛、尿频，50% ~ 60% 病人有尿道分泌物增加现象，为脓性或黏液性分泌物，量很少，仅于晨间在尿道口有一微滴，因而极不易引起注意。

第四节　高校预防艾滋病健康教育知识

一、开展高校预防艾滋病健康教育的作用及意义

（一）开展高校预防艾滋病健康教育，是阻止艾滋病蔓延的最可行、有效的手段

学校是实施教育的最佳场所，是为学生、教职工、社区人员提供艾滋病、性病预防知识的有效途径。从本项目实施经验证明，学校已在预防和控制艾滋病、性病流行中发挥了重要作用，学校能成功地帮助青少年获得预防艾滋病知识、态度和技能。通过周密计划和实施的学校预防艾滋病、

性病教育，是阻止艾滋病蔓延的最可行、有效的手段。

（二）学校能有效降低艾滋病、性病在青少年中传播的危险性

通过精心设计的课程活动，同伴教育及其他教育手段，如歌曲、宣传画等，使学生了解有关性、性病、艾滋病等方面的知识，确保青少年通过学校这一正规渠道得到准确的信息，帮助他们获得预防艾滋病、性病感染所需要的知识、态度、价值观、技能及支持。

（三）将预防艾滋病、性病的健康教育融入其他相关课程领域

学校可将预防艾滋病、性病的健康教育融入其他相关课程领域，也可将艾滋病、性病教育与其他健康教育内容如青春期生殖健康、生活技能及其他健康问题的教育结合起来进行。

（四）开展多种相关活动，达到强化预防艾滋病、性病教育的目的

学校可通过一系列的实践活动，充分利用学校现有资源：如学校有线电视、网络、校园广播、校报、宣传栏等进行预防艾滋病宣传教育，营造健康教育良好氛围。培养爱心，尊重他人等。建立有利于学生和教工的环境，达到强化预防艾滋病、性病教育的目的。

（五）学校可通过预防艾滋病、性病教育给学生们健康的生活方式

健康的生活方式，可使他们面对性和其他健康问题时能做出有益的选择。预防艾滋病、性病教育给学生们提供了创造性学习和实践生活技能的机会，也促进了青少年其他方面的发展，参与式教学，可增进师生间的联系。

（六）共同参与接受健康教育

学校是社区至关重要的组成部分，学生行为直接影响很多社区成员。学生可将在学校学到的有关预防艾滋病、性病知识传播给家庭成员和其他社区成员，并积极响应国家和社区倡议，预防艾滋病、性病。通过学生带动影响家长和亲友，共同参与接受健康教育，普及"防艾"知识，增强"防艾"意识。

二、艾滋病、艾滋病病毒及发病机制

（一）艾滋病

1. 艾滋病的发现

1981年6月5月，美国疾病控制中心（CDC）首先报道了5例病例。

这些病人的免疫系统遭到了彻底的破坏,出现了常人罕见的感染。他们都是男性同性恋者。随后,美国和其他国家在同性恋者中也陆续发现类似症状的病人,当时人们还不知道这种病的原因,也没有给它命名。直到1983年法国巴斯德研究所的蒙塔尼教授和他的同事们从法国一个患有这样疾病的裁缝师的血样中首次分离出一种新的病毒。3年后,国际医学界正式把这种病毒命名为"人类免疫缺陷病毒",这就是引起艾滋病的病毒(HIV)。由艾滋病病毒感染人体引起的疾病就是艾滋病。

2. 艾滋病的命名

艾滋病是由艾滋病病毒感染所导致的严重传染病。艾滋病是英文 Acquired Immuno-Deficiency Syndrome 的字头缩写的音译(AIDS),中文全称为"获得性免疫缺陷综合征"。人类是 HIV 的易感种群。HIV 感染没有明显的年龄界线、性别界线和种族界线,也就是说不分种族、不分肤色、不分贵贱、不分男女老少,均对 HIV 敏感,均可能感染 HIV。感染了艾滋病病毒后,通常要经历一个潜伏期才会发展成艾滋病病人。潜伏期的长短因人而异,短则数月,长可达10多年。艾滋病患者在临床上以淋巴腺肿大、厌食、慢性腹泻、体重减轻、发热、乏力等全身症状为特征,逐渐发展为各种感染、继发性肿瘤、精神神经障碍,最后导致死亡。

(二)艾滋病病毒及发病机制

1. 艾滋病病毒

艾滋病的病原体,中文全称为"人类免疫缺陷病毒",1986年7月25日,WHO 发布公报,将引起艾滋病的病毒称为人类免疫缺陷病毒,通常称为艾滋病病毒。它是一类微小的、非细胞形态的生命形式,没有细胞器,缺乏完整的酶系统,没有独立代谢活力。在室温(20 ℃ ~22 ℃)下可以存活15 d,体温(37 ℃)下也可存活11天以上。但在56 ℃下30 min 就可破坏其酶系统,在80 ℃下30 min 即可灭活,高温煮沸20 min 可完全杀死病毒。

2. 人类免疫缺陷病毒的发病机制

从以上可以看出,发病的机制是病毒导致 T4 细胞耗竭,使机体免疫缺陷,最后导致感染而发病。HIV 是一种逆转录 RNA 病毒,是细胞内寄生的一类微小生物,直至它进入靶细胞之前,它既不增殖,也不产生任何损伤作用。但一旦进入靶细胞,则可以大量繁殖。

简单说,它是通过识别结合、注入整合和复制释放三个步骤进行繁殖的。HIV 进入体内，整合到寄主细胞的 DNA 以后，可以有两种状态存在：一种是随寄主细胞生活而生活，不进行复制，也不干扰细胞的正常活动，这种状态可持续多年。因此艾滋病的潜伏期可以很长。但当受到一些条件（如同性恋、酗酒等导致抵抗力减弱时）激活后，病毒就进入活跃状态，利用寄主细胞的各种条件合成大量的新病毒，破 T4 细胞而出，导致 T4 细胞死亡。而新释放出来的病毒又去感染新的 T4 细胞，这样形成恶性循环，造成 T4 细胞不断减少，直至极度耗竭。发病的直接原因是 T4 细胞的耗竭。艾滋病的发病或死亡不是由它本身引起的，而是由二次感染引起的，二次感染是主要的临床表现和死因。

三、艾滋病病毒的传播途径

由于艾滋病病毒主要存在于人体的血液、精液、阴道分泌物及乳汁等体液中，如个体间有体液的交换，可造成艾滋病病毒的传播。艾滋病病毒的传播条件是，必须有大量传染性的活病毒进入易感者的体内。已经证实的 3 个传播途径有：性接触传播、血液传播和母婴传播。

（一）性接触传播

艾滋病病毒感染者的生殖道分泌液（精液或阴道分泌液）中有艾滋病病毒存在。如果这些病毒在性活动中排出体外，进入另外一个人身体，就会造成艾滋病病毒的传播。传播有两个重要因素：一是感染者能排出足够量的病毒；二是病毒有侵入另外一个人体血的途径。任何具有这两个因素的性活动都有传播艾滋病病毒的危险，如：

（1）在不能确定性伙伴有没有感染艾滋病病毒的情况下，不使用安全套的性交行为。

（2）在不使用安全套的情况下与多人发生性关系，遇到艾滋病病毒感染者的可能性远比只有一个固定的性伙伴要大得多。

（3）患有性病的人，他们外生殖器会因为发炎或破损而感染，传播艾滋病病毒的危险性更大。没有防护措施的性交是最常见的传播方式。世界范围内约 80% 的感染者通过此途径而感染艾滋病病毒。男性传给女性的概率高于女性传给男性的概率。

（二）血液传播

由于艾滋病感染者的血液中含有大量的艾滋病病毒，输入了含有艾滋病病毒的血液或血制品均可能引起感染。在全球，有3%~5%的感染者是由输血造成的。由于儿童接受血液和血制品的机会大大多于成年人，因而通过血液传播的艾滋病也较多，约有20%的儿童是由此感染艾滋病的。输入被艾滋病病毒污染过的血液、血制品，或使用了含有艾滋病病毒的血液和血制品，一次感染机会可达95%，甚至100%。输血传播艾滋病病毒的概率受以下因素影响：

（1）吸毒者尤其是静脉注射吸毒者是艾滋病的高危人群。亚洲（特别是中国）以吸毒传播占的比例相当大，中国经静脉注射感染艾滋病的占70.9%，是目前艾滋病最主要的传播方式。吸毒者很容易感染艾滋病，其主要原因有以下几方面：

① 吸毒者共用不洁注射器；吸毒者往往以静脉注射毒品来满足要求，吸毒的违法性又注定吸毒者的隐蔽性，"毒友"间反复共用注射器，病毒可以通过注射器直接穿过人体的第一道防线进入血液循环，结果造成艾滋病病毒在吸毒人群间的相互感染。

② 吸毒损害人体免疫系统，降低自身免疫力。吸毒后，机体的免疫力和抵抗力受到很大的损害，为病毒进入体内感染创造有利条件。

③ 吸毒导致性紊乱，增加感染机会。吸毒者吸毒后产生暂时的兴奋，就可能要求通过性行为来发泄，而一些吸毒者为了获得毒品或金钱而出卖自己的肉体。这些参与卖淫、嫖娼等危害健康的不良行为就会使艾滋病在性伴侣间广泛传播。

（2）临床医疗工作中的交叉感染（针头、牙钻和注射器等器械消毒不严或与艾滋病病人或艾滋病病毒感染者共用器械）。

（3）使用未经消毒的注射器，纹眉、纹身时使用的器械消毒不严格等。

（三）母婴传播

感染艾滋病病毒或患艾滋病的妇女，其艾滋病病毒可以通过胎盘，使胎儿宫内感染。婴儿感染主要发生在分娩时与母亲的血液等体液接触，或出生后的母乳喂养时期。母婴传播概率一般在发展中国家较高。就全球而言，尤其是发达国家，其母婴传播为5%~10%。儿童艾滋病发病急，进展快，病死率极高。

(四) 不会传播艾滋病病毒的途径

虽然艾滋病传播途径很多，但必须同时具备以下两个条件才可能得病：

（1）病毒必须通过人体的第一道防线（皮肤或黏膜）进入体内，才可能感染。若皮肤黏膜有细微的破损，艾滋病病毒就很容易侵入体内。

（2）要有足够数量的艾滋病病毒才能造成感染。虽然在艾滋病病人或艾滋病感染者的血液、精液、阴道分泌物、唾液、乳汁、泪液、尿液、汗液等体液中均可分离到艾滋病病毒，但从流行病学上看，不是所有这些都能传播艾滋病。

世界卫生组织报告指出，目前没有任何迹象表明艾滋病病毒可以通过唾液、泪液、尿液、汗液、餐具或昆虫传播。也就是说，礼节性的接吻、握手、拥抱、共餐、游泳、共用马桶等日常生活接触不会传播艾滋病；艾滋病病毒也不会通过空气、衣服、被褥、货币等途径传播；蚊子叮咬也不会传播艾滋病。

四、艾滋病的主要临床表现

（一）艾滋病的潜伏期

艾滋病的潜伏期是指从病人血清抗 HIV 抗体阳转开始到出现疾病临床症状和体征的一段时间。感染 HIV 后潜伏期较长，一般为 6 个月到 5 年才演变成艾滋病。最长可达 19 年以上。艾滋病的潜伏期因人而异，从外表上无法和非感染者相区别，但他们可以通过血液和其他体液将病毒传给他人。一般说来，一个人在感染了艾滋病病毒后的 1~3 个月（有的可长达 6 个月），体内的抗体水平开始上升并能测出是否已被感染。然后经过短则 6 个月，长则 10 多年的潜伏期，成人平均潜伏期为 29 个月，发展成艾滋病，血液传播的潜伏期较短，一般为 6 个月至 5 年；1~2 年后死亡。但儿童感染艾滋病病毒后多在数月（12 个月）就发展成为艾滋病。潜伏期的长短可能与下列因素有关：患者本身的免疫功能；HIV 毒株的种类、强度、数量和感染途径；身体感染 HIV 后的营养、健康状态，等等。

（二）艾滋病的"窗口期"

人体受到 HIV 感染后，病毒激发人体免疫系统产生抗体，可在血液及其他体液中测出。从患者感染 HIV 到形成抗体有一个免疫应答过程，这个过程所需要的时间，称为"窗口期"。一般认为，HIV 的窗口期为 2~6 周，延迟反应者可能要超过 6 个月。因此，HIV 检测应以最后一次危险行为 6 个月后的检测结果为准。

（三）临床期

感染艾滋病病毒后，根据细胞免疫缺陷的程度，由轻到重可分为 3 个临床期：HIV 感染期、艾滋病相关综合征和艾滋病。

1. HIV 感染期

此期有 60%~75% 的感染者完全没有症状，免疫功能正常，可进行正常的工作生活，可以多年甚至终身不发展为艾滋病或仅有慢性淋巴结病综合征，但 HIV 检测为阳性。因此又称为无症状潜伏期。有的可出现全身性淋巴结肿大。有危险行为者，如发现除腹股沟外两个以上直径在 1 cm 以上的淋巴结肿大，且持续 3 个月以上查不出原因者，就应该考虑是否感染 HIV。此期虽然可进行正常的生活工作，但其体液中含有病毒，是危险的传染源。

2. 艾滋病相关综合征

对具有艾滋病的某些全身性症状和体征，而尚未表现出机会性感染或肿瘤的病人，临床上称之为艾滋病相关综合征。

（1）免疫系统受到一定的破坏，有持续性淋巴结病和一定程度的 T 细胞功能缺陷及临床表现。临床症状有：体重减轻，3 个月持续下降达 10% 以上；体温持续 3 个月超过 38 ℃；持续性腹泻，每天多于 4~5 次；有 2 个以上非腹股沟部位的淋巴结病，持续时间超过 5~6 个月；过敏反应迟缓；黏膜损害和皮肤病；疲乏无力；夜间盗汗等。

（2）两项艾滋病实验室检查异常（特别是 T4 数目下降，HIV 抗体检测阳性者）可诊断为艾滋病相关综合征。一部分病人可能停留在此阶段，病情不再继续发展，而一部分病人则发展为更严重的艾滋病。这个时期的病人具有很强的传染性。

3. 艾滋病

艾滋病主要存在以下四种临床表现。一个艾滋病患者可以有以下一种临床症状，也可以同时具备以下几种症状。

（1）肺型：出现持续性干咳，继而呼吸困难、胸痛，X 射线检查肺部有弥漫性浸润。组织病理检查有大量的肺囊虫。支气管灌洗液或气管内膜活检中均可找到病原虫。此外，军团菌、隐球菌、弓形虫等可引起肺炎。多数病人死于本病，欧美也以此病多见。

（2）中枢神经型：HIV 具有嗜神经性，可侵犯神经系统，能感染脑、脊髓和周围神经细胞。中枢神经系统中的单核细胞和巨噬细胞是 HIV 的重要贮存细胞，可产生病毒，并不断侵犯其他的 T 淋巴细胞，使中枢神经系统的症状与各种条件性感染引起的症状并存。

① 常见的神经障碍是亚急性脑炎（艾滋病脑病或痴呆综合征），临床上表现为疲乏无力、记忆力丧失、表情淡漠、共济失调、性欲减退等。疾病后期可发展为痴呆、意识不清、大小便失禁、部分瘫痪，有些病人甚至出现癫痫样发作，最后出现昏迷、抽搐，直至死亡。这些症状和体征可单独出现，也可与艾滋病其他症状同时出现。

② 脑 CT 检查，无局灶性病变，但有脑室扩大，脑活检或尸解为非特异性炎症，常伴有脱髓鞘病变，但找不到致病原。HIV 对神经系统的损害是 HIV 感染极其重要的一方面，可以形成急性、亚急性及慢性过程，对健康影响极大。

（3）胃肠型：主要表现为大量的水样腹泻，每日可达 20~30 次，约 15 L，导致进行性体重下降 20%~40%，严重者可出现营养不良等症状，最后导致脱水死亡。肠黏膜活检可见阿米巴、隐孢子虫、贾第鞭毛虫、菌痢和空肠弯曲杆菌等。

（4）发热原因不明型：因病原体感染，常出现持续性体温升高，可达 38℃~40℃，延续几周以上，并出现冒汗。最高体温可达人体的极限体温 42℃。

此外，多数艾滋病患者易患各种皮肤黏膜感染：最常见的有口腔黏膜念珠菌病（表现为舌和颊黏上的白斑，可引起严重的吞咽困难）、单纯疱疹性口腔炎、皮肤真菌感染（如由念珠菌或毛癣菌引起的甲癣病）、溃疡、脂溢性皮炎等。同时还伴有恶性肿瘤的发生，如卡波西氏肉瘤、恶性淋巴瘤、皮肤鳞状细胞癌、基底细胞癌、色素瘤等。

五、艾滋病的诊治

（一）艾滋病的诊断

艾滋病的主要诊断依据有流行病学、临床表现及实验室检查。艾滋病作为新的疾病,又是症状繁多、变化迅捷的危重病,有非常多样的并发症(机会性感染)。因此,不同时期、不同地域有不同的定义和诊断标准。世界卫生组织和美国疾病控制中心(CDC)对诊断条件好的发达国家诊断艾滋病的定义十分严格。我国根据国际标准及我国实际情况,于 1990 年 8 月在《中华人民共和国传染病防治法》中规定艾滋病属乙类传染病,并提出试行诊断标准。1996 年又组织专家进行修订,主要内容如下:

1. HIV 感染者

(1)受检血清经初筛试验,如酶联免疫吸附试验(ELISA)、免疫酶标法或间接免疫荧光试验(1P)等方法检查阳性,再经确证试验如蛋白印迹法等方法核实确诊者。

(2)感染者可无临床症状。

2. 艾滋病确诊病例

艾滋病病毒抗体阳性,又具有下述 2 项中 1~2 条者,可确诊为艾滋病病人。

(1)有流行病史,如同性恋者或性乱者、静脉吸毒者。

(2)临床症状,长期发热时间超过 1 个月;3 个月内体重下降超过 10%;有腹泻、咳嗽、呼吸困难、口腔霉菌感染等。

3. 实验室检查

(1)HIV 抗体阳性,并经确诊。

(2)$CD4^+$ 淋巴细胞总数为 $0.2 \times 10^9/L$。

(3)$CD+/CD8 < 1$。

(4)条件致病菌感染的病原学检测阳性。

(5)卡波济肉瘤或中枢神经系统的病变。

(二)艾滋病病人的治疗

(1)指导采取健康生活方式,包括注意精神及营养状况、生活习惯及适当锻炼等;避免感染其他疾病,特别要避免再次感染艾滋病病毒或其他性传播疾病;同时,要尽可能预防继发感染。

(2)及早治疗已出现的机会性感染及肿瘤。

(3)抗病毒治疗。

(4)适当使用免疫增强药物,如白细胞介素、干扰素、胸腺素、转移因子等。

（5）中医中药治疗，如人参汤、小柴胡汤、甘草甜素、天花粉（瓜蒌蛋白）等药物以及中医辨症施治、针灸、气功等，对治疗机会性感染有一定效果。

（6）加强对性传播疾病的治疗。由于某些性病与艾滋病的感染有关，因此可通过治疗性病来减少艾滋病的传播，至少可减少其传播数量。

（7）将抗逆转录病毒药物用于预防垂直传播（即母—婴传播），能明显控制艾滋病病毒的母婴传播。然而，在哺乳期间垂直传播依然可能发生。

六、艾滋病的预防

艾滋病的控制与预防和其他的传染病一样，需要从保护易感人群、切断传播途径和管理传染源等三个大方面考虑。

（一）保护易感人群

1. 建立健全的防治机构

世界卫生组织已建立起防治艾滋病的国际合作中心，我国卫生部也成立了艾滋病防治委员会和专家委员会。能更科学、有效地监测世界及我国的艾滋病的流行趋势，为制订防治规划提供准确的信息；对于宣传艾滋病知识、加强预防起到了一定的作用。

2. 加强宣传教育

进行广泛的宣传教育，普及艾滋病基本知识，做好预防工作，防患于未然。艾滋病病毒、艾滋病的传播途径在很大程度上取决于人们的行为和习惯，因而预防艾滋病病毒感染是完全可能的，而且是做得到的。要有效预防与控制艾滋病、性病，现阶段最现实、最有效的办法是针对其传播途径，通过健康教育和咨询规范人们的行为。通过规范行为，来阻断艾滋病病毒经血、经性活动和母婴3条传播途径。

（二）切断传播途径

1. 预防经性传播

（1）"ABC"原则。近年来，国外一些专家在总结预防性病和艾滋病经验的基础上，提出了预防性病、艾滋病的"ABC"原则。这里说的 A 是英文"禁欲"（Abstinence）的第一个字母。也就是说，如果人不进行性活动，感染性病、艾滋病的危险就会降低，甚至降到零。B 是英文"做忠诚的人"（Befaithful）的第一个字母，意思是对不禁欲的人，要做到遵守性道德，洁身自爱，保持专一的性伴侣。"C"（英文安全套 Condom 的第一个字母）告诉我们的是，正确使用安全套可减少感染性病、艾滋病的危险。虽然人们提出"ABC"原则来预防性病、艾滋病，而且 A、B 两条原则更保险，但是并非每个人都能做到这两条，所以 C 原则（安全套）是给那些把握不住自己的人提供的最后一道保护屏障。对于安全套预防艾滋病、性病问题，我们还要强调：

① 使用安全套性交可以大大减少传染艾滋病、性病的机会，但安全套并不是百分之百的安全保障。因为，在安全套遮盖不到的部位如果有皮肤破损，仍可能感染性病和艾滋病。

② 安全套的使用方法不当，或者因质量不佳导致破损，也会影响预防疾病的效果。

2. 预防经血液传播

（1）加强血液及血制品管理。严格控制血源，加强血液及血制品的管理，对供血者要进行严格的抗体检测，禁止滥用血制品，特别是进口血制品。中国政府承诺到 2002 年实现用血安全。我国正在逐渐推广自体输血等新型安全的用血方法。需要输血时，要求使用经艾滋病病毒抗体检验合格的血液及血制品。

（2）严格消毒，避免医源性传播。医务人员或与艾滋病病人密切接触者，应避免直接和病人的血液、体液、污染物接触。医院的医疗器械应进行严格的消毒。病人的衣物及物品可用 1∶10 的含氯石灰或 1∶10 氯酸钠液消毒。病人尸体需用塑料袋包后火化。任何注射，最好使用一次性注射器。

（3）不去无行医执照或无消毒措施的医疗单位和个体诊所注射、输液、扎耳朵眼、文身、拔牙等。

（4）不用未消毒的器具穿耳朵眼、纹身、美容，不与人共用剃须刀和牙刷。

（5）拒绝毒品。毒品是全世界的一大公害，它不仅损害了个人的免疫力和抵抗力，而且还败坏了社会风气，造成社会不安定因素的增加。静脉滥用毒品已成为目前我国最主要、最危险的艾滋病传播途径，减少吸毒人群是切断艾滋病传播的重要措施之一，切不可染上使用毒品的恶习、特别是不要与人共用针具静脉注射毒品。

3. 预防母婴传播

（1）有感染艾滋病病毒危险的妇女，在怀孕前或怀孕期应考虑做艾滋病病毒抗体检测。

（2）感染艾滋病病毒的妇女要尽量避免怀孕和哺乳。

总之，要通过教育，让青少年懂得艾滋病虽不可治，却可预防。艾滋病、性病的传播途径在很大程度上取决于人们的行为和习惯，因而预防和控制艾滋病、性病是完全可能的，而且是做得到的。

（三）艾滋病疫苗的研制

疫苗的研制是预防艾滋病最有前途的一种方法，也可能成为最有效的预防手段之一。但由于艾滋病病毒具有高度的变异性，而且它是从细胞到细胞的感染，逃避了抗体等的发现。因此疫苗的研制难度很大，应该谨慎行事。目前，包括中国在内的许多国家都在研制艾滋病疫苗，并且已经有了一定的成果。

正在试验的几十种疫苗大致可分为：

（1）病毒性疫苗。

（2）重组病毒载体活疫苗。

（3）基因工程亚单位疫苗。

（4）合成肽疫苗。

（5）病毒颗粒样抗原疫苗。

但是，它们的安全性和有效性尚未确定，所以还不能投入使用。

（四）管理传染源

1. 对艾滋病感染者和艾滋病者加强管理

早期对艾滋病的认识不够，舆论宣传也发生一些偏差，导致社会上谈艾色变，对艾滋病患者存有很大的偏见，对艾滋病产生极大的恐惧、害怕心理。这些都对艾滋病患者产生极大的心理压力，使他们不敢面对现实，也就无法积极配合治疗和预防。因此，不但对艾滋病患者应加强宣传教育，而且对于正常人更应该加强宣传教育。艾滋病患者并不是坏人，更不是罪人，而是病人；不能歧视和有偏见，而应给他们多一些宽容、理解、支持和关爱。只有这样，才有利于对传染源的管理，培养起他们正确的心态，对预防艾滋病会起到立竿见影的作用。

2. 对危险人群进行密切监测

对于用过国外进口的血液制品者、与来华的外国人员有过性行为者、长期驻华外宾、来华旅游者、我国驻外人员、吸毒者、有过性乱行为者、与艾滋病病人或与艾滋病病毒抗体阳性的接触者都是艾滋病的高危人群，应加强重点检测。

思考题

1. 怎样理解"性"？
2. 简述正常的异性交往礼仪和方式。
3. 是否应该珍惜你的"第一次"？为什么？
4. 怎样看待婚前性行为？
5. 何谓安全性行为？
6. 怎样对待性侵害？
7. 常用的避孕方法有哪些？
8. 艾滋病的传播途径是什么？
9. 怎样预防艾滋病？

第六章 大学生心理健康与心理疾病

第一节 大学生心理健康概述

心理健康是大学生身心健康、人格健全、和谐发展的基础,是大学生社会适应能力发展的需要,心理健康在大学生的成长、发展中具有非常重要的意义。

一、大学生心理健康的基本含义

健康不仅指身体健康,而且还包含了心理健康,这也是大多数人的一种共识。心理健康的内涵既丰富又模糊。我们知道现在人们都普遍的使用这一概念,但着眼点是不同的。人们在确立心理健康时,依据的标准不同,把握的尺度也不尽相同。尽管人们对心理健康从各自的角度提出了不同的看法,但是我们还是可以从精神实质上,对其内涵有一个最基本的认识。所谓心理健康,是指一种心理状态,而且这种心理状态相对持续稳定,不管遇到什么样的障碍和困难,心理都不会失调,情绪稳定,行为适度,对自己的工作和周围的环境能够很好的适应。这种心理状态,即可谓心理健康。需要说明的是,这里所说的心理状态不是一种固定不变的状态,而是一种不断调适和发展的过程,或者说,心理健康状态是在不断调适和发展过程中形成的一种相对持续稳定的心理状态。而且,心理健康,也不可能是对任何事都能非常愉快接受的状态,而只能是在主流上,对待环境和问题的反应上,能够更多地表现出积极的适应倾向。

二、大学生心理健康的标准及注意事项

(一) 大学生心理健康的标准

根据我国大学生的年龄、心理及社会角色等特征,一般认为心理健康的基本标准可以归纳为以下几条:

1. 良好的社会适应性

人不仅具有生物性,而且具有社会性。人类生活在充满矛盾、复杂多变的世界中,每时每刻都受到社会环境的影响。缺乏社会适应性,必然是心理不健康者,无法在现代社会中生存和适应,更谈不上对社会做出积极贡献。主要表现在三个方面:

(1) 具有适应各种自然环境的能力。心理健康者必须具有适应不同气候、温度和各种地理环境的能力。

(2) 具有人际关系适应能力。现代社会每个人都在纵横交错的人类群体中生活。人与人之间的交往和影响称为"人际关系"。现代社会又是高科技高度发展的社会,大量的信息交流是其重要特征。这一切都通过日常频繁的人际交往进行。人是生物社会自然体系的一员,是连续的自然系统中的一个有机单元,相互间有着广泛的联系和影响。

(3) 具有处理适应家庭、学校及社会生活的能力。心理健康者必须具备独立的社会生活的能力。在不同社会环境中,在不同的人际关系中都能适应。因此,从心理卫生角度来看,高分低能型的"书呆子",是心理不健康的表现,不是社会所需要和推崇的心理模式。

2. 性格健全,没有缺陷

性格是个性中最核心、最本质的表现,是个人对自己、他人、现实环境所采取的态度和习惯化了的行为方式。同样的愿望,对同一人物和环境,由于性格不同,可表现出不同的行为方式。性格具有稳定性、可塑性和独特性等特点。其中相对稳定性是重要特征。某种性格一旦形成,会长时期影响整个心理活动。因此,性格对个人心理健康和成长具有重要意义。性格健康,没有缺陷是重要的心理健康标准。

(1) 健全的性格表现为:对自己、对外界的态度和行为方式符合社会规范,协调和稳定,具有良好的社会适应性,有一定的自控自制能力。

(2) 性格脆弱,反复无常,极端的内向或外倾,与他人或社会生活长

期处于格格不入的偏异状态等，都是性格不健全的表现。具有这些性格特征的人可能是一位心理缺陷者，也可能是一位心理疾病患者。

3. 情感和情绪的稳定协调，有乐观、积极进取的精神

情感和情绪稳定协调是重要的心理健康标准。它是人们身体健康、疾病防治、事业成败、身心功能完整和维持心理平衡的一种心理防卫功能。

（1）短期有目的和有对象的表露内心情绪，甚至激情状态，是正常的情感反应。健康的情感反应还要求人们具有愉快的情绪，保持充分的安全感和幸福感，保持情绪平衡，能自制自控，充满自信心。

（2）不健康的情感反应是：经常情绪波动、反复无常；对他人和任何事物无动于衷，冷漠无情，麻木不仁；充满紧张、焦虑、忧郁情绪或不安定感；情感长期不协调，喜怒无常，无法自制自控等。

4. 智力正常

智力又称智能，是大脑活动的整体性功能表现。学习成绩佳，高分者不完全等于高智能。智能是计算、判断、理解、记忆、抽象思维功能等综合能力，因此，是整个心理活动水平的反映。智力正常是心理健康的重要条件，具有现实意义。良好的智力水平是保证青少年和一切社会人学业、事业成功必备的心理基础。

5. 意志健全和行为协调

意志是指人自觉地确定目标，支配行动，克服困难，以实现预定目标的心理过程。测量意志健康的指标是自觉性、果断性、自制性和坚持性。

（1）心理不健康者通常表现为意志过强或过弱两种极端状态。前者呈现武断独行，我行我素，固执己见；后者表现为模棱两可，畏惧退缩，缺乏信心和决心。

（2）意志与行动难以分割。没有行为表现难以看出意志特征，故称为意志行为的心理过程。行为协调统一，常反映一个人意志健全状态。否则，表现为行为纷乱，矛盾分裂，缺乏协调一致的完整性。

6. 适度的反应能力

人类基本的心理活动，实质上就是一种信号（信息）接受和反馈过程。大脑接受体内外环境和各种信号，通过分析综合，判断推理，作出相应的反应，从而达到生理、心理协调平衡的最佳状态。每个人对事物的反应能力和解决问题的敏捷度不尽相同。人的反应能力常取决于个性特点、

思维模式、智力水平和社会适应性等多种心理素质，即存在着个体心理差异。对事物反应过分敏感强烈，"疑神疑鬼""草木皆兵"或迟钝缓慢，优柔寡断等都是心理不健康的表现。

7. 心理特点符合年龄实际

（1）实际年龄：指人们无法改变的自然年龄。

（2）心理年龄：指人的心理特征及表征的年龄特点，凡是超越本人所处的心理期，称为心理年龄提前或早熟，反之属于推迟或不成熟。

（3）生理年龄：指生理发育成长的年龄，与实际年龄也不一定一致。热带地区的居民，生理发育快、早熟，说明生理年龄大于实际年龄；寒带地区，营养不良或患有慢性消耗性疾病的人，生理发育延迟，反映生理年龄低于实际年龄。

（4）社会年龄：指一个人处世待人，适应社会能力的大小。显然与前三种年龄层次不同。有的人年纪不大，但是处世老练，社会适应能力很强，说明社会年龄较大和成熟；反之亦然。

对于大多数心理健康者来说，要求心理特点符合实际年龄，即要求心理和社会年龄与相应的实际年龄一致，既不能表现"少年老成"（小老头），也不能呈现"老人幼稚化"（老小孩）。

8. 清醒的意识度

心理健康者必须具备清晰的意识，而且有一定的强度和质量要求——意识水平、意识范围、意识的清醒程度等。这就是清醒的意识度的基本概念。意识清晰程度下降、意识范围狭窄和意识呈现梦样化改变称为"意识障碍"。一般认为一个人在非睡眠状况下出现各种意识障碍表现（神志模糊、谵妄、昏迷等），都是严重心理疾病或躯体疾病的表现，当然更谈不上心理健康了。

9. 注意的集中度

注意是指心理活动对一定事物的指向和集中的能力。人类和高级动物都具备这种心理功能。这是大脑对"目标"事物保持最清晰、最有效的感知能力。如果一个人缺乏注意集中和保持稳定的心理能力，他就无法完成自觉的心理行为，也就无法回避外来危害和保全生命。注意力涣散、迟钝，范围缩小，飘忽不定，随境转移，长时间幻想沉缅于某种事物，都是心理不健康的表现。

10. 完好的认知能力

这是认识世界，形成思维的前提。严重耳聋、失明等会引发心理不健康。聋子常有猜疑心理；瞎子可产生自卑心理；严重感觉减退、过敏都伴有心理异常反应。

（二）在运用大学生心理健康标准时应注意的问题

关于大学生心理健康的标准只是一种相对衡量的尺度，所以在理解和运用时应注意以下问题。

1. 对心理是否健康不能简单下结论

一个人是否心理健康与一个人是否有不健康的心理和行为并非完全一回事。判断一个人的心理健康状况，不能简单地根据一时的感性经验下结论。心理健康是较长时间内持续的心理状态，一个人偶尔出现一些不健康的心理和行为，并非意味着这个人就一定心理不健康。不健康的心理和行为要持续多久才是心理不健康（或者是心理变态），这要根据具体情况而定。

2. 心理正常与异常之间无确定的界限

人的心理健康水平可分为不同的等级，是一个从健康到不健康的连续体，并且心理正常与异常之间并无确定的界限，更多是程度的差异。

3. 心理健康状态是不断变化的

心理健康状态并非固定不变，而是不断变化着的。既可以从不健康转变为健康，也可以反之。因此，判断心理健康状况应有发展变化的眼光。

4. 心理健康标准仅反映了大学生心理的一般要求

许多心理健康标准仅仅反映了大学生个体良好地适应社会生活所应有的心理状态，而不是最高的境界。每一个大学生都应追求心理健康和心理发展的更高层次、更积极的状态，充分发挥自身潜能，促进自己的全面发展。

5. 心理健康应该关注和谐个性

个体人格的个性和谐，与自然的关系和谐，与社会的关系和谐，与自身的关系和谐，与未来的关系和谐等。在衡量一个人的心理状况时，除明确以上情况外，还要特别注意采取的立场，立场的不同，即使是同样的表现，也可能得出完全不同的看法。

三、心理健康对大学生学习和成长的意义

（一）心理健康是大学生身体健康的保障

人的全面健康包括生理健康和心理健康两个方面。人的健康的一半是心理健康，而且生理健康和心理健康又是互相依存、相互影响的。大学生心理上有疾病，往往会产生烦恼、忧虑、灰心等不良情绪，影响其情感、意志和性格，形成不正常的心理状态，危害心理健康。而长期的忧虑、烦闷、绝望等情绪，又会导致生理上的异常，产生各种疾病。大学生只有具备健康的心理，才能保证人体处于完整统一的全面健康，才能维护身心功能的协调稳定。

（二）健康的心理是大学生人格健全发展的基础

大学阶段是大学生增长知识，发展智能，增强身体健康的时期，也是大学生人格形成和发展的阶段。大学生如果仅仅重视知识的获得，智能的提高，而忽视优良品质的形成和优良人格的塑造，就会出现德智的严重分离，诸如主体价值的迷失，以自我为中心，与社会利益对立，重索取、轻贡献、缺乏理想、冷漠、粗俗等。人格是一个人所具有的比较重要的、相当持久的性格、气质、能力、兴趣等心理特征的总和。人的心理健康的高层次标准，其实就是健全人格的标准。健康的心理是大学生人格健全发展的需要，它有助于大学生人格的健康、全面、和谐发展。

（三）健康的心理是大学生顺利完成学业的保证

大学生正处于青年中期，生理已发育成熟，但心理尚未成熟，自我调控能力不强，加之紧张的学习生活和较复杂的社会环境，大学生所面临的各种问题也很多，如较强的自我意识与社会评价之间的差距，强烈的自立意识与客观依附之间的矛盾，丰富情感与单调生活之间的冲突，理想与现实之间的矛盾等。大学生在对待这些问题时，往往会遇到挫折和障碍，产生忧虑和烦恼，造成心理紧张以致失调，影响学习和生活。心理健康的大学生能正视学习和生活中遇到的各种冲突和挫折，能积极地克服干扰和困难，及时进行自我调节，更好地去适应大学生活，努力学习，顺利完成学业。

（四）健康的心理是大学生适应社会的需要

大学生是未来的社会建设者，他们不仅要有为社会做贡献的真才实

学，也需要有良好的社会适应能力。良好的社会适应能力，是与健康的心理状态分不开的。心理不健康的人，在复杂多变的情况面前，往往畏首畏尾，疲于应付，甚至无法进行正常的社会生活。心理健康的大学生，能与现实保持良好的接触，对周围的事物常有清醒的认识，能以切实有效的方法加以处理，而不回避，处处表现出积极进取的精神状态，从而能较顺利地适应社会环境。

四、大学生心理发展的特点

（一）心理发展的过渡性

从心理的发展水平看，大多数大学生的心理正处于迅速走向成熟又没有完全成熟的时期；从心理的发展过程看，其核心要素思维已由经验型向理论型转化，情感也从激情体验、易感状态，逐步深化，过渡到富有热情，充满青春活力，社会道德感和社会责任感增强的状态；在意志行动上则从容易冲动发展到具有一定的自控力，形成了相对稳定的行为习惯；从个性发展看，性格、能力等个性心理特点都达到相对稳定和渐臻成熟的水平；理想、信念、价值观、世界观等，经过大学阶段也逐渐接近成人的发展水平。

（二）心理发展的可塑性

大学生心理发展的可塑性源于内外两种原因：一是外因。面对生活中的各种纷纷扰扰，如果不求变，则凡事难通，那些偏执、极端、执拗等则使其"行路"艰难；二是内因。大学生是追求真善美的一族人群，他们对人生、对世界都抱着唯美心理，这使得他们愿意去完善自我，完美自身。

（三）心理发展的矛盾性

当代大学生由于在学校受教育期长，从校门到校门，几乎没有社会生活经验；心理社会化成熟度滞后于生理成熟度，经济上不独立。受传统价值权威衰落及现代多元价值的影响等，大学生心理发展既存在积极面，又存在消极面，这势必导致矛盾和冲突。独立和依赖的矛盾、理想和现实的矛盾、强烈的成就意识与知识经验不足的矛盾，心理封闭与寻求理解的矛盾，性生理成熟和性心理成熟相对迟缓的矛盾，等等。

（四）心理发展的差异性

大学生心理发展的差异性主要表现在不同年级的大学生里发展特点的

不同。

1. 入学适应阶段

新生从高考成功的喜悦中走进大学,面对的是从中学生活到大学生活一系列的急剧转变,原有的、习惯了的心理机能被打乱了,心理定式被破坏了。在这陌生的环境中,只有努力去适应新的环境,建立新的心理结构,才可以实现新的心理平衡。这一时期突出的问题主要是如何适应大学生活,建立起新的人际关系。入学适应阶段是整个大学阶段最困难的时期。适应不好,会影响到整个大学时期的学习和生活。适应期的长短因人而异,适应能力强的人,所需时间短一些。一般来讲,大约要一个学期。

2. 稳定发展阶段

这是大学生活全面发展和深化的阶段。大学生基本适应了大学生活,新的心理平衡已初步建立起来。大学生活进入相对稳定的时期,这是大学生成长、成才的关键时期。这一时期时间较长,一般要到大学毕业前夕。在这一阶段,大学生会遇到许多新问题、新情况,需要作出抉择和回答;这一阶段突出的心理问题是:恋爱与性心理健康,成才道路的选择与理想的树立,学习目标的实现与学习态度、学习方法的掌握以及形成优良的学习心理结构。这个时期是大学生人生观形成时期,也是实现教育目标的关键时期。

3. 准备就业阶段

大学生经过四年的生活和学习,世界观、人生观逐步形成。这一时期是大学生从学生生活向职业生活过渡的时期,他们又将面临新的心理挑战,是继续深造还是就业?是留在国内学习还是出国进修?择业就业中双向选择的压力等,又使大学生的心理掀起波澜。他们对未来的生活道路会产生种种设想,而这些设想多数与现实有着一定距离。这一阶段是大学生各方面素质进行综合考验的阶段,同时又是进一步促进大学生心理成熟的阶段,此时期大学生的主要心理特点是:紧迫感、责任感和忧虑。

五、影响大学生心理健康的因素及心理健康的培养

(一) 影响大学生心理健康的因素

人的心理健康是一个极为复杂的动态过程,包括许多相对独立的特

质。因此，影响心理健康、造成心理障碍的因素也是复杂、多样的，概括起来还是生物、心理、社会这三方面因素综合起作用的结果。

1. 生物遗传因素和生理发展的影响

（1）遗传因素。一个人作为整体与遗传因素的关系是十分密切的。包括机体的构造、形态、感官和神经系统等方面的解剖生理特征等，能力与性格的某些成分也都明显地受遗传因素的影响。

（2）感染因素。各种细菌、病毒感染，使心理的器官——大脑受到损害，进而造成器质性障碍或精神失常。

（3）大脑的外伤。物理性损伤、机械伤。如产伤或窒息引起的脑乏氧，都可引起脑损害，造成心理发育异常。

（4）化学性损伤。某些体外毒性化学物质侵入体内，如化学药物中毒、酒精中毒、铅中毒、食物中毒、煤气中毒等均可导致意识和精神障碍。

（5）内分泌功能障碍。甲状腺功能低下或甲状腺功能亢进，都可造成智能低下及心理障碍。

（6）脑器质与功能性障碍。脑血栓、脑出血、脑梗塞后遗症，都会引发智力低下、幼稚、记忆力减退、人格改变、易激惹、脾气暴躁等，导致人的整个心理过程发生改变。

2. 心理社会因素的影响

影响心理健康其主要因素有早期教育与家庭环境、生活事件与社会环境变迁、心理冲突和不良人格特征等。

（1）早期教育与家庭环境。家庭是以血缘为纽带的社会生活的基本单位，它是社会的缩影，社会意识形态、社会生产方式和各种社会关系，往往通过家庭渠道而影响儿童。

（2）生活事件与社会环境变迁。人们在日常生活中遇到的各种各样的社会生活变动，不论是正面还是负面生活事件，都会给人们带来压力，引发心理应激。对于大学生来说也不例外。这是因为当个体遇到众多生活事件后，其心理应激水平就会增加，进而影响到个体的生理反应和心理平衡，从而对个体的躯体和心理健康产生不良的影响。

（3）心理冲突。我们每天几乎都面临很多的选择，但是当一个人作出选择时，却往往会面临冲突的情景，即只能作出一个选择，而丢掉另一个选择（或机会）。因此，心理冲突的产生似乎是一种必然。一个人如果长期处于某种心理冲突状态中，他的身体和心理健康就会受到消极的影响。

（4）特殊的人格特征。每个人都有自己独特的人格特征，它对人的心理健康有非常重要的影响，是心理障碍或精神失常产生的一个重要病前因素。

（二）心理健康的培养

1. 妥善处理生活事件与心理压力

（1）要树立正确的人生观和世界观。

这是一个人认知评价系统的核心。青年人有了正确的人生观和世界观，就能对社会、对人生、对世界上的各种事物保持正确的认识和了解，并能采取适度的态度和行为反应，还能做到冷静而稳妥地处理问题，使人心胸开阔，保持乐观主义精神，提高对心理冲突和挫折的承受能力，从而防止心理障碍、心理问题的发生。

（2）加强身体素质的锻炼，特别是劳动锻炼和体育锻炼。

因为良好的身体素质是心理健康的重要基础。

（3）加强心理素质锻炼。

① 培养良好的个性心理素质，如坚强而有"弹性"的性格；坚韧不拔的意志，乐观稳定的情绪；自信、自尊、自强、自制和耐挫折、抗压力的良好心理品质。

② 防治和及时克服不良个性心理。

（4）建立健康的生活方式。

良好的生活习惯、行为方式、作息制度等，有利于保持情绪稳定、精神饱满。

（5）加强自我意识的教育。

各种教育活动，使青年人能够对自己作出客观的评价，恰当地树立自己追求的目标，并通过努力最终实现这一目标。在获得成功的过程中，他们的需要得以满足，自身价值得以体现，自信心得以巩固和增强，使自己的心理机能保持良好的竞技状态，从而为追求下一个更高的奋斗目标打下坚实的基础。

（6）学会和掌握应用心理防护技巧。

① 培养良好的自我意识。即正确认识评价自己，防止陷入认识的

"误区"。

② 善于进行自我调节和控制。学会缓解心理矛盾冲突以及消解外部不良刺激的能力和技巧，如进行"自我疏导""自我暗示""自我放松"等。

③ 学会情绪的自我调控。与周围环境保持良好的接触，理智地、巧妙地处理好人际关系，以保持学习、生活的心情舒畅。

④ 学会寻求正确的心理平衡点。学会追求"内在的自由"，对现实社会和生活挫折具有充分的心理准备，并保持适宜的情绪反应，以获得心理平衡。

（7）提高对性成熟的适应能力。

性生理、性心理、性道德和性疾病等问题。积极开展性健康知识和伦理道德教育，增强青年人的自尊心、自信心和意志力，解除他们的心理困惑，平稳情绪，正确对待各种心理失衡，建立正确的异性交往关系，树立正确的社会主义道德规范和婚恋观。

2. 提高对挫折的耐受力并进行自我心理调节

（1）升华。

改变不被社会所允许接纳的动机和行为，树立崇高的目标。

（2）合理化。

当个人的动机和行为不被社会所允许接纳时，为减轻因挫折所产生的紧张和焦虑并为维护个人自尊，个人总要对自己的所做所为给予开脱。"合理"辩解，自圆其说。

（3）否认。

否认不是把痛苦的事情有目的地忘掉，而是把已发生的不愉快的事情加以否定，认为它根本没有发生过，以逃避心理上的刺激和痛苦。心理上否定，以保持心理平衡。

（4）退化。

当人们遇到挫折时，放弃已经习惯的成人方式而用幼稚的方式去应付处境和问题，或用以满足自己的欲望，谓之退化。例如，一个成年人遇到困难或挫折时，采用哭泣这样比较原始和幼稚的方式，以争取别人的同情，摆脱困境，减轻自己内心痛苦。

（5）幻想。

用想象的方式满足现实生活中不可能得到满足的欲望，使自我的冲动得到一种允许的出路，不至于造成对自己过分的威胁和压力。

(6) 反向。

把某些欲望和行为以截然相反的态度或行为表现出来，以掩盖自己的本质，从而减轻挫折感。如某女生对某男生有爱慕之心，却没有得到男生的反应，就写一张与心里想法截然不同的条子给他："我真恨你，请你忘了我吧！"搞得那位男生莫明其妙，后来才明白过来。

(7) 压抑。

大学生应该学会把不被社会所接纳的念头、情感等在其尚未被觉察时压抑在潜意识层，或把痛苦的记忆主动忘掉，排除在记忆之外，从而免受动机冲突、紧张、焦虑而形成的心理压力。如某人有一次偷了一个同学的饭票，心里感到很内疚，这件事便压抑在心里。但有时却在梦话里承认自己偷了别人的饭票。所以潜意识里的情景在某种场合下还会冒出来的。

(8) 投射。

投射就是把自己所不喜欢或不能接受的性格、态度、意念、欲望，转移到外部世界或他人身上。如一个学生考试作弊，他会说别人也作弊，而且更严重。

(9) 补偿。

个人所追求的目标、理想受挫，或因自己生理缺陷、行为过失而遭失败时，选择其他能获得成功的活动来代替，借以弥补失败而丧失的自尊与自信，称为补偿作用。例如，高考落榜使报考者苦恼，但是，"自学成才"，也能达到心理平衡。

3. *心理咨询和心理治疗*

1) 正确认识心理咨询。

(1) 心理咨询。

心理咨询是咨询者运用心理学的方法和原理，帮助求访者发现自己的问题和根源，从而挖掘来访者本身的潜在能力，即改变原有的认知结构和行为模式，以提高对生活的适应和调节周围环境的能力。它既是一门新兴的科学和专业，又是一门高超的技能和艺术。

(2) 心理咨询的内容。

一方面是发展性咨询，另一方面是障碍性咨询。其咨询对象主要是正常人或神经症患者，有时轻度精神病患者在接受药物治疗的同时，也可接受心理咨询的帮助。发展性咨询偏重于心理保健、情绪调节、潜能开发等；障碍性咨询则偏重于对有一定心理障碍、心理疾病、心身疾病的人进行帮助。

（3）心理咨询的主要方式。

①门诊心理咨询。

在各大综合性医院、精神卫生中心、卫生保健部门和高校已纷纷设立了心理门诊。以这种形式所接待的来访者可面对面地交谈，咨询较深入，效果较好。

②信函咨询。

多为外地要求心理咨询或本地要求咨询者出于暂时保密或试探心理，故以信函开诊。这种方式只能初步了解情况或对较简单的问题进行咨询，一些较严重的心理障碍还是门诊咨询效果较好。

③电话心理咨询。

多为处于急性情绪危象、濒于精神崩溃或企图自杀的人，也有的人不想暴露自己，利用电话咨询。

④专题心理咨询。

针对公众关心的心理问题，在高校、电台、电视台或报刊、杂志上进行专题讲座或讨论、答疑。大学生在提高对心理咨询科学认识的同时，应及时地检查和善于发现、辨别各种不健康的心理表现，积极寻求心理帮助，使身心更加健康地发展。

2）心理治疗。

心理治疗是心身疾病和神经症在综合治疗中的主要措施。心理治疗是一种具有科学性、实践性、有效性和普遍适用性的医疗技术。为适于自我保健，主要的几种心理治疗方法有：

（1）自律训练法。

患者通过自己有意识的主观意志，控制机体生理病理机能活动，达到心身平衡和治病健身的心理治疗方法，其基本原理是一种"自我暗示""自我催眠"。此法类似气功，普通应用于身心疾病及神经症。

（2）生物反馈疗法。

通过自己特殊的心理意念和自我意志控制，能动地控制人体的诸多生理机能活动。

（3）气功。

气功是我国早在战国时期就已存在的一项历史悠久的健身治病疗法，

发展至今已是一种简便有效、适用广泛并广为传播的方法。

第二节　大学生心理卫生与健康

高等教育的任务是培养全面发展的合格人才。在教育过程中，学生的身心健康有着至关重要的意义，它是全面发展的重要内容之一，更是全面发展的基础。大学生心理发展的特殊性对高等教育重视心理健康教育提出了客观要求。由于大学生特殊的年龄阶段，以及他们所处的特殊的学习生活环境，加上社会现实生活急骤的发展变化，所以提高大学生的心理素质，培养其对学习工作和生活顽强不息的意志，刻不容缓。

一、心理卫生的概念

心理卫生是研究如何维护和增进人的心理健康，培养健全的人格，预防心理异常和不良行为发生，以提高社会生活适应能力的一门科学。它要摄取心理学、教育学、社会学、精神病学、医学以及生物学等科学中有关个人卫生的知识和技术，以求达到两个主要的目的：首先，以正常人为对象，培养增进个人和社会的心理健康，发展健康的人格，使人们的心理更加轻松、愉悦。这也是心理卫生工作最积极而重要的内容；其次，以心理不健康的人为对象，治疗各种心理疾病或矫正不良行为，预防心理困扰，提高人对社会生活的适应能力。

人们在谈到讲卫生的时候，往往想到生理卫生，注意如何保护躯体健康的方法，即饮食起居卫生等，而对心理卫生却知道得很少，对保护心理健康往往被人们忽视。其实，人体健康不仅是指生理正常，而且还包括正常的心理和健康的人格。世界卫生组织把"健康"定义为"不但没有躯体的缺陷和疾病，还要有完好的生理心理状态和社会适应能力"。这就表明，只讲究生理卫生是不够的，必须既注意生理卫生，又讲究心理卫生，这样大学生才能增强其对社会环境的适应能力。心理卫生不仅关系到个人和家庭，而且还关系到整个社会的未来幸福与安宁。人的心理健康与否，既与个体的发展有关，也与家庭和整个民族的兴旺发达息息相关。

二、大学生的学习心理与健康

大学生的学习心理与健康主要是指大学生学习过程中产生的心理现象

及其规律等。包括大学生在学习过程中表现出的学习动机、心理适应能力、情绪情感和意志品质等个性心理特征。在大学阶段，学习仍是大学生生活的主要任务。与中学阶段不同，大学学习有着很强的目的性、自主性与选择性，它不单纯是为了学习而学习，而是为了兴趣而学习，是为了未来而学习，为了成长而学习。更为重要的是，大学时期是每位学子记忆力、动作反映速度最佳的黄金时期。学习，不仅是大学生未来事业的基础，更是其成长历程的关键。

（一）大学生学习心理特点

由于大学生处于一个特定的年龄区和人生阶段，他们的人生观、价值观和个性心理特点随着时代的变化而发生着强烈的变化，因此大学生的学习心理特点也在发生着相应的变化。

（1）一年级大学生的学习心理特点。

① 学习愿望强烈但学习动机不足。

② 学习的生理条件具备但心理条件不足。

③ 学习的自觉性较好但情绪波动大。

（2）二年级大学生的学习心理特点。

① 目标和学习态度出现了差异。

② 学习兴趣与学习热情处于全盛时期。

③ 独立学习能力日益增强，学以致用的意识不断发展。

（3）三、四年级大学生的学习心理特点。

① 学习目标、学习态度、学习兴趣定型化。

② 普遍存在失落感、缺憾感和紧迫感。

③ 专业是否符合个性特征的认识明朗化。

（二）大学生不良学习心理表现

1. 学习态度不端正，缺乏学习动力

相当一部分大学生学习态度不端正，学习动机更倾向近期性、工具性和实用性。有的单纯追求社交能力而忽略知识学习；有的片面追求分数而忽略能力锻炼；有的花大量精力搞兼职而忽略自身素质培养；有的一味追求考证，想多拿几块敲门砖；有的为了找个"好"工作就只图混个文凭。

学习动机功利化，学习内容迎合短期社会需求。表现在：随便迟到、

旷课；课堂上或看小说、杂志，或戴着耳机听音乐，或玩着手机、打着游戏，或干脆睡大觉混日子，并且后者居多；老师布置作业不认真完成；课后沉迷于网络游戏、网络聊天或宿舍玩牌、下棋之中；过分追求眼前的利益，整天忙于社会性的一些兼职活动。

2. 学习意志力薄弱，学习疲劳

学习疲劳，一是由于大学生长期超负荷学习，负担过重，用脑过度，不注意劳逸结合；二是对某些学习内容缺乏兴趣，但又不得不学，只好强迫学习。部分同学需要在老师的批评教育下才能学点东西，而真正能做到自主、自觉、自愿，能持之以恒、锲而不舍的很少；学习不够勤奋，怕吃苦，缺乏孜孜不倦、刻苦钻研的求学精神，结果事倍功半；三是学习方法不正确。大脑得不到休息，而且其所受的刺激过于单调，致使局部细胞过分疲劳，并处于抑制状态。

（三）影响大学生学习心理形成的因素

1. 不断变换环境的影响

大学生从家庭生活转到集体生活，从依赖生活变成独立生活，从中学阅读狭隘性变成有着广泛的求知欲，从较局限人员接触变成社会人群交往，加之地域环境变迁，社会消极因素不断诱惑，如文化界腐败、考试作弊、拜金享乐主义、就业困难，等等，小部分人会有不同程度的应激反应，表现为情感的焦忧郁倾向，行为上的犹豫和退缩。产生心理上的消极防卫，不能在现实生活中发挥主观能动以改造自身适应环境，使大学生在心理上表现出激进、狂躁和盲目。

2. 激烈的竞争压力与前途压力

大学生多数是中学时代的学习尖子，尖子集中到大学来，原来以我为尊的地位发生了动摇。要想维护自尊，他们就要付出艰苦的努力。同时，大学生的社会地位使其对前途期望过高，而实际上又无法实现。主观愿望与客观现实相矛盾时，内心的冲突便不可避免。社会上事业的强烈竞争更加促进他们内心冲突的激化。对于各种压力和挫折，如不能很好适应和不断调整，心理上的平衡就无法维持，久而久之，会导致神经系统的兴奋和抑制过程的失调，出现一系列的神经机能失调的症候群。

3. 家庭、学校培养方式的影响

有的家长教育方法不当，方式粗暴，不能以身作则，对学生的独立性培养不够，而对学生专业学习干涉较多，结果是学生对专业不感兴趣，自主自觉学习能力差，造成学习困难，也直接影响学生的学习习惯。部分学生，从中学以老师灌注为主的学习方式，急剧转变为以独立思考、主动摄取为主的学习方式，学习方式的转变导致学习节奏与中学时代截然不同，学习任务繁重使部分学生不能及时适应这个转变过程，学习效果差；部分学生自制力差，学习上缺乏主动性、自觉性，遇到困难和挫折缺乏应对能力，从而在学习上不够积极，丧失了学习信心。

4. 复杂的人际关系的影响

中学生几乎与世无涉，情感生活主要是接受父母疼爱。而大学这个集体复杂得多，人与人之间存在互爱、互谅、互助、互帮、互歧现象，处理不好，往往就会陷入郁闷孤独之中，尤其是性格孤僻者，一般不愿主动与人交往，缺乏彼此间的交流，对周围人常有厌恶、怀疑，甚至恐惧等情绪。

5. 爱情的压力

在大学生中，恋爱存在着一定的普遍性。由于青年学生情绪具有不稳定性、单纯性及对异性向往的特征。加上缺乏独立生活的实践经验，恋爱双方的观念和择偶标准不同，还受到社会诸因素的影响，因此恋爱不一定会成功，尤其是低年级学生的恋爱。因此，在这一问题上他们遭受心理挫折是屡见不鲜的。恋爱的学生人际交往指向性很强，往往与原来的亲密伙伴疏远，形成相互间的隔阂。一旦失恋，自尊心受挫，便产生深深的孤独感、虚无感和对爱的绝望的心理，这是青年学生心理失态和自杀行为的主要诱因。

（四）大学生学习心理的调适

1. 学习态度不端正，缺乏学习动力的心理调适

（1）明确学习动机。

学生的学习动机在很大程度上，反映了社会和教育对他们的学习所提出的要求，培养学生的学习动机就是要使学生了解这些客观要求，并在内心接受它，从而变成自己的学习需要。这是他的社会角色所赋予其的责任。大学生应正确认识学习的社会意义和个人意义，把眼下的学习与国家利益结合起来，与个人利益结合起来。只有在与社会需要相适应的动机促使下，学生才能产生学习自觉性，激发起强烈的求知欲、稳定的兴趣和高度的社会责任感。

（2）清楚认识大学生学习的意义和作用。

大学生已经跨入成年期，应该明确地认识到学习是自己的责任和义务，也是为自己将来走向社会积累能力和资本，提高自身价值的过程。未来的社会对知识的需求将越来越高，也要求个人能够具备越来越高的综合素质和能力，仅仅学些简单的知识，将来很难适应社会需要。

（3）培养学习的兴趣。

大学生要想在学习中发挥积极性和创造性，就要对自己所学的知识培养浓厚的兴趣，保持积极的学习态度。学习兴趣是可以在学习过程中逐渐培养的。大学生可以通过社会实践、分析案例、具体操作等方式，体验到获取知识中培养乐趣，对于那些因对所学专业不感兴趣的同学，应在学习中进一步了解本专业的特点及其在社会发展中的作用，逐步提高对该专业的学习兴趣，端正自己的学习态度。

（4）探索适合自己的学习方法。

大学生在大学期间不仅要学习知识，更要学会学习。明白大学学习的实质、探索适合自己的学习方式及掌握正确的学习方法是提高学习成绩的关键，同时也能从知识的收获和巨大的成就中获得动力。

（5）恰当设置学习目标，找准努力方向。

目标对我们的行为具有两大特殊的功能，一是导向功能，明确我们努力的方向；二是激励功能，这可以使我们为达到目标而产生一种无形的力量。

2. 学习意志力薄弱，学习疲劳的调适

（1）制定科学的作息制度，养成科学用脑习惯。

大学生要根据自己的实际情况制定一个合理的学习、活动、饮食、睡眠制度，做到劳逸结合。每天学习后，应保证有从事文体活动的时间，只有这样才可以使身心得到放松和调节。而充足的睡眠可使头脑清醒、精神振奋，可以消除疲劳。这样既可以提高学习效率，又可预防疲劳过度。

（2）科学安排时间，选择最佳的学习时间和方法。

在学习过程中要注意学习方法、科学安排时间。要注意交替用脑，把每天学习的内容适当地穿插、交替。使大脑的一部分细胞由兴奋转入抑制状态，另一部分原来抑制的细胞又兴奋起来，这样就能防止疲劳。要记住，更换学习内容也是一种休息。

（3）创立良好的学习环境。

优雅、整洁、安静的学习环境能使人心情舒畅，增强学习效果。若在有噪音的地方学习会使人心烦意乱、焦躁不安；光线过强或过弱容易使人头晕目眩、视觉疲劳。因此，大学生应该积极创造良好、文明的学习环境，选择空气清新，温度、湿度、光线适宜的地方学习。

（4）培养学习的兴趣。

学生对学习本身、对学习科目有兴趣，可以激起其学习的积极性，进行创造性地探索，这样可以缓解劳累，延缓疲劳的到来。

（5）大脑的保健。

① 供给充足的氧气。大脑的智力活动需要清新的空气，学生一定要在通风通气、干净卫生的环境中学习，以保证供给大脑充足的氧气。

② 防止吸烟、饮酒伤害大脑，防止脑外伤。当今大学生走向社会化的心理行为日益增强，但不能忽略大学生的不良行为，如吸烟、饮酒、打架斗殴等，虽然这只是一小部分大学生的行为。从大脑的保健角度讲，要戒烟戒酒，消除团伙打架的不良行为，以维护脑的保健。

③ 保证充分的营养。大脑能量的消耗，需要补充营养，包括脂肪、蛋白质、碳水化合物、矿物质、各种维生素及微量元素等。大学生应经常食用有营养的食物，为促进脑的健康提供充足的养分。

④ 注意科学用脑。根据大脑两半球的不同分工，科学地用脑。人脑必须不断接受外界环境的各种良好刺激，进行积极的感知活动，才能保持良好的功能状态。只有勤用脑，多用脑，科学用脑，才能维护和促进大脑的健康，最大限度地发挥大脑的潜力，提高学习效率。

三、大学生的人际交往心理与健康

良好的人际交往能力以及良好的人际关系是人们生存和发展的必要条件。人际交往是大学生生活的基本内容之一，也是大学生个性和品质形成和发展极为重要的阶段。大学生作为一个特殊群体，有其特殊的人际关系构成体系，同学之间、师生之间、室友之间、个人与班级以及和学校之间等错综复杂的社会关系，构成了大学生人际交往的网络系统。大学生的人际关系更为复杂、更为广泛、社会性更强，个体开始独立地步入了准社会群体的交际圈。当代大学生处于一种渴求交往、渴求理解、渴求尊重的心理发展时期，良好的人际关系不仅是大学生心理健康水平及社会适应能力的重要指标，也是其今后事业发展与人生幸福的基石。所以，大学生要根据不同的个体、不同的环境，采取不同的方式方法，正确处理好人际关系，建立和谐人际关系。

（一）大学生常见的人际交往心理障碍

1. 猜疑心理，缺少知心朋友

猜疑心是在交往中由主观推测而产生的对他人不信任的复杂情感体验，是一种消极有害的心理。这类大学生对别人总是持不信任的态度，喜欢主观猜测，怀疑别人，不肯讲真话，戴着假面具与人交往。一些人由怀疑他人到怀疑自己，失去信心，变得自卑、怯懦、消极和被动，使人和人之间产生距离，人际交往陷入困境。它是人际交往中的人为障碍，不利于良好人际关系的形成。因为找不到交心的知己，所以，他们不免感到孤独和无奈。

2. 自我中心，不能深入沟通

这类大学生虽然能与其他人交往，但是关系非常一般，沟通质量不高，与多数人的关系仅是"点头之交"，没有知心朋友，既没有人值得他牵挂，也没有人会想念他，他们希望周围的人以他为中心，服从于他。这种人强烈希望别人尊重他，却不懂得尊重别人。只从自己的经验角度去认识人和事，而不能认同到别人对同一事物的看法和观点，对人和事的看法带有强烈的主观性。

3. 自卑心理，交往困难

自卑是一种过低的自我评价，认为自己在某个方面或几个方面不如他人的情感体验。有自卑心理的大学生大多较为敏感，缺乏自信，他们处事过分谨慎。他们为减少挫折，尽力避开人群，因而丧失许多发展机会。还有一部分有自卑心理的大学生的表现为，凡事对自己要求很高，在交往中总是力求完美，以免于遭到他人的耻笑，常以一种盛气凌人的架势来掩饰自己自卑而脆弱的心理，这使他们将自己的社交圈子限制得非常狭小。

4. 恐惧心理，社交恐惧症

产生的原因很多，一是生来沉静内向、遇人胆怯，与人交往时，会不由自主地感到紧张、害怕，以至于手足无措，语无伦次，严重的甚至害怕见人，导致社交恐惧症；二是过分注意自己的举手投足，害怕自己的言行不当受别人耻笑,这也是最主要的原因。另外,生活、事业上的挫折经历也可使人变得小心谨慎、消极被动。当代大学生面临的学业压力和就业压力日益增大,尤其是网络时代的来临,大学生沉溺于网络上虚拟的社交活动,以此对抗日益增大的精神紧张情绪,而忽略了真实的人际社会中人与人的直接交流。

5. 孤僻心理,不想交往

孤僻心理的大学生总是不愿和他人交谈,不愿参加集体活动。时间长了以后,他们就会出现寡言少语、感情冷淡、不善交际等表现。他们认为人际关系不重要,甚至瞧不起所有人,自我封闭、孤芳自赏,性情内向,少言寡语,有些人可能还存在某些怪癖。

(二) 影响大学生人际交往的因素

1. 认知因素

对自己、他人和人际交往过程本身的认知偏差,是影响大学生人际交往,造成交往障碍的关键原因。对自我认知的偏差主要有两种:一是过高评价自己,孤芳自赏,导致交往中的盛气凌人,不屑交往;二是自我评价过低,自轻自贱。在交往中往往缺乏自信,总觉得自己不足的地方太多,优势太少,而失去交往的勇气和信心。自轻自贱常使人处于孤独、压抑、羞愧的状态中。羞于与他人平等交往,导致交往中的恐惧感。大学生由于社会阅历有限,心理上也不成熟,人际交往中常常带有理想的模型,然后据此在现实生活中寻找知己,一旦理想与现实不符就会产生交往障碍。

2. 个性因素

个性因素是影响大学生能否成功地进行交往的重要因素。有些大学生的人际交往障碍来源于其不良的个性品质,如不尊重人、缺乏责任感、情绪无常、放纵自己、过分苛求他人、行为怪异、虚伪、冷淡、自私等。部分大学生在人际交往中,语言表达欠妥当,有的人说话夹枪带棒,或出语尖酸刻薄、言外有意等,常会引起人们的反感,从而影响人际交往的效果。

3. 交往能力和技巧不足

有些大学生不能与人成功交往,往往与其交往能力不足有很大关系。这些同学中有相当一部分是所谓"读死书,死读书"的人,他们一贯作风是只顾埋头读书，很少注意与他人沟通和交往。但是大学生活的多样化又迫使他们不得不和他人交往，他们也意识到加强人际交往的重要性，其内心渴望交往，但以前没有类似的经历，不知从何做起，缺乏正确的交往技能导致他们在交往中屡次碰壁。

4. 社会环境的影响

价值多元化对正在形成自己人生观和价值观的大学生带来了巨大冲击，许多大学生在交往中带有很强的功利性。其中，拜金主义和价值主义让大学生之间的交往不再单纯，不少大学生为了当选班干部而请客吃饭等；游戏主义让一些大学生追求过程，不在乎结果，这在异性交往中尤为突出；互联网的普及让一些大学生沉迷于网络，并在网络上寻找人际安慰，完全忽略或者不重视现实环境中的人际交往。社会上的这些负面因素正在侵蚀着大学生的正常交往。

5. 家庭环境的影响

家庭经济状况的好坏也是影响当代大学生人际交往的一个重要因素。有些经济状况好的大学生不太愿意和经济状况差的学生交往。经济状况差一些的大学生对于生活和前途关注较多，而对人际关系关注不多。特别对于一些贫困大学生而言，他们认为自己的条件不如别人，从而很容易带着自卑的情绪与人交往，这些学生在人际交往中也比较敏感。

（三）大学生人际交往的原则

1. 平等原则

平等是最基本原则。在此所说的是交往的平等主要指情感的对等。同学之间尽管家庭地位、经济状况、个人能力、经历、生活习惯、价值观念有所不同，但人格和精神上是平等的。

2. 真诚原则

真诚待人是人际关系得以维持和深化的保证，也是做人的基本原则。真诚是人和人沟通的桥梁，唯有真诚才能取得别人的信任、得到别人的悦纳，才能使交往良性发展。

3. 包容原则

每个人都有自己的个性、缺点和优势，大学生在交往中要承认彼此的差异，应接纳别人的思想、观点、见解和行为方式，尊重别人的兴趣和爱好。另一方面大学生也应以宽容的心态对待别人的不足，严以待己、宽以待人是做人的美德。

4. 互利原则

互利原则要求人们在交往过程中，满足对方需要的同时，又能得到对方的报答。人际交往的发展和变化，在一定程度上取决于交往双方需求的满足状况。只有在双方都感到满足了某种需求，人际关系才能维持，若其中的一方不能满足需要，则友好的关系就不能长久。因此，大学生在人际交往中，要做到相互关心、相互爱护、相互帮助、相互理解。

5. 理解他人的原则

理解他人的原则就是指在交往中学会设身处地为他人着想，学会体谅和关心他人。在交往中，要想真正了解对方的思想、情感，就必须学会心理换位，想象自己处于他人的情境中时会有怎样的情绪体验。理解他人是人际交往中应遵循的一个重要原则，理解他人有利于解决人际冲突，恢复心理上的平衡，从而促进良好的人际交往。

6. 尊重的原则

大学生的自尊心很强，都有自己的人格尊严，在人际交往中尤其要注意彼此尊重的原则，不伤害他人的名誉和人格。肯定他人的能力与成绩，否则会导致人际关系的紧张和冲突。坚守尊重的原则，首先是自己尊重自己，没有自尊感的人是不易获得他人尊重的。

7. 信用原则

信用是成功的伙伴，是无形的资本，是中华民族的传统。信用原则要求大学生在人际交往中要说真话，言行一致。坚持信用原则，要做到有约按时到，借物按时还，不乱猜疑，不轻易许愿。

（四）大学生人际交往心理问题的调适

1. 正确地看待自己

正确的看待自己，就是要客观地认识自己，有积极健康的自我体验，悦纳自己。具体来说就是要客观地认识自己，评价自己，同时要接受自己，喜欢自己，满意自己，有自豪感、成功感、顺心感和愉快感；能确定适度的奋斗目标，有积极的自我体验，开朗、乐观，对生活充满憧憬；能够冷静地、积极地对待自己的得与失，充满信心地认定自己的长处与短处，既不"夜郎自大"，也不盲目自卑，在人际交往中，确定自己的角色，摆正自己的位置。

2. 塑造良好的个性品质

大学生希望自己生活在良好的人际关系氛围中。如何搞好人际关系，如何加强人际交往，是每一位大学生迫切希望解决的问题。人际交往也是一种复杂的社会互动，有着独特的交往原则和技能技巧。一个人如果在能力与特长方面比较突出，这本身就是一种吸引力。成为他人为之钦佩并欣赏的资质。如果一个有才能的人，在与他人交往时，还表现出诚实、热情的品质，这或许更能增加他的吸引力。使人在对他的才能感到钦佩的同时，又觉得他是一个自己可以接近的人。只要有可能，就要努力提高自己，改进自己。每个人身上都有很多值得学习的东西，大学生要注意学习别人的优点，在与其他同学的交往中，不论是水平比自己高的，还是水平比自己低的，我们都能够从他们身上吸取一些有益的东西。通过不断地学习，提高自身的品质。

3. 客观地了解别人，换位思考、宽以待人

大学生在与别人接触时，对别人的印象不完全是直接获得的，而往往是间接推断的结果，间接推断往往会带有不少客观因素，需要我们加以注意。首先要尽量避免人际交往中认识偏差的影响，充分认识它们的规律；其次积极对待他人的情绪，用心去倾听他人的心声，感同身受，将心比心；最后要以平等的态度对待别人，避免自己对他人产生绝对化要求，不要以自己的意愿为出发点来要求别人。结交朋友、建立友谊是大学生普遍的心理需求，希望快乐时有人来分享，难过时有人来分担，苦闷时有人可倾诉，迷惑时有人来指点。

4. 积极地自我暗示

在交往中，以自觉的态度、真诚之心对待交往，交往者可以向交往对手学习，丰富自己的知识、经验和阅历，促使自己的人格发展，在交往中也给别人以影响，给别人以帮助；大学生在交往中的真诚应表现为对交往对象的尊重与坦诚，如果发现自己出现不良交往情绪时，可以对自己进行积极的自我暗示。比如：我不过是这么多同学当中普普通通的一员，谁也不会对我特别留意；或者告诉自己"天生我才必有用"。用这种自我暗示，不断提醒自己，逐步摆脱过于关注他人评价的思维方式。

5. 掌握人际交往的方法

（1）语言艺术。

在交往中要恰当得体地称呼，使人获得一种满足，使对方感到亲切，如称呼不得体，往往会引起对方的不快，甚至愠怒，使交往受阻或中断；学会礼貌用语，采取相应语言、语调、语音和语速。要表现出大学生自身的教养与风度，形成和谐、亲切的人际氛围；要勇于承认错误、要正确开展批评与自我批评；给人真诚的赞美，恰到好处的赞美可以拉近人与人之间的心理距离；用幽默化解冲突，当交往中出现尴尬的局面时，应该巧妙地用幽默的语言加以调节。幽默可以调节气氛、缓解人际交往紧张的状态；善于使用委婉的语言，委婉是人际交往中广泛而频繁使用的交流技巧，应用委婉、机智的语言回答了令人尴尬和敏感的问题，同时展示出自己的文学素养。

（2）非语言艺术。

努力给对方留下良好的第一印象；提高个人的外在素质；培养良好的个性特征；加强交往，密切关系，大学生同住一起，接触密切，这是建立友情的良好客观条件。应充分利用这一条件，与朋友保持适度的接触频率，才会使友情不至于淡化，甚至消失，才能保持良好的人际交往；给人友善的微笑，它表达了对别人的友好、接纳、赞同、理解和宽容；掌握倾听技巧，倾听代表着你对别人的尊重和欣赏。做一个耐心的假倾听者，鼓励别人谈他们自己，真诚的让别人感到他很重要。

6. 及时寻求心理医生或心理咨询员的帮助

因为大学生的自我心理调适能力还不完善或者还很欠缺，为避免走向极端，当人际交往方面发生困惑时应及时看心理医生或做心理咨询，以便取得专业人员的帮助和更好的心理调适，增强人际交往和社会适应能力是非常必要的。

四、大学生的择业心理及调适

大学生毕业后，将投身社会，参与社会。社会形势如何，就业政策如何，社会需求是什么，这对大学生是至关重要的。大学生择业的心态是复杂的，他们既受当今社会现实观念的影响，又受就业政策制约；既受现实教育指导缺失的影响，又受自身发展条件的制约。因此要加强大学生的择业心理素质，正确引导大学生择业。

（一）大学生的择业心理特点

大学生的择业心理分为积极和消极两个方面。积极的择业心态无疑会为大学生的择业提供有益的帮助,而消极的择业心态将会成为大学生择业过程中的绊脚石。

1. 大学生在择业过程中的一些积极心态

大学生寻求工作主动,竞争意识强烈,对自身的竞争意识有较高评价且对就业形势、就业政策、专业需求等极为关注;当代大学生有先就业再择业的观念是从理想趋于理智,从幻想趋于现实的最基本的心理反映之一;当代大学生较理解和支持我国的就业制度改革,人生观是积极向上的,大学生对社会、人生的理解不再是靠感性的认识,更多是靠理性的分析,他们逐渐认识到只有通过自己的奋斗才能找到理想的工作。

2. 大学生在择业过程中所出现的心理偏差

择业期望过高、功利性强、社会责任感淡薄以及焦虑心理。大学生择业的期望有三方面:

(1) 过高的期望成就,过于注重个人正当权益的获得。

(2) 期望短时间内见成效,过分强调自我价值的实现而忽视国家的需要,急于求成的心理使一些学生对成就的实现期望过高。

(3) 过分地期望稳定与安全。大学生在社会责任方面过分强调和突出个人,不考虑社会责任,绝大多数学生在择业过程中都会或多或少地出现焦虑心理。

(二) 影响大学生择业的心理因素

大学生在择业中产生的这些心理倾向的原因是多方面的。

1. 社会因素

市场经济条件下,社会上的各种思想都或多或少地影响着大学生的择业观,这也是大学生择业心理矛盾冲突的根本原因,社会中一些观念对大学生择业观的误导:

(1) 目前社会还缺乏强有力的调控措施,全国地区人才需求难以保证。

(2) 地区和行业保护政策不能保证毕业生择业的公平竞争。

(3) 用人单位对大学生有偏见。

2. 经济因素

(1) 社会各行业间的工作性质不同,各部门工作人员存在经济报酬、福利待遇不同,形成社会对不同职业所形成的认识与评价。

（2）我国地区经济发展不平衡，沿海东部地区经济较发达，硬件设施条件较好，相对于内地，西部欠发达地区要有更好的发展前景。大学生择业时大都选择北京、上海、大连等经济发达的大城市。经济待遇高不高，是否是在大城市或发达地区工作已成为不少大学生择业的唯一或最重要的标准。

3. 教育因素

就业制度的转变，高校进行大幅度扩招，就业岗位跟不上毕业生数量的快速增长和无法完全满足毕业生的期望。学校专门从事就业指导的教师少，专门指导学生就业的机制还不完善，学校的择业观念还没有完全转变。

4. 个人因素

这是大学生个体在择业过程中产生各种积极或消极作用的特有因素。影响大学生择业的因素包括个人的综合因素、择业心理因素、求职方法等方面。这些是大学生择业的主观内在因素。大学毕业生自身处于矛盾期，无法准确剖析自己，因此在择业过程中受社会、他人影响，盲目跟从，只想选择条件好的公司工作。他们的择业心态取决于职业是否符合他们个性发展和获取理想的个人收入，因而会产生理想与现实、开放与封闭、独立性与依赖性的矛盾。

（三）大学生择业的心理调适

1. 树立正确的择业观

毕业生由学校走向社会，面对形形色色的职业岗位，需要作出理智的选择。在择业中毕业生应学会进行择业心态的自我调整。大学生应能全面了解社会，善于抓住就业信息，根据社会需求正确解决自己就业定位问题。注意培养自身抗挫折能力和良好的心理素质、奉献精神、创业精神。

2. 学会推销自己

（1）写好求职信，要注意书写清楚、干净、整齐，既阐述清楚、全面，又能突出重点，使人一目了然。

（2）做好面试工作，重视自己的衣着、仪表和姿态，回答问题要简短、清晰、中肯。

（3）女生应自强、自信，性别歧视是几千年来重男轻女的传统偏见。

女大学生要努力提高自身素质,在德、智、体、美等各方面超越男生,要拓宽择业门路,到最需要人才的地方去,拼搏奋斗,展示才华,争当生活的强者。

第三节 大学生常见的心理问题及原因

一、常见的心理问题

(一)适应问题

这里的适应问题主要是指新生从高中升到大学,无疑是对其心理素质和能力的全面考验。在中学时代自我独立生活能力比较欠缺,对生活、学习、人际交往能力承受力比较弱的特征,在这个阶段就会显露出来,从而对新环境产生种种不适应。

1. 异地求学的失落感

由于没有在外生活的经验,尤其是独立意识差,情感依恋,心理脆弱,对大学的适应比较困难,大学生难免会想家,产生异地求学的失落感和对过去时光的留恋感。

2. 难以正确的自我评价

进入大学后,新环境中人才群集,不少人在学习上的优势将会大大削弱,如果重新排定座次,就只能有少数人保持原来的中心地位和重要角色。大多数学生将从中心角色向普通角色转变,自我评价可能会受到不同的冲击,这种角色变化越激烈,心理落差就越大。

3. 理想与现实的差异

在新生的心目中有一幅大学的完美图景。许多新生对自己在大学中的表现有一些不切实际的幻想和过高的期望,而当自己没有达到既定的目标时,理想中的自我与现实中的自我差距也会让大学生产生困惑和迷茫,从而导致情绪低落。

4. 人际适应不良导致孤独压抑

进入大学后,新生面对的通常都是陌生的面孔,对缺乏人际交往经验的新生来说面临一定的困难,种种的人际适应不良使新生不敢打开心扉,感到孤独压抑。

(二) 人际交往困惑

大学生对人际关系的关注程度超过了学习，大学生渴望友情，不仅愿意保持较广泛的人际交往，而且需要获得较密切的友情。人际交往问题逐渐成为大学生最关注的问题之一。由于缺乏经验，许多大学生常常被人际交往中的种种困惑所缠绕，人际交往问题常表现为：难以和别人愉快相处、缺乏必要的交往技巧，以及由此而引起孤独、苦闷、缺少支持和关爱等痛苦感受。

(三) 学习问题

大学生需要学习专业知识，掌握专业技能，增强理论联系实际的能力，这样才能在将来的工作岗位中占有一席之地。许多学生感到学习的巨大压力，他们的压力部分来自对所学专业不感兴趣，另外，课程负担过重，学习方法有问题，大学生常见的学习问题主要表现为：学习没有目的、学习缺乏动力、厌学情绪、学习焦虑、考试焦虑等。

(四) 情绪困扰

大学生的心理发展不完全成熟，他们的情绪容易从一个极端跳到另一个极端，大学生面临具体的情绪困惑主要表现为：焦虑、自卑、嫉妒、忧郁、紧张、恐惧、害羞、孤独、烦恼。

(五) 恋爱与性

大学生处于生理发展的青年期，对情感发展产生了强烈的需求，性心理发展逐渐接近成熟，爱情已经成为许多大学生大学生活的重要一部分，大学生对于自己该寻找什么样的爱情，如何面对性等问题感到迷茫与困惑。

(六) 职业选择

职业选择是高年级大学生常见的问题，自己的长处如何在职场中展现都会或多或少给他们带来困扰和忧虑，大学生在职业选择中面临的心理问题有自卑心理，对自己没有信心，依赖父母、学校，缺乏独立求职的观念；随意心理，对工作无所谓；盲从心理，选职业随大流；自负心理，认为自己能力出众，在择业中高估自己的实力。

(七) 家庭贫困问题

贫困使大学生心灵深处自觉不自觉地产生了一种挫折感，从而导致自卑、抑郁、焦虑、孤僻、人际关系敏感、自我封闭等一系列的心理问题和心理障碍，对他们的学习、生活、性格等诸多方面都造成了很大影响。

二、大学生产生心理问题的原因

（一）大学生自身的因素

青年期是人生中心理变化最激烈的时期。情绪不稳定，使得他们在面临一系列问题的时候无所适从，心理冲突、矛盾和问题就会接踵而至。与大学生自身的个性品质有关，有些大学生心理承受力差，他们认为只有顺利才是自己人生发展的必然，一旦出现不利的境况就无计可施，他们允许自己成功却不能接受失败。这些个性特征使得大学生在面对人生的困境与挫折的时候茫然失措，产生一种挫折感。

（二）家庭教育的原因

父母对子女健康成长和人格完善负有主要责任，而家庭氛围、家庭教育对孩子的成长至关重要。而现在的大学生很多是独生子女，从小得到父母的溺爱，父母大多只关心孩子的成绩、升学，对孩子寄予过高期望，大大增加了孩子的心理负担。

（三）学校教育的原因

高校的设置模式依然是专业教育的模式，注重培养大学生的专业知识和专业技能，但不能给学生提供情感的需要和多方面发展的需要。这样培养出来的大学生大部分专业知识扎实，而情感缺乏、心理素质差、意志品质却很薄弱。此外，大多数高校对大学生心理健康关心的力度不够。

（四）外界原因

在大学阶段，大学生不可避免地面临适应与发展的严峻挑战，比如生活环境的改变、生活能力的考验、人际关系的调试、学习竞争的压力、社会就业的紧迫等，都使大学生感到个体适应的任务是何等艰巨。大学四年他们似乎始终都会感觉到身上的压力，特别是一些没有充分思想准备的大学生，总是仓促应战，而经常处于这样或那样的应急状态，这恰恰是导致心理疾患产生的外界因素。

第四节 大学生常见的心理障碍和疾病

在大学这个特定环境里,既有有利于大学生身心发展的良好条件,使其德、智、体得到全面发展,也有来自社会各方面不健康因素的影响。因此,在大学生活中也会产生各种矛盾,在对待和解决这些矛盾时,有人适应性差和对各种问题的面授性差,导致心理障碍,甚至发生心理疾病。

心理障碍是指影响人们正常行为和学习效能的心理状态。有的同学有一种紧张心理,担心胜任不了工作;有的则雄心勃勃,设想要尽快干出一番事业。抓紧时间,再有所提高。

一、大学生常见的心理障碍

(一) 心理疲劳

1. 概念

在长期思考或者和别人激烈争吵后,陷入"心力衰竭"状态的疲劳,叫做心理疲劳。心理疲劳的一般表现是:当你长时间继续不断地从事力不从心的脑力劳动后,你感到精力不支,而且劳动效率显著下降。

2. 病因

引起心理疲劳的原因很多。比如说,周围环境不安静,噪音多,干不熟悉或者不习惯的工作,过亮的照明,营养不良,低血压,等等,都是心理疲劳的病因。但是,最大的原因还是心理因素。例如,烦躁、焦急、过重的心理压力,等等。

3. 临床表现

(1) 早晨起床后,感到全身发懒,四肢沉重,心情不好。

(2) 工作不起劲,什么都懒得去做,甚至不愿意和别人交谈。

(3) 工作中差错多,工作效率也低。

(4) 容易神经过敏,芝麻大一点不顺心的事,也会大动肝火。

(5) 因为眩晕、头痛、头重、背酸、恶心等等,感到很不舒服。

(6) 眼睛容易疲劳,视力下降。

(7) 犯困,可是躺到床上又睡不着。

(8) 便秘或者腹泻。

(9)没食欲、挑食、口味变化快。

4. 预后

心理疲劳是心理疾病的警告信号。如果不重视这个信号的意义，仍然继续去干力不从心的繁重的脑力劳动，那么你的疲劳感觉会进一步加重，就有可能引起各种心理疾病。

（二）神经过敏

1. 概念

在心理上有些人有过敏反应，心理学上把它叫做"神经过敏"，也就是心理上的变态反应。医学心理学把神经过敏叫做"神经质"。神经过敏绝大部分是感觉过敏。

2. 临床表现

（1）在日常生活中，神经过敏者往往表现为情绪容易激动，不能承受过高的心理压力，任何微弱的紧张，都足以使他们产生慌乱的反应。总觉得时时、处处都有人注意他；主观地认为别人在和他"作对""过不去"，把一般的小事看得过于重大。

（2）具有神经质特性的一股表现是：总爱咬指甲，经常感冒，不正常的、无病因的疲倦，常做噩梦，经常失眠，眼痛，头晕，无缘无故地爱哭爱笑等。

3. 预后

由于情感比较脆弱，可使这些人罹致精神性疾病。

（三）焦虑

1. 概念

焦虑是指一种内心紧张，预感到似乎即将发生不幸时的心境。人们对环境中一些即将来临的、可能会造成危险和灾祸的威胁或者要做出重大努力的情况进行适应时，主观上出现紧张和一种不愉快的期待，这种情感就是"焦虑"。当其程度严重时，则变为惊恐。

2. 病因

大学生在学习、生活和人际关系方面的挫折常是焦虑的原因。大学新生入学在学习和生活上的不适应，基础较差的学生在学习上遇到的困难和失败，毕业班学生对工作分配和未来前途的担心和忧虑，个别人在集体中感到孤立和在恋爱问题上的受挫折，等等，皆可造成大学生焦虑。

3. 临床表现

（1）紧张不安和忧虑的心境。

（2）伴发的心理症状：如注意困难、记忆不良、对声敏感和易激惹。

（3）伴发的躯体症状：交感神经系统活动亢进导致血内肾上腺素浓度增加、肝糖之分解、血压升高、心跳加速、胸闷、吸气困难、过度呼吸、骨骼肌紧张、头痛、颤抖、口干、两手湿冷；副交感性症状，如多尿、肠蠕动加快、腹泻乃至大小便不自主排出，毛发竖起等也可同时出现。

4. 预后

焦虑是一种很普遍的现象，几乎人人都有过焦虑的体验。人们在考试前、即将登台演讲或表演、会见重要人物时都常有焦虑的体验。焦虑使人不快，常驱使人避开引起焦虑的事物。因此，从心理学看，焦虑具有保护性意义。但过度的或过于持久的焦虑会损害人的正常的心理活动，导致心理疾病，如焦虑症，从而严重地影响个体的学习和正常生活。

二、大学生常见的心理疾病

（一）神经衰弱

1. 概念

神经衰弱是一类以精神容易兴奋和脑力容易疲乏，常有情绪烦恼、紧张和伴有心理生理症状的神经症性障碍。这些症状不能归因于躯体疾病、脑器质性病变或其他精神疾病，但病前可存在持久的情绪紧张和精神压力。病程迁延，症状时轻时重，病情波动常与心理社会因素有关。是大学生中最常见的一种神经症，也是大学生休学的主要原因之一。

2. 病因

（1）心理社会因素是引起神经衰弱的重要原因。

① 工作、学习负担过重，过度紧张，工作时间长；或长期对工作不满，被迫非完成不可；或工作困难，超过实际工作能力，难以完成；工作杂乱无序，使工作不能顺利完成而自责。长期下去，则会造成持续的精神过度紧张和疲劳，引起神经兴奋与抑制调节紊乱，进而导致神经衰弱。

② 长期的心理冲突和精神创伤引起的负性情感体验，是本病另一种较多见的原因，如亲人丧亡、人际敏感、恋爱受挫，这些因素长期使患者感

到压抑、怨恨、委屈等而易发生神经衰弱。

③ 生活忙乱无绪、作息规律和睡眠习惯的破坏，适应不良；学习等问题使得大学生脑神经活动长期持续紧张而兴奋与抑制失调，也为神经衰弱的产生提供了条件。

(2) 与躯体因素有关。

感染、中毒，颅脑创伤或慢性躯体疾病对神经系统功能产生不良影响，也可成为神经衰弱起病的诱发因素。

(3) 与个体特点相关。

患者具有某些性格特点，如内向、孤僻、好强、敏感、多疑、依赖性强、缺乏自信、任性、急躁、自制力差者，易患神经衰弱。

3. 临床表现

本病患者常同时有多种精神和躯体症状，可以归纳为以下几类。

(1) 精神容易兴奋和容易疲劳。

无论工作、学习，均易引起兴奋，不由自主地回忆和联想增多；不易专心于做某一件事。同时有的患者特别敏感，对强光、噪声刺激易感到厌烦。

(2) 衰弱症状。

衰弱是本病常有的基本症状。患者经常感到精力不足，萎靡不振；看书、学习或用脑时则易疲乏，即所谓的"看不进去"，脑子迟钝。主诉头昏脑胀，注意力不集中，看书用脑时则不易掌握中心内容，难以持久，记忆力差，工作效率显著减弱，即使充分休息也不能去除疲劳感。说话常常说错，记不起刚经历过的事。

(3) 情绪症状。

主要表现为容易烦恼和容易激惹。烦恼的内容往往是现实生活中的各种矛盾，感到困难重重，无法解决。另一方面则自制力差，遇事易激动；或烦躁易怒，对家里的人爱发脾气，事后又感到后悔；或易于伤感、落泪，约1/4的患者有焦虑情绪，对所患疾病产生疑虑、担心和紧张不安。另外约有40%的患者在病程中出现短暂的、轻度的抑郁心境。

(4) 心理生理症状。

主要有睡眠障碍和肌肉紧张性疼痛，前者表现为入眠困难、多梦、易惊醒，醒后感到困乏等。肌肉紧张性疼痛，如紧张性头痛、全身肌肉酸痛无力感。此外，还可伴有植物神经症状，如心悸、胸闷、食欲不振、消化不良、腹胀、尿频、月经失调等。

4. 预后

大多起病缓慢，可以找到导致长期精神紧张、疲劳的应激因素。病程持续，或时重时轻。如果及时给予适当治疗，大多数病例可以在半年至两年内缓解。如果病程超过两年的慢性病例，或合并人格障碍者，则预后欠佳。

5. 诊断

神经衰弱患者有显著的衰弱或持久的疲劳症状，但没有躯体疾病或脑器质性病变。加上本病常有易兴奋又易疲劳情绪症状，紧张性疼痛和睡眠障碍这类症状中的任何两项；对学习、工作和社会交往造成了不良影响；病程在3个月以上；排除了其他神经症和精神病的可能，便可以诊断为神经衰弱。

6. 治疗

（1）讲清疾病的本质和症状产生的原因，说明愈后大多良好，以消除患者的顾虑。

（2）建立健康的生活方式，生活要有规律，保持乐观的情绪，积极参加文体活动。

（3）作息时间要合理，保证充足的睡眠。

（4）要科学用脑，劳逸结合，不开夜车，要减轻学习上的过重负担，立足于学习方法的改进和学习能力的提高。

（5）加强性格锻炼，要正视自己性格的弱点、在生活实践中培养勇敢、果断、稳重、开朗、合群和豁达的性格。

（6）根据不同的症状，治疗一般以心理治疗为主，辅以抗焦虑药物和镇静催眠药物，以及中医治疗。

（二）焦虑性神经症（焦虑症）

1. 概念

焦虑症是一种焦虑反应同时伴有明显的植物神经系统功能紊乱症状的神经症。

2. 病因

焦虑症是由心理冲突引起的；即当人们感到自己对命运的掌握失去了主宰的能力，同时没有把握能从别人那里取得帮助时，就会出现焦虑。这些人的个性特点通常表现为情绪不稳，自卑多疑，夸大困难，对躯体的微小不适任意夸大，等等。

3. 临床表现

（1）焦虑症可以急性发作（惊恐发作），即发病较突然，患者感到内心有种难以言明的紧张、恐惧，好似灾难将至，担心可能死亡，同时伴有心悸、出汗、紧迫感，常来回不安地走动、叹息等，持续时间可达几小时或几天，甚至数周，恢复后如常人。

（2）焦虑症也可以是广泛性、慢性持续，常表现为终日紧张、坐卧不宁，对自身状况考虑重重，多伴有胃肠不适、尿急、头痛等。

（三）抑郁性神经症（抑郁症）

它以持久性情感抑郁为特征。发病一般多与明显、强烈、持续的心理因素有关，如生活中的不幸遭遇、学习受挫、恋爱失败、自尊心受到伤害等。患者性格多内向闭锁、多愁善感、依赖性强、处事悲观。抑郁性神经症主要表现为哀伤、悲观、孤寂和自我贬低等，把周围一切看得十分灰暗，精神不振，对前途失去信心，不能主动与人交往，但被动接触尚好，愿意接受同情；兴趣减退，自我评价下降，但愿意接受鼓励和赞扬，可出现自杀念头；此外伴有胸闷、乏力、头痛、背痛、失眠、叹息等。

（四）疑病性神经症（疑病症）

是以疑病症状为主要临床特征的一种神经性障碍。患者对自身的健康或身体的某一部分功能过分关注，怀疑患了某种疾病，反复就医，虽经反复医学检查阴性和医生的解释没有相应疾病的证据，但也不能打消病人的顾虑，常伴有焦虑或抑郁。

1. 病因

（1）原发性疑病症的发病与心理社会因素、人格缺陷有一定关系。有一部分病人是医源性的，医生不恰当的言语、态度和行为而引起患者的多疑，或者医生做出的诊断不确切，反复检查，或诊断错误或治疗失当等，都可能促使疑病观念的产生。还有一部分病人，在躯体疾病之后，通过自我暗示或联想而疑病。

（2）有些病例的疑病症状，产生于长期过度紧张，疲劳或受到挫折之后，这时的病人身份有利于患者摆脱困境，取得心理平衡。

（3）易感素质也是重要的发病基础，孤僻、内向、敏感多疑，对周围事物缺乏兴趣，对身体变化十分关注，具有自恋倾向等人格特点，可为疑病症的发展提供重要条件。

2. 临床表现

（1）患者对自身健康或疾病过分担心，害怕自己患了某种严重疾病，感到十分烦恼。其烦恼的严重程度与患者自身的实际健康状况很不相称。这类患者对自己身体的变化特别敏感，身体功能任何微小变动，如心跳加快、腹胀等都会引起患者注意，认为自己患了某种疾病，尽管各种检查结果都不支持患者的怀疑，医生也耐心进行解释，再三保证患者没有严重疾病，但患者仍不相信，对检查结果持怀疑的态度，认为医生在骗他。由于患者全部或大部分注意力都集中于健康问题上，以至于极大地影响了他的学习、工作、日常生活和人际关系。

（2）疼痛也是本病的常见症状，约有2/3的患者有疼痛症状，常见疼痛部位为头部、下腰部。这种疼痛描述不清，有时甚至是全身疼痛，但查无实据。患者四处求医，但毫无结果，常伴有失眠、焦虑和抑郁症状。

3. 预后

起病大多缓慢，病程持续，常导致社会功能缺损，急性或亚急性起病，病程在3年以内，无严重人格缺陷者预后较好，一般女性的预后较男性好。

4. 诊断

患者主要对自己的健康状况过分担心，对平常出现的异常感觉或生理现象做出疑病性解释，有牢固的疑病观念，反复就医，不接受医生的解释、说明、保证；病程在6个月，即可诊断为本病。

5. 治疗

以心理治疗为主，药物治疗为辅.

（五）精神分裂症

1. 概念

精神分裂症是以人格、思维、情感、行为等方面发生障碍，整个精神活动与环境出现不统一，是一种最常见的重型精神病。

2. 临床表现

精神分裂症的类型很多，大学生中最常见的是单纯型和青春型精神分裂症。其常见症状是：

（1）思维破裂：表现为联想障碍；思维内容松散，语句之间缺乏内在意义的联系等。

（2）情感障碍：情感迟钝、淡漠，情感反应与思维内容、外界刺激不吻合。

（3）意志行为障碍：患者活动减少，缺乏主动性，行为退缩，目口意志活动低下。

（4）幻觉：即在没有相应刺激作用于感官时出现的虚幻知觉体验，如幻听、幻视、幻嗅等，患者的行为可受幻觉支配。

（5）妄想：是对患者所特有的一种错误的信念，患者不顾他人劝说、不顾事实，对此坚信不移。最为常见的是被害妄想、罪恶妄想、神情妄想等。

3. 治疗

（1）药物治疗。在国内，目前治疗精神分裂症的首选药物仍是氯丙嗪，次选药物则是氟哌啶醇或氯氮平，需长期用药者则长期服用长效的氟奋乃静癸酸脂。

（2）心理治疗。心理治疗目前是精神分裂症的一种辅助治疗，虽然如此，它也是一种重要的和必要的辅助治疗，可以改善康复期或慢性病人的情况，不适宜急性患者。

（3）电抽搐治疗。这种治疗目前仍在使用，但不及过去普遍，主要用以控制急性兴奋骚动和木僵，见效较快，急性症状控制后主要仍用上述药物治疗。

（六）癔症

癔症或称歇斯底里症。这是一类由精神因素，如重大生活事件、内心冲突、情绪激动、暗示或自我暗示，作用于易病个体引起的精神障碍。

1. 病因

（1）性格特征：一般认为具有以下性格特征的人易患癔症。

① 情感丰富：情感鲜明强烈但极不稳定，往往易从一个极端走向另一个极端，对事物判断完全凭一时情感出发，常随情感的变化而变化。

② 暗示性高：癔症患者具有高度暗示性。在某种环境气氛和情感的基础上，对外界某种影响和观念易于接受称暗示。

③ 自我中心：处处想吸引他人对自己的注意。爱炫耀自己，甚至不惜当众表演，富有夸张、表演色彩，目的在于引起人们的同情和重视。

④ 富于幻想：在情感的基础上，想象丰富、生动、活泼，给人们以难以分辨现实与虚幻的印象。可能会有幻想性说谎现象。

（2）心理因素：急剧的紧张刺激，如地震或水灾等自然灾害或其他急剧发生的威胁个人安全的事件，或亲人突然死亡等，对某些人可引起癔症的急性发作。日常生活中较常见的是，持久的精神冲突所带来的紧张，精神紧张刺激引起的惊慌、气愤、委屈、悔恨、忧虑等，尤其是愤怒和悲哀等不能表达时，成为导致癔症发生的重要心理因素。

（3）遗传因素：男性一级亲属的患病率为 2.4%，女性一级亲属的患病率为 6.4%，高于一般居民的患病率。

（4）器质性因素：某些神经系统器质性病变时，可伴有癔症发作。如癫痫患者常同时有癔症发作。

2. 临床表现

癔症症状复杂多样，变化多端，一般可归纳为以下几种类型。

（1）分离型障碍：又称癔症性精神障碍。癔症这一类型起病时精神因素常很明显，尽管患者本人否认，但旁人看来，疾病的发作常有利于患者摆脱困境，发泄被压抑的情绪，获取别人同情，或得到支持和补偿。

① 癔症性朦胧状态。

② 情感爆发。

③ 癔症性神游症。

④ 癔症性假性痴呆。

⑤ 癔症性木僵。

⑥ 癔症性遗忘。

⑦ 身份识别障碍。

⑧ 癔症性精神病。

（2）转换型障碍：也称为癔症性躯体障碍，是指心理应激引起情绪反应而出现的躯体症状，一旦出现躯体症状情绪反应就淡化或消失。

① 感觉障碍：包括感觉缺失、感觉过敏和感觉异常。常见有半侧感觉麻木，或呈手套、袜套型感觉缺失，其范围与神经分布不一致。

② 癔症性失明：可表现突然双目失明或弱视，但对光反应良好，眼底正常，视诱发电位正常，无眼器质性疾病。可经治疗突然恢复正常。

③ 癔症性耳聋：在强烈的精神因素影响下，突然失去听力，诱发电位

检查正常，对暗示治疗有效。

④癔症性抽搐：一般发作可达 10～20 min 或 1～2 h，随周围暗示而变化，但发作时无咬伤唇舌，无跌伤，无大小便失禁。

⑤癔症性瘫痪：常有明显的躯体诱因，如外伤、术后、其他躯体疾病后等。客观检查不符合神经损害的体征，无病理反应。

⑥癔症性失音或缄默症：患者不能用言语表达意见或回答问题，但可用书写或手势与人交谈，称缄默症。想说话，但发不出声音或是能用自语或嘶哑的声音交谈，称失音症。检查神经系统和发音器官，均无器质性病变。

3. 预后

起病急，到综合医院急诊室就诊的癔症患者大多迅速恢复。若病程超过1年者，可能要持续多年。癔症患者的预后取决于多种因素，病因明确，能及时合理解决，病程短，治疗及时，病前无明显人格缺陷者，大多数获得良好结局。

4. 治疗

癔症的防治原则，主要强调心理卫生，帮助患者树立对各种生活事件的正确态度，改善患者对精神刺激的应对能力，培养和发展健全的人格。本症的处理以精神治疗为主，辅以必要的对症治疗。

（1）暗示疗法：是消除癔症性躯体障碍的有效措施，特别适用于急性起病的患者。

（2）催眠疗法：除用于增强暗示感受性，消除癔症的躯体症状外，还可用于治疗癔症的遗忘症、身份识别障碍、缄默症、木僵状态等。

（3）解释性心理疗法：主要目的在于引导患者正确认识和对待致病的精神因素，认识疾病的性质，帮助患者分析个性存在的缺陷，以及克服个性缺陷的途径和方法。

（4）分析性心理疗法：着重探讨患者的无意识动机，引导患者认识无意识动机对健康的影响，并加以消除，主要适用于癔症性遗忘症。

（5）行为疗法：主要采用循序渐进、逐步强化的方法对患者进行功能训练，适宜暗示疗法无效、肢体语言有功能障碍患者。

（6）家庭疗法：在治疗癔症过程中，需要家庭成员的配合，改善患者的治疗环境，取得家庭的支持。

第五节 心理治疗

心理治疗是指利用心理学的方法以使患者的情绪、人格、行为或疾病发生积极改变的治疗。

目前世界上流行的心理治疗方法有数百种之多。这些心理疗法对于消除患者的心理障碍、减轻疾病症状，均有肯定的疗效。但各种心理疗法也有一些共有的治疗成分，这些治疗成分包括：

（1）温暖与信赖的人际关系。
（2）保证与支持。
（3）脱敏。
（4）理解或领悟。
（5）适应反应的学习与强化。
（6）宣泄。

心理治疗的原则有：

（1）良好的医患关系原则。
（2）针对性原则。
（3）计划原则。
（4）综合原则。
（5）保密原则。
（6）灵活原则。

下面简要地介绍几种我国常用的心理治疗。

一、暗示与暗示疗法

（一）暗示与暗示疗法的概念

（1）暗示是指一个人无意识地受客体和主体影响，从而使自己的心理、生理乃至行为发生变化的一种心理现象，利用暗示对病情施加影响使症状消除的过程。包括他人暗示和自我暗示。

（2）暗示疗法是通过固定的手段，使病人受到积极的暗示，从而达到治疗目的的一种心理疗法。狭义的暗示疗法通常指病人在清醒状态下接受暗示的心理治疗方法；而广义的暗示疗法则还包括催眠疗法，即在催眠状态下受暗示的治疗方法。

(二) 暗示的作用

成功的暗示可以对人的心理产生许多效应。例如,通过暗示可以使人感觉过敏或迟钝,也可以使人产生错觉、幻觉。有些心境不佳而迷信药物的病人,可以通过服用安慰剂来改善心境;有些病人(如癔病患者),由于受到不良暗示而致肢体瘫痪,医生也可以利用权威性的暗示使他们的肢体功能恢复正常;在催眠状态下,施术者的暗示对被催眠者的心理和生理产生更加奇妙的作用。正因为如此,也就可以利用积极的暗示去治疗疾病。

暗示疗法对暗示性高的病人效果较好,暗示性低的病人效果差。需要指出的是,暗示有积极和消极两方面的作用,前者可以治疗疾病,后者可能加重病情。

暗示治疗能否成功,主要取决于以下三点:

① 同病人建立良好的医患关系,取得病人的高度信任。

② 选好适应症,该疗法适用于癔病和一些功能性疾病的治疗。

③ 病人要有足够的受暗示性,即接受暗示的能力。

(三) 暗示治疗的实施

1. 方法

(1) 言语暗示:通过言语的形式,将暗示的信息传达给受暗示者,从而产生影响作用。如临床工作中医务人员与病人交谈中施加的种种影响。

(2) 操作暗示:通过对病人的躯体检查或使用某些仪器,或实施一定的虚拟的简单的手术,而引起其心理、行为改变的过程。此时若再结合言语暗示,效果则更好。

(3) 药物暗示:给病人使用某些药物,利用药物的作用而进行的暗示。如用静脉注射10%的葡萄糖酸钙的方法,在病人感到身体发热的同时,结合言语暗示治疗癔症性失语或癔症性瘫痪等。

(4) 环境暗示:使病人置身于设置的特殊环境,对其心理和行为产生积极有效的影响,以而消除不良的心理状态。

(5) 自我暗示:即病人自己把某一观念暗示给自己。例如因过分激动、紧张而失眠者,选择一些能使人放松、安静的语词进行自我暗示,可以产生一定的效果,许多松弛训练方法实际上包含了自我暗示。

2. 适应症和评价

进行暗示疗法时，起码具备两项条件：

（1）作为暗示者，应该在被暗示者心目中有能使他信赖的较高威望。这样，暗示者（医生等人）在询问过病史和进行检查后，便可以用简短有力、充满信心的语言，对病人进行鼓励和诱导，告诉病人，他的病情会很快好转。最终可以完全消除。这种做法，就可以造成病人迫切期望治疗的心情，从而打下一定能够治愈的心理基础。

（2）被暗示者本人要有充分的信心，有了足够的信心，才可以和暗示者密切合作，取得预期的效果。

暗示疗法对于暗示性高的病人，效果较好。其主要适应证包括神经症、疼痛、瘙痒、哮喘及其他心身障碍，也可用于性功能障碍、口吃等心理行为障碍。暗示作用可以治病，但不良的暗示却可造成或加重病人的症状，自我暗示也存在这一问题。

二、催眠疗法

（一）催眠疗法的概念

（1）催眠：是在催眠术的作用下，人的意识处于一种恍惚、顺从依附的特殊的意识状态的过程。

（2）催眠术：用言语或其他心理手段使人进入催眠状态的过程称为催眠术。

（3）使用催眠术使病人进入催眠状态，此时病人顺从性和暗示性增加，医生通过暗示和疏泄等手段治疗疾病的过程称为催眠疗法。由于催眠治疗主要依靠暗示机制，所以也可以说催眠疗法是一种特殊的暗示疗法。

（二）检查患者的受暗示性的方法

在实施催眠术之前，一般应检查病人的暗示性。暗示性高者，催眠效果也好，可作为治疗对象。

（1）例如：可令被试者面壁背对施术者闭眼站立几分钟，施术者可缓慢地说："你的身体正在前后摆动，感觉到了吗？"如果被试者逐渐摆动起来，说明暗示性高。

（2）嗅觉暗示试验、后倒试验等。

(三) 催眠状态有以下心理特征

(1) 决策能力减退。

(2) 注意力重新分配。

(3) 增加了对以往有益的视觉记忆的回忆并提高了幻想性。

(4) 减少对真实性的检验,对歪曲事实表示宽容。

(5) 增加暗示性。

(6) 角色行为表露。

(7) 对催眠状态下回忆起来的过去的问题容易宽容。

(四) 催眠治疗的实施

1. 方法

一次完整的催眠治疗大致要经过以下几个步骤:

(1) 治疗前的准备工作:首先应该检查一下病人的受暗示性,选择易受暗示的病人做为治疗对象。然后对治疗的目的和过程进行必要解释,以消除病人的疑虑。在取得病人信任的同时,应激起他们对治疗的期待心情。治疗应在安静舒适、光线暗淡的场所进行。

(2) 导入催眠状态:催眠的方式很多,可分为集体和个别催眠,自我催眠和他人催眠。传统的他人催眠法一般是以言语暗示配合不同的感官刺激。例如,让病人躺着或坐在靠背椅上,调整呼吸、全身放松,然后让他注视一个光点或施术者的眼睛;也可以让他倾听某一单调而有节奏的声音,还可以对病人身体的某些部位进行抚摸。在这类感官刺激的同时,用单调的语言进行放松困倦的暗示。对于一些不合作或受暗示性差的病人,可以利用麻醉催眠。通过上述各种方法进行催眠时,随时检查病人意识状态是否清晰,记忆力是否完整,随意运动是否丧失等,以此确定病人是否进入催眠状态。

(3) 进行治疗:催眠状态下进行的心理治疗大致有 3 种形式。

① 直接暗示法:施术者直接暗示病人的某些症状即刻消失。

② 催眠后暗示法:暗示病人,"醒来后你的……症状一定可以消失"。这种方法适于对非持续性症状患者的治疗。

③ 催眠分析:在催眠状态下病人的意识监控作用大大减弱,所以容易说出被压抑的心理矛盾和精神创伤,有时甚至说出早年的痛苦体验。让病

人倾吐压抑在内心深处的某些心理矛盾，可使与这种心理问题相关的症状消失。心理暴露，可使病人发现在非催眠状态下难以了解的心理问题，从而为分析治疗提供条件。

④ 解除催眠状态：治疗结束时，医生应检查一下，是否在治疗过程中加了某些有害的暗示；如果有，就应在唤醒病人前收回。可用暗示法解除催眠。通常用数数诱导病人解除催眠，也可用入睡暗示诱导病人进入睡眠状态，然后自然清醒。

2. 适应症和评价

催眠疗法主要用于各种神经症、心身疾病和其他某些心理行为症状，包括癔病、心因性焦虑和恐惧、神经性呕吐、厌食、顽固呃逆、性功能障碍、失眠、某些疼痛病例等。

催眠疗法是专业化程度较高的心理疗法，该疗法对许多神经症和心身疾病，尤其是对癔病、神经衰弱以及随神经系统的全身疾病来说，不失为一种快速而有效的心理疗法。此疗法的主要禁忌症有精神病、脑器质性损伤伴意识障碍、严重心血管疾患和对催眠严重恐惧者。

三、支持性心理治疗

（一）支持性心理治疗

支持性心理治疗是指那些在心理治疗中以对病人心理支持构成主要治疗内容的一种治疗方法，是临床上应用比较广泛的心理疗法。一般是医生首先认真听取病人倾诉，熟悉临床症状与病理。深入了解疾病起因与演变，然后表示同情与支持，有针对性地进行疏导和解释，合理地采用劝导、说服、启发、鼓励的方法，提供保证等交谈方式来帮助和指导病人分析认识所面临的问题。缓解或消除疑虑和恐惧，稳定情绪，通过医生的权威性支持达到适应环境，重新恢复心理和生理平衡，达到治疗疾病的目的。

（二）心理治疗者提供支持主要有以下五种成分

（1）解释：重点是消除疑虑和心理应激，讲清疾病性质、治疗方法、预后。要做到细心周到、言简意赅。解释的重点放在日常实际问题上，放在病人必须与之抗争的当前的外在现象上，以此提高应付生活的能力。

（2）鼓励：让病人通过努力达到某种目标，通过理性分析帮助病人认识并达到某一目标的益处,恰当运用鼓励手段,将远目标化成近目标,将抽象目标化成具体目标,遵循可行性原则,使病人树立起只要自己努力,现状就会向好的方向转化,目标就能实现的信心。

(3)保证:充分利用医生的社会角色在病人心目中的影响力取信于病人。医生要注意,保证应切合实际,说话要留有余地,口气要坚定。

(4)指导:从两方面进行,一方面告诉病人如何对待疾病,另一方面处理好社会事务与人际关系,特别是因病带来的新问题,有效的指导来源于对实际情况的透彻了解分析,然后启发病人自己做,给出合理决定。

(5)促进环境的改变,调整客观适应主观或调整主观适应客观。

思考题:
1. 大学生心理健康的标准是什么?
2. 心理健康对大学生学习和成长的意义是什么?
3. 大学生心理发展的特点是什么?
4. 影响大学生心理健康的因素是什么?
5. 心理健康的培养如何进行?
6. 大学生人际交往的原则是什么?
7. 影响大学生择业的心理因素是什么?
8. 大学生常见的心理问题及原因是什么?

第七章 常见传染病的防治

第一节 预防传染病的基本知识

一、传染病的概念和基本特征

（一）传染病的概念

由病原微生物（病毒、立克次体、细菌、螺旋体、原虫或蠕虫等）引起的疾病称感染性疾病。但感染性疾病不一定有传染性，其中有感染性并可能造成流行的感染性疾病才称为传染病。

（二）传染病的基本特征

传染病的基本特征是所有传染病特有的共同特点，可以用作鉴别传染病与非传染病的重要依据。

1. 具有特异的病原体

传染病的种类很多，每种传染病都有特异的病原体。病原体分为病毒、衣原体、立克次体、支原体、细菌、螺旋体、真菌、原虫和蠕虫等。但少数传染病的病原体至今仍不太明确。传染病的病原体大多有特定的侵犯部位，在机体内有增殖、播散的规律性。

2. 具有传染性

传染病患者或健康带菌者排出的病原体，经过一定的传播途径进入健康人体内，引起相同的疾病，称为传染性。传染性的强弱与病原体的毒性、数量、传播途径及人体的免疫力有关。这是传染病与其他感染性疾病的主要区别。传染病患者有传染性的时期称为传染期，在每种传染病中都相对固定，可作为隔离病人的依据之一。

3. 具有流行性

在一定的条件下,传染病可在人群中蔓延,引起不同程度的流行。根据流行过程的强度和广度,可分为散发、流行、大流行、暴发流行。散发是指某种传染病在一个单位或某地区的人群中散落发生,并维持常年一般发病率水平。若一个单位或地区的某种传染病的发病率显著超过该病的发病率水平,称为流行。若在一定的时间内某种传染病在一个地区迅速蔓延,甚至波及全国,超出国界、洲界,称为大流行。短时间内的某单位或某个地区,出现大量同类病人,其传染源及传染途径相同,则称为暴发流行。

4. 具有季节性

某些传染病的传播受气候条件或媒介昆虫的生活习性影响,因而表现在一定季节内发病率升高,如呼吸道传染病多在冬春季发病,肠道传染病多在夏秋季发病。

5. 具有地方性

某些传染病由于中间宿主、地理条件及人群生活习惯等原因,只在某一定地区发生和存在,称为地方性。如血吸虫病就具有明显的地方性。

6. 具有感染后的免疫性

人体感染病原体后,无论是显性或隐性感染,都能产生针对病原体的特异性免疫。感染后免疫属于自动免疫。其持续时间在不同传染病中有很大差异。一般来说,病毒性传染病感染后,免疫持续时间最长,往往保持终身,但有例外(如流感);细菌、螺旋体、原虫性传染病的感染后免疫持续时间通常较短,仅为数月至数年,也有例外(如伤寒);蠕虫病感染后通常不产生保护性免疫,因而往往产生重复感染(如蛔虫病)。

二、传染病流行过程的三个基本环节

传染源、传播途径和易感人群是传染病流行过程必须具备的三个条件,他们相互联系、同时存在,被称为流行过程的三个基本环节。只有当三个环节同时存在时,才会出现传染病的传播及蔓延。

(一)传染源

是指病原体已在体内生长、繁殖并能将其排出体外的人和动物。传染源包括患者、隐性感染者、病原携带者和受感染的动物。

1. 病人

病人是重要的传染源，不同疾病的病人，其传染性的大小不同，传染期的长短各不一致。

2. 隐性感染者

在某些传染病（如脊髓灰质炎）中，隐性感染者是重要传染源。

3. 病原携带者

病原携带者指外表无症状，但能排出病原体的人。可分为四类：

（1）潜伏期携带者：指在传染病潜伏期末期排出病原体者。

（2）恢复期携带者：指临床症状消失后仍能排出病原体者。

（3）慢性携带者：病后携带病原体超过三个月以上者。

（4）健康携带者：指携带病原体而无临床症状者。

（二）传播途径

传播途径是指病原体离开传染源后，到达另一个易感者的途径。传播途径由外界环境中各种因素所组成，从最简单的一个因素到包括许多因素的复杂传播途径都可发生。

1. 经空气、飞沫传播

病原体借病人呼吸、谈话、咳嗽、喷嚏时排出体外，散布到空气中，易感者通过呼吸将病原体吸入体内。呼吸道传染病如流行性感冒、麻疹、肺结核等，都是通过空气、飞沫传播的。

2. 经水传播

水源受到病原体污染，未经消毒饮用后造成传染病的流行。如霍乱、伤寒、痢疾等肠道传染病都可以经水传播。有些传染病通过与疫水接触而传播，如钩端螺旋体病、血吸虫病等。

3. 经食物传播

被病原体污染的食物或有病动物的肉、乳、蛋、毛蚶等都携带病原体，当人们食用这些食品时没有进行适当的消毒，即造成肠道传染病的流行。

4. 接触传播

（1）直接接触传播：是指在没有外界因素的参与下，传染源直接与易感者接触的一个途径。如性接触传播性病和艾滋病，狗咬人传播狂犬病。

（2）间接接触传播：是指接触被传染源的排泄物或分泌物污染的生活

用品和生产工具所造成的传播。尤其是手在传播中起到重要的作用。许多肠道传染病，人畜共患的疾病、性病、表皮传染病等，都可由这种途径传染。在大学生中，手、钱、饭票、浴池、面盆、毛巾、餐具等在传播疾病中起着重要作用。另外，使用污染的消毒不严的医疗器械，注射器是传播乙型病毒性肝炎、艾滋病等的一个途径。

5. 经血液、血制品和胎盘传播

输注带病毒的血液、血制品可传播乙型病毒性肝炎、丙型病毒性肝炎及艾滋病等。另外，妊娠期间患有肝炎、艾滋病等，病原体可经胎盘及血液传给胎儿，形成母婴传播，又称垂直传播。

6. 土壤传播

经土壤传播的疾病很多，有些传染病的病原体必须在土壤中发育到一定阶段才具有感染性，如破伤风杆菌、炭疽杆菌、钩虫卵等都需在土壤中发育到芽胞期或蚴虫期，再通过人的伤口或皮肤而感染，引起破伤风、炭疽及钩虫病。

7. 虫媒传播

媒介昆虫作为传播因素的作用分为叮咬传播和机械性携带传播。叮咬传播指的是某些传染病的病原体需在特定的媒介昆虫体内生长、发育、经叮咬吸血而传播，如蚊子传播疟疾、流行性乙型脑炎等，虱传播斑疹伤寒；机械性携带传播，如苍蝇可携带病原体污染食物，传播肠道传染病。

（三）易感人群

对某一传染病缺乏特异性免疫力称为易感者，易感者在某一特定人群中的比例决定该人群的易感性。

三、传染病的经常性预防措施

（一）管理传染源

（1）对病原携带者进行管理及必要的治疗。特别是对食品制作供销人员、炊事员、保育员定期做带菌检查，及时发现，及时治疗和调换工作。

（2）对传染病接触者，须进行医学观察，留观、集体检疫，必要时进行预防接种或药物预防。

（3）对动物传染源，有经济价值的野生动物及家畜，应隔离治疗，必要时宰杀，并加以消毒，无经济价值的野生动物，发动群众予以捕杀。

（二）切断传播途径

根据传染病的不同传播途径，采取不同防疫措施。

(1) 肠道传染病做好消毒隔离，吐泻物消毒，加强饮食卫生及个人卫生，做好水源及粪便管理。

(2) 呼吸道传染病，应使室内开窗通风，空气消毒，个人戴口罩。

(3) 虫媒传染病，应有防虫设备，并采用药物杀虫、防虫、驱虫。

（三）保护易感人群

提高人群抵抗力，有重点、有计划地预防接种，提高人群特异性免疫力。人工自动免疫是有计划地对易感者进行疫苗、菌苗、类毒素的接种，接种后免疫力在 1~4 周内出现，持续数月至数年。人工被动免疫是紧急需要时，注射抗毒血清、丙种球蛋白、胎盘球蛋白、高效免疫球蛋白。注射后免疫力迅速出现，维持 1~2 个月即失去作用。

1. 预防接种的种类

(1) 人工自动免疫。这是指将处理过的病原体或提炼出的病原成分及类毒素等免疫物质接种于人体，使人体产生特异性的免疫过程，其免疫原物质制剂可分为活菌（疫）苗、死菌（疫）苗及类毒素等。严格地讲，免疫原物质，如为细菌称为菌苗，如为病毒则称疫苗，但实际上人们大都将二者不加区别地统称疫苗，但病毒来源的免疫原物质不能称为菌苗。

(2) 人工被动免疫。紧急预防某些疾病或对某些疾病进行治疗，将含有针对该疾病特异性抗体的血清或制剂接种于人体，使人体获得现成的抗体而受到保护。常用的被动免疫制剂有免疫血清及免疫球蛋白。

(3) 被动自动免疫。只是在有疫情时用于保护婴幼儿及体弱接触者的一种免疫方法，兼有被动与自动免疫的长处，但只能适用于少数传染病。

2. 预防接种注意事项

(1) 认真仔细地阅读疫（菌）苗说明书，在计划免疫程序中，疫（菌）苗起始接种月龄不能提前，一种疫（菌）苗的两次接种间隔不能缩短，严格遵守每一种疫（菌）苗的接种剂量和接种途径。

(2) 实行严格无菌操作，确实做到"一人一针一管"的接种要求，避免经预防接种引起感染或交叉感染。

（3）接种抗毒素等制剂，必须按要求做皮肤过敏试验。接种疫（菌）苗的现场必须备有肾上腺素等急救药物，以备抢救之需。

（4）一旦发生与疫（菌）苗接种严重副反应有关的可疑病例，应积极抢救治疗，并报告上级卫生部门，任何医师不得自行确诊及开列诊断证明，应遵照卫生部（计划免疫工作条例）规定，请中央或各地区预防接种异常反应诊断小组进行鉴定诊断。

3. 预防接种的禁忌症

（1）发热、感染及各种传染病患者。

（2）各种重要脏器严重疾病及血液病。

（3）有过敏史者、湿疹患者、身体衰弱、佝偻病及营养不良。

（4）免疫缺陷病患者和免疫抑制剂治疗的患者。

（5）特殊禁忌如结核菌素皮试阳性者不宜接种卡介苗，孕妇不宜接种活疫苗。

4. 预防接种的常见反应及处理原则

（1）局部反应。

常于接种后24 h内局部出现红、肿、热、痛等炎症反应，有时伴附近淋巴结肿痛。红肿直径在0.5~2.5 cm者称弱反应，2.6~5.0 cm者称中弱反应，5.0 cm以上者称强反应。不超过5.0 cm但伴有淋巴结肿大或淋巴管炎者也属强反应。此反应一般不需作任何处理，24~48 h即可消失。对某些减毒活疫苗或菌苗接种后出现的特殊局部表现（如接种卡介苗），局部严禁热敷，如有破溃，可涂龙胆紫预防感染。

（2）全身反应。

部分对象接种后出现发热，可伴畏寒、头痛、头晕、乏力及呕吐、腹痛和腹泻等消化道症状。一般持续2 d，很少超过3 d。一般无须特殊处理，加强观察，注意休息，反应重者，可酌情给予解热镇痛、止吐、解痉止泻等对症处理。若高热不退或伴有其他并发症，应及时到医院就诊。

（3）过敏性反应。

少数人在注射抗毒血清或类毒素后数分钟至2 h内可发生过敏性休克。患者突然出现胸闷、心悸、发绀、呼吸困难、面色苍白、脉搏细弱、血压下降等休克表现，应立即按过敏性休克抢救处理。因此，在接种前应先做皮试，接种后观察半小时左右。若皮试阳性又必须使用时，应做脱敏注射。接种时也可出现过敏性皮疹，以荨麻疹多见，一般于接种后数分钟至数天发生，严重者皮疹融合成片，伴有奇痒。此外，少数人在接种后 3~7 d，于耳后、面部、四肢或躯干处出现类似麻疹、猩红热样皮疹，可有口周苍白圈及帕氏线等。

（4）晕厥。

个别人可能发生晕厥，应立即平卧取头低位，松解衣领，针刺人中及合谷等穴位。如血压下降，可按休克处理。饥饿、疲劳及紧张等易致晕厥，应当避免。

（5）血清病样反应。

注射含有血清的疫苗 7~10 d 后可发生血清病样反应，为机体内产生免疫复合物引起的Ⅲ型过敏反应。临床表现有两种：一种主要表现为发热、哮喘、淋巴结肿大、蛋白尿及上眼水肿等；另一种表现为粒细胞减少、淋巴结肿大和关节痛等。可按反应轻重，口服或静脉使用激素等。

（6）其他。

常见过敏性紫癜及血管神经性水肿，可口服泼尼松等药物治疗。极个别人可出现变态反应性脑脊髓膜炎、脊髓灰质炎、活疫苗引起急性弛缓性麻痹症等神经性严重异常反应。前者可用激素治疗，多于 1~2 周内康复，重症者可遗留肢体瘫痪或智能障碍；后者目前认为是一些特殊病毒所导致。

第二节　常见传染病的防治

一、流行性感冒

流行性感冒简称流感，是由流感病毒引起的一种急性呼吸道传染病。通过飞沫传播，具有高度传染性。临床特点为起病急、病程短，有高热、头痛、全身酸痛、乏力等显著的全身中毒症状，但呼吸道症状相对较轻。

（一）病原学

1. 流感病毒的分型

流感病毒是 RNA 病毒，分为甲型、乙型和丙型。以甲型病毒威胁性最大，可感染人类及不同种类的动物，包括鸟、马、猪及海豚等哺乳动物；而乙型及丙型流感病毒则主要是人类流感的致病原。

2. 流感病毒的抵抗力

流感病毒对干燥、紫外线照射、乙醚、甲醛等常用消毒剂都很敏感，对高温抵抗力弱，加热到156 ℃，数分钟后即丧失致病性，100 ℃，1 min即被灭活。在温度低的环境下，病毒较为稳定，在4 ℃能存活1个多月。

3. 流感病毒的变异

变异迅速是流感病毒的一大特点。病毒基因组自发的点突变聚集到一定程度时，即引起抗原漂移。当变异足够大时，人群中对原有株所建立的免疫屏障不能再发挥有效的保护作用，引起疫情暴发。显著的变异主要发生于甲型流感病毒，乙型流感病毒则少见得多，而丙型流感病毒一般不发生。

（二）流行病学

1. 流行特征

流感大都出现于冬季，表现为突然发病，传播迅速，流行广泛，发病率高，流行过程短。丙型流感病毒主要以散发形式出现，一般不引起流行。乙型流感病毒常引起中等流行或局部地区人群的小流行。甲型流感病毒危害大，常造成暴发流行或大流行。

2. 传染源

主要是急性期患者和隐性感染者。病人自潜伏期末到发病后3 d，从鼻涕、口涎、痰液中排出大量病毒，排毒时间可长达至发病后7 d，其中病初2~3 d传染性最强。在流行期间，隐性感染和轻型患者人数众多，体内虽有病毒增殖，但无明显症状而不易发现，常继续在人群中从事正常活动，是对公共卫生威胁最大的传染源。

3. 传播途径

空气飞沫传播是主要的传播途径。病毒存在于病人或隐性感染者的呼吸道分泌物中，通过说话、咳嗽或打喷嚏等，以飞沫或气溶胶形式散播于空气中，易感者吸入后即能感染。故流感传染性强，传播速度快，流行广泛。其传播速度与广度与人口密集程度相关。病毒污染饮食、茶具、食具、毛巾等间接传播的可能性也存在。

4. 易感人群

由于感染后免疫保护维持时间短，流感病毒3个型别之间无交叉免疫，加之流感病毒极易变异，故人群对流感病毒普遍易感。

（三）临床表现

潜伏期 1~3 d（数小时~4 d）。

1. 典型流感

急起畏寒高热，乏力、头痛、身痛，轻度咽干痛，胸骨下烧灼感，多无鼻塞流涕。急性热病容，面颊潮红，结膜充血，咽充血轻，肺部可闻干鸣音。发热多于 1~2 d 内达高峰，3~4 d 内热退，但乏力可持续 2 周以上。

2. 肺炎型流感

肺炎型流感主要发生于老年、幼儿或原有较重的基础疾病及采用免疫抑制剂治疗者。初起如典型流感，1~2 d 后病情迅速加重，出现高热、衰竭、剧咳、血性痰，继之呼吸急促，发绀，双肺满布湿鸣音，X 线检查双肺弥漫性结节性阴影，以近肺门处较多。抗生素治疗无效。病程可长达 3~4 周，病死率很高，可超过 50%。

3. 胃肠型流感

患者多为儿童，以恶心、呕吐、腹泻、腹痛为主要症状，一般 2~3 d 即可恢复。

（四）实验室检查

血常规。急性期外周血白细胞总数减少，淋巴细胞相对增加，嗜酸性粒细胞可消失。合并细菌感染时白细胞总数和中性粒细胞比例增高。

（五）诊断

若在短时间内大批出现有发热伴呼吸道感染症状的患者，尤其是发生在同一群体内，且无明显的年龄分布特征，则应考虑流感的可能性。在流行期间流感的诊断较为容易，可依据：

（1）流感接触史。

（2）典型的临床症状和体征。

（3）实验室检查。

（六）治疗

流感的治疗原则以对症治疗和支持治疗为主。对甲型流感可以早期试用抗病毒药物。

1. 一般治疗

患者必须进行呼吸道隔离一周或至主要症状消失,宜卧床休息,多饮水,给予易消化的流质或半流质饮食,保持鼻咽及口腔清洁,补充维生素 C、B_1 等。

2. 对症治疗

对发热、头痛者应予对症治疗;但不宜使用含有阿斯匹林的退热药,尤其是 16 岁以下患者。

3. 抗病毒治疗

金刚烷胺和金刚乙胺对甲型流感病毒有效,但对乙型、丙型流感无效,剂量为每日 200 mg,口服 5 d,老年人剂量减半。可在 1~2 d 内减轻发热,缓解全身症状及呼吸道症状。

4. 继发细菌感染的治疗

根据送检标本细菌培养和药敏试验结果,选择有效的抗菌药物。

(七) 预防

急性期患者应进行呼吸道隔离,以控制传染源。流行期间应避免到人群密集的公共场所。发生大流行时,应控制大型集会活动,以切断传播途径。由于人群普遍易感,所以,疫苗接种是预防流感的有效措施。疫苗分为减毒活疫苗及灭活疫苗两种。由于流感病毒易于变异,必须在全面掌握流感疫情的基础上,对可能流行的病毒株及时进行预测,然后针对可能流行的病毒株型别研制生产出相应的流感疫苗。当流感疫苗和传播中的病毒抗原性相似时,预防有效率可达 70%~90%。

二、肺结核

肺结核是由结核分枝杆菌引起的呼吸道传染病。是严重危害人类健康的主要传染病,是全球关注的公共卫生和社会问题,也是我国重点控制的主要疾病之一。

(一) 病原学

典型的结核分枝杆菌是细长稍弯曲两端圆形的杆菌。结核分枝杆菌对干燥、冷、酸、碱等抵抗力强。在干燥的环境中可存活数月或数年,在室内阴暗潮湿处能数月不死。低温条件下,如 -40 ℃ 仍能存活数年。

湿热 85 ℃ 5 min、95 ℃ 1 min 或煮沸 100 ℃ 5 min 可杀死结核分枝杆菌。常用杀菌剂中，70% 酒精最佳，一般在 2 min 内可杀死结核分枝杆菌。结核分枝杆菌对紫外线敏感，太阳光直射下痰中结核分枝杆菌经 2~7 h 可被杀死。

（二）流行病学

1. 传染源

主要是继发性肺结核患者。由于结核分枝杆菌主要是随着痰排出体外而播散，因而痰里查出结核分枝杆菌的患者才具有传染性，才是传染源。传染性的大小取决于痰内菌量的多少。

2. 传播途径

结核分枝杆菌主要通过咳嗽、喷嚏、大笑、大声谈话等方式把含有结核分枝杆菌的微滴排到空气中而传播。咳嗽是肺结核患者排出微滴的主要方式，又是常见症状，因此，飞沫传播是肺结核最重要的传播途径。经消化道和皮肤等其他途径传播现已罕见。

3. 易感性

影响人群对结核病易感性的因素可分为机体自然抵抗力和特异性抵抗力两大类。影响机体对结核分枝杆菌自然抵抗力的因素除遗传因素外，还包括生活贫困、居住拥挤、营养不良等社会因素。老年人、HIV 感染者、免疫抑制剂使用者、慢性疾病患者等免疫力低下，都是结核病的易感人群。特异性抵抗力来自自然或人工感染结核分枝杆菌，山区及农村居民结核分枝杆菌自然感染率低，移居到城市生活后也成为结核病的易感人群。

（三）临床表现

早期轻型肺结核病人无任何不适。随着病情加重，逐渐出现不同的症状；咳嗽咳痰是肺结核最常见的症状，咳嗽较轻，干咳或少量黏液痰。有空洞形成时，痰量增多，若合并细菌感染，痰可呈脓性。若合并支气管结核，表现为刺激性咳嗽。约 1/3~1/2 的病人有咯血史，可见鲜红色或暗紫色血混于痰内。结核累及胸膜时可表现胸痛。发热，多为午后低热（37.5 ℃~38 ℃），少数病人出现 39 ℃ 以上的高热。盗汗，夜间睡着后，两腋及胸前出汗，醒后发现出汗很多。食欲减退、疲乏无力。育龄女性患者可出现月经不调。

（四）诊断

该病诊断主要依据症状、临床表现和 X 线检查。

（五）治疗

1. 加强护理和支持疗法

结核病患者应注意休息，适当运动，保持充分睡眠。要保持乐观开朗的情绪。饮食要富有营养、易消化，注意补充较多的蛋白质。

2. 化学药物治疗

肺结核化学治疗的原则是早期、规律、全程、适量、联合。整个治疗方案分为强化和巩固两个阶段。

（1）早期。对所有检出和确诊患者均应给予化学治疗。早期化学治疗有利于迅速发挥早期杀菌作用，促使病变吸收和减少传染性。

（2）规律。严格遵照医嘱要求规律用药，不漏服，不停药，以避免耐药性的产生。

（3）全程。保证完成规定的治疗期是治愈率和减少复发率的重要措施。

（4）适量。严格遵照适当的药物剂量用药，药物剂量过低不能达到有效的血浓度，影响疗效和易产生耐药性，剂量过大易发生药物毒副反应。

（5）联合。联合用药是指同时采用多种抗结核药物治疗，可提高疗效，同时通过交叉杀菌作用减少或防止耐药性的产生。常用抗结核药物有异烟肼、利福平、乙胺丁醇、吡嗪酰胺和链霉素，采用全程督导化学管理，以保证患者不间断地规律用药。

（六）预防

1. 控制传染源

对排菌病人应进行隔离治疗，以减少对健康人群的威胁。定期普查，做到早发现、早治疗。

2. 切断传播途径

对病人的痰要经常化验，发现痰中有结核分枝杆菌，应加强管理，痰要烧毁。大力开展群众性结防工作，提倡湿式扫地，禁止随地吐痰。

3. 保护易感人群

主要是增强人体免疫力，降低对结核分枝杆菌的易感性。接种卡介苗，以产生对结核分枝杆菌的免疫力。

三、麻疹

麻疹是是由麻疹病毒引起的急性呼吸道传染病。麻疹潜伏期在 7~21 d 之间，以 10~14 d 为最常见。主要症状有发热、上呼吸道炎、眼结膜炎等。发热 2~6 d（多为 4 d）后出现皮疹，以皮肤出现红色斑丘疹和颊黏膜上有麻疹黏膜斑为其特征。

（一）病原学

麻疹病毒属于副黏病毒科麻疹病毒属，该属中各病毒有抗原交叉。麻疹病毒只有一个血清型，直径为 120~250 nm，球形，有包膜，包膜上有突起，含血凝素和血溶素。病毒对热不稳定，对紫外线敏感，脂溶剂、乙醚、氯仿可灭活病毒。

（二）流行病学

1. 传染源

人类为唯一自然宿主，麻疹病人是麻疹的唯一传染源。本病传染性极强，麻疹的传染性开始于卡他期，以出现口腔黏膜斑前后时间段传染性最强，出疹 5 天后即无传染性。

2. 传播途径

通过呼吸道和直接接触传播。

3. 易感者

未患过麻疹或免疫未成功的人均是易感者。

（三）临床表现

发热（38 ℃或更高），咳嗽或上呼吸道卡他症状，或结合膜炎，起病早期（一般于病程第 2~3 d）在口腔颊黏膜见到麻疹黏膜斑，皮肤红色斑丘疹由耳后开始向全身扩展，持续 3 d 以上呈典型经过，全身皮肤出现红色斑丘疹。

（四）治疗原则

主要是对症治疗，加强护理和防治并发症，一般治疗卧床休息，保持室内安静，通风，温度适宜。

（五）预防措施

病人的隔离与治疗：早发现、早报告、早诊断、早隔离、早治疗病人。发现疑似或诊断病例,应立即隔离,隔离期直至出疹后 5 d,并发肺炎者延长隔离期至出疹后 10 d。

四、病毒性肝炎

病毒性肝炎是由多种肝炎病毒引起的一组消化道传染病。主要通过粪—口、血液或体液传播。临床表现相似,以疲乏、食欲减退、肝肿大、肝功能异常为主要表现,部分病例出现黄疸,无症状感染常见。目前已明确的病原有五种,即甲型、乙型、丙型、丁型和戊型肝炎病毒。甲型和戊型主要引起急性肝炎或隐性感染,经消化道传播,可引起暴发流行;乙型、丙型、丁型可引起急性肝炎、慢性肝炎或隐性感染,主要经血液传播,无季节性,多为散发,部分患者可发展为肝硬化和肝细胞癌。这里主要介绍甲型和乙型肝炎。

(一) 病原学

(1) 甲型肝炎病毒(HAV)为核糖核酸(RNA)病毒。

HAV 抵抗力较强,能耐受 56 ℃ 30 min,室温 1 周,25 ℃时在干粪中能存活 30 d,在贝壳类动物、污水、淡水、海水、泥土中能存活数月。60 ℃时,10~12 h 部分灭活,100 ℃时 1 min 全部灭活,紫外线 1 h,氯 1mg/L 需 30 min,3% 甲醛 25 ℃,5 min 均可灭活。70% 酒精 25 ℃,3 min 可部分灭活。

(2) 乙型肝炎病毒(HBV)为脱氧核糖核酸(DNA)病毒。

HBV 抵抗力强,能耐受 60 ℃ 4 h 及一般浓度的消毒剂。煮沸 10 min,65 ℃ 10 h 或高压蒸汽灭菌法可以灭活。在血清中 30 ℃~32 ℃可保存 6 个月,-20 ℃可保存 15 年。

(二) 流行病学

1. 甲型肝炎

(1) 传染源。主要是急性期患者。起病前两周到血清丙氨酸转氨酶(ALT)高峰期后一周为粪便排毒期,此期传染性最强。亚临床感染者也是重要的传染源。

(2) 传播途径。HAV 通常由粪便排出体外,故粪—口途径是甲型肝炎的主要传播途径。污染的水源和食物可导致暴发流行。与患者密切接触也可引起传播,但多为散在发病。

（3）易感人群。新生儿从母体经胎盘获得了抗-HAV IgG，具有保护性，但在两年之内基本消失而成为易感者，以后随着年龄增长，在不同社会环境中，通过隐性或显性感染而获得主动免疫，通过主动免疫获得的抗-HAV可以保持终身不再感染HAV。

甲型肝炎的流行与居住条件、卫生习惯及教育程度有密切关系。社会经济条件和环境卫生较差的地区感染率高于社会经济条件和环境卫生较好的城市。

2. 乙型肝炎

（1）传染源。

急性、慢性患者，亚临床患者和病毒携带者均是本病的传染源，其中以慢性患者和病毒携带者最为重要，其传染性贯穿整个病程。

（2）传播途径。

① 血液传播：为最主要的传播途径，可通过输血及血制品、注射等途径传播。

② 母婴传播：是指HBV通过子宫或围生期由母亲传播给婴儿的传播方式，可发生在宫内传播，围生期传播和产后密切接触传播。

③ 密切接触传播：现以证实唾液、精液和阴道分泌物中都可检出HBV，因此在密切接触后，这些体液可透过黏膜而引起感染。

（3）易感人群。

抗-HBs阴性者。新生儿通常不具有来自母体的先天性抗-HBs，因此易感性极高。医务人员，特别是口腔科医生，化验室工作人员，透析中心的职工，血库和血浆制品的工作人员都容易感染，职业献血员的HBV感染率随着献血次数和时间而增高，可能与静脉穿刺和器械消毒不严有关。随着年龄的增长，通过隐性感染获得免疫的比例增加。感染后或疫苗接种后出现抗-HBs者有免疫力。

（三）临床表现

1. 潜伏期

甲型肝炎潜伏期平均为30 d（5~45 d），乙型肝炎潜伏期平均为70 d（30~180 d）。

2. 各型肝炎的临床表现

（1）急性肝炎。

① 急性黄疸型肝炎。甲型肝炎病毒和戊型肝炎病毒感染多见。乙型肝炎病毒，丙型肝炎病毒和丁型肝炎病毒感染也有发生。病程分为三期，总病程 1~4 个月。

a. 黄疸前期：主要症状有发热，疲乏，食欲下降，恶心，厌油，尿色加深，肝功能检查转氨酶水平升高。本期持续 5~7 d。

b. 黄疸期：皮肤巩膜黄染，肝脏肿大，伴有压痛，转氨酶升高及血清胆红素升高。本期持续 2~6 周。

c. 恢复期：症状消失，黄疸消退，肝脏回缩，肝功能恢复正常。本期大约持续 1~2 月。

② 急性无黄疸型肝炎。起病缓慢，病程中不出现黄疸，其余症状与急性黄疸的黄疸前期相似，可发生于 5 型病毒性肝炎中的任何一种，是一种轻型的肝炎。由于无黄疸而不易被发现，而发生率则高于黄疸型，成为更重要的传染源。

（2）慢性肝炎。

慢性肝炎常见于乙、丙、丁型肝炎。

① 轻度慢性肝炎。病情较轻，反复出现疲乏，纳差，厌油，肝区不适，肝肿大，压痛，也可有轻度脾肿大。肝功能指标仅 1 项、2 项轻度异常。病程迁延可达数年，只有少数转为中度慢性肝炎。

② 中度慢性肝炎。症状、体征、实验室检查居于轻度和重度之间。

③ 重度慢性肝炎。有明显或持续的肝炎症状，如乏力、纳差、腹胀、尿黄等，伴有肝病面容，肝掌，蜘蛛痣，进行性脾肿大，肝功能持续异常。除上述临床表现外，还具有早期肝硬化的肝活检病理改变与临床上代偿期肝硬化的表现。

（四）实验室检查

1. 肝功能检查

（1）血清酶测定。

① 丙氨酸转氨酶（ALT）旧称谷丙转氨酶（GPT）是目前临床上反映肝细胞功能的最常用指标。此酶在肝细胞浆内含量最为丰富，肝细胞损伤时释放到细胞外。急性肝炎时 ALT 明显升高，黄疸出现后 ALT 开始下降。慢性肝炎和肝硬化时 ALT 可持续或反复升高。重型肝炎患者可出现 ALT 快速下降，胆红素不断升高的"胆酶分离"现象，提示肝细胞大量坏死。

② 天冬氨酸转氨酶（AST）旧称谷草转氨酶（GOT）此酶存在于线粒体中，其意义与 ALT 相同，特异性较 ALT 低。

③ 胆碱脂酶（CHE）提示肝脏储备能力，肝功能有明显损害时，CHE 可下降。

（2）胆红素测定。

黄疸型肝炎时血清胆红素升高，重型肝炎患者血清总胆红素明显升高，常超过 171 umol/L，血清胆红素升高常与肝细胞坏死程度相关。

（3）血清蛋白测定。

在急性肝炎时，由于白蛋白半衰期较长，且肝脏有代偿功能，血清白蛋白可在正常范围内。慢性肝炎中度以上，肝硬化，重型肝炎时肝脏合成血清白蛋白的功能下降，导致血清白蛋白浓度下降，而且由于来自门静脉的各种抗原性物质通过滤过能力降低的肝脏进入体循环刺激免疫系统，后者产生大量免疫球蛋白而导致血清球蛋白浓度上升，从而白蛋白/球蛋白（A/G）比例下降甚至倒置。

（4）凝血酶原时间测定。

凝血酶原主要由肝脏合成，其高低与肝损害程度成正比。凝血酶原活动度 <40% 或凝血酶原时间比正常对照延长一倍以上时提示肝损害严重，凝血酶原活动度也是判断重型肝炎预后的敏感指标。

2. 肝炎病毒标志物检查

（1）甲型肝炎。

急性期患者发病第一周血清中抗 – HAV IgM 即可阳性，持续数周后效价降低，3~6 个月后转阴，是早期诊断 HAV 感染的血清学指标。血清中抗 – HAV IgG 在肝炎恢复期出现阳性，于 2~3 个月达高峰，持续多年或终生，是保护性抗体。因此，抗 – HAV IgM 阳性提示存在 HAV 现症感染，而抗 – HAV IgM 阴性，抗 – HAV IgG 阳性时则提示既往感染。

（2）乙型肝炎。

① HBsAg 与抗 – HBs HBsAg。在感染 HBV 两周后即可阳性，HBsAg 阳性表明存在现症 HBV 感染，抗 – HBs 为保护性抗体，阳性表示对 HBV 有免疫力，见于乙型肝炎恢复期、过去感染及乙肝疫苗接种后。抗 – HBs 阴性说明对 HBV 易感，需要注射疫苗。HBV 感染后可出现 HBsAg 和抗 – HBs 同时阴性，即"窗口期"，此时 HBsAg 已消失，抗 – HBs 仍未产生。

②HBeAg 与抗 – HBe。急性 HBV 感染时 HBeAg 的出现时间略晚于 HBsAg，HBeAg 持续阳性表明存在 HBV 活动性复制，提示传染性较大，容易转为慢性。抗 – HBe 持续阳性提示 HBV 复制处于低水平，HBV DNA 可能已经和宿主 DNA 整合，并长期潜伏下来。

③HBcAg 和抗 HBc。HBcAg 阳性表示 HBV 处于复制状态，有传染性。抗 – HBc IgM 在发病第一周即出现，高滴度提示 HBV 有活动性复制。抗 – HBc IgG 在血清中可长期存在，仅抗 – HBc IgG 阳性提示为过去感染或现在的低水平感染。

④HBV DNA。它是病毒复制和传染性的直接指标。HBV DNA 的量对于判断病毒复制程度、传染性大小、抗病毒药物疗效等有重大意义。

（五）诊断

根据流行病学资料，各种临床表现及实验室检查明确诊断。血清学抗原抗体检测有助于病原学分型。

（六）治疗

病毒性肝炎目前还缺乏理想的特效治疗，治疗原则是根据不同病原、不同临床类型及组织学损害区别对待。

1. 急性病毒性肝炎

急性甲型肝炎是自愈性疾病，预后良好，不转慢性，所以治疗主要是对症及支持治疗。卧床休息可减少体力消耗，减轻肝脏的生理负担，促进肝炎恢复，防止发生重型肝炎。饮食应以适合患者胃口的清淡饮食为宜，必要时可每日静脉滴注 10% 葡萄糖 500 ~ 1 000 mL。保肝护肝药物可选用利湿退黄的中草药或中成药为主，西药应用维生素及有益人体代谢药物，消化道症状严重者辅以对症治疗，应禁酒，禁用肝损害药物。

急性乙型肝炎，一般预后良好，可按甲型肝炎处理，但需与慢性乙型肝炎和乙型肝炎病毒携带者急性发作相鉴别，后者可考虑抗病毒治疗。

2. 轻度慢性肝炎

（1）一般治疗。

患者无须绝对卧床休息，宜动静结合。处于活动期的患者，应以静养为主。处于静止期的患者，可从事力所能及的轻工作。症状消失，肝功能正常 3 个月以上者，可恢复其原来的工作，但需随访 1 ~ 2 年。适当食用较多的蛋白质，避免过高热量饮食，以防肝脏脂肪变性，也不宜吃过多的糖，以免导致脂肪肝和糖尿病。

（2）对症治疗。

① 非特异性护肝药。维生素及促进解毒功能药物，如还原型谷光甘肽、肝泰乐、维丙胺等。促进能量代谢药 ATP 等。

② 降酶药。甘草甜素、联苯双酯、垂盆草等。部分患者停药后可有 ALT 反跳现象，故在显效后应注意逐渐减量至停药。

③ 退黄药。茵栀黄、腺苷蛋氨酸、门冬氨酸钾镁等。改善微循环的药物如丹参、低分子右旋糖苷等。

（3）抗病毒治疗。

α 干扰素、拉米呋啶等。

（七）预防

1. 加强传染源的管理

执行急性患者隔离期管理。对甲肝病人的粪便、乙肝患者分泌物、排泄物、血液污染物进行严格消毒处理。对无症状的乙肝病毒携带者应进一步检测各项传染性指标，阳性者禁止从事献血和托幼工作。

2. 切断传播途径

（1）甲型肝炎。

搞好环境卫生和个人卫生，加强粪便、水源管理，做好食品卫生、食具等消毒工作，养成良好个人卫生习惯，不用他人饮食、洗漱用具，不饮生水，不吃未洗干净的蔬菜、水果，食用贝类食物要煮熟，饭前便后要洗手，防止"病从口入"。

（2）乙型肝炎。

严格医疗器械消毒，做到一人一针一管注射，一人一用一消毒器具，提倡一次性使用医疗器械，加强血制品管理，加强托幼保育单位和其他服务行业的监督管理。

3. 易感人群的预防

（1）与急性起病的甲肝病人接触的易感人群，应用人血丙种球蛋白有一定的保护作用，注射时间应在接触后的 7 天内。乙型肝炎免疫球蛋白（HBIg）主要用于暴露于 HBV 的易感者的免疫保护，应及早注射，保护期约 3 个月。HBeAg 阳性孕妇在怀孕后三个月注射 HBIg，可能对母婴传播起预防作用。

(2) 甲肝疫苗、乙肝疫苗有一定的预防作用。

五、水痘和带状疱疹

水痘和带状疱疹是由水痘—带状疱疹病毒（VZV）感染引起的两种不同临床表现的疾病。VZV 初次感染表现为水痘，表现为分批出现的皮肤黏膜的斑疹、丘疹、疱疹及结痂，全身症状轻微。水痘痊愈后，VZV 病毒可潜伏在感觉神经节内，在中老年期易被激活引起带状疱疹，其特征是沿身体单侧感觉神经分布的相应皮肤节段出现成簇的斑疹和疱疹，常伴较严重的疼痛。

(一) 病原学

VZV 为 DNA 病毒，VZV 在体外抵抗力弱，不耐酸和热，室温下 60 min，PH 小于 6.2 或大于 7.8 条件下即可灭活，对乙醚敏感。但在疱疹液中 -60℃ 可长期存活。

(二) 流行病学

水痘呈散发性，冬、春季节可有小流行。

1. 传染源

病人是唯一的传染源。病毒存在于患者疱疹液、血液及鼻咽分泌物中，出疹前 48 h 至疱疹完全结痂均有传染性。水痘传染性极强，带状疱疹病人传染性相对较小。

2. 传播途径

水痘主要通过空气飞沫传播，直接接触水痘疱疹液或其污染的用具也可传播。处于潜伏期的供血者可通过输血传播，孕妇分娩前 6 d 患水痘可感染胎儿。

3. 易感人群

人类对 VZV 普遍易感。水痘主要发病在儿童，病后免疫力持久，一般不再发生水痘，但仍可发生带状疱疹。随着年龄增长，带状疱疹发病率也随之增长。

(三) 临床表现

水痘潜伏期多为 14~16 d。部分患者可先有发热、全身不适及上呼吸道症状，1~2 d 后出现皮疹。皮疹首先见于躯干和头部，为 3~5 mm 的斑疹，12~24 h，发展成水疱疹、脓疱疹。在水疱疹和脓疱疹阶段有明显的瘙痒，水疱呈椭圆形，周围有红晕。1~2 d 后中心干枯，红晕消失并结痂。皮疹在 1~6 d 内分批出现，同一部位可见斑丘疹、水疱、脓疱及结痂同时存在。皮疹呈向心性分布。

带状疱疹的皮损起初为成簇红色皮疹，数小时后发展成水疱，脓疱，周围有红晕，大小不等，分批出现，与水痘相同。沿神经支配的皮肤区域排列呈带状。出疹同时有神经痛和局部淋巴结肿大。

（四）诊断

水痘与带状疱疹依据临床表现尤其是皮疹形态及分布可作诊断。

（五）治疗

1. 一般治疗及对症治疗

水痘急性期应卧床休息，注意水分和营养补充，避免抓伤而继发细菌感染。皮肤瘙痒可用含 0.25% 冰片的炉甘石洗剂或 5% 碳酸氢钠溶液局部涂擦，疱疹破裂可涂甲紫或抗生素软膏防继发感染。VB_{12} 500~1 000 μg 肌内注射，每日一次，连用 3 天可促进皮疹干燥结痂。带状疱疹可适当应用镇静剂、止痛剂。

2. 抗病毒治疗

阿昔洛韦每次 200 mg，每日 5 次。口服或 10~12.5 mg/kg 静脉滴注，每 8 小时 1 次，疗程 7 d。泛昔洛韦 500 mg，每日 3 次口服，疗程 7 d。早期使用 α 干扰素 100 万 U，皮下注射，能较快抑制皮疹发展，加速病情恢复。

3. 防治并发症

皮肤继发感染时可加用抗菌药物。因脑炎出现脑水肿颅内高压者应脱水治疗。肾上腺皮质激素对水痘病程有不利影响，可导致病毒播散，一般不宜应用。

（六）预防

1. 管理传染源

一般水痘患者应隔离治疗至疱疹全部结痂或出疹后 7 天。带状疱疹患者不必隔离，但应避免与易感儿及孕妇接触。

2. 切断传播途径

重视通风换气，避免与急性期病人接触。消毒病人呼吸道分泌物和污染用品。托幼机构宜用紫外线消毒。

3. 保护易感者

被动免疫用水痘带状疱疹免疫球蛋白 5 mL 肌内注射，最好在 72 h 内使用。主动免疫是接种水痘减毒活疫苗。

六、细菌性痢疾

细菌性痢疾（简称菌痢），是由痢疾杆菌引起的肠道传染病。其主要临床表现为发热、腹痛、腹泻、里急后重、排脓血样大便。常年散发，夏秋多见。

（一）病原学

痢疾杆菌是革兰阴性的短杆菌。本菌可分为 4 群 39 个血清型，各群和各型之间多无交叉免疫。本菌对外界环境抵抗力较强，在水果、蔬菜上以及 10 ℃ 水中能生存 10 d，对 75% 酒精、2% 来苏、1% 漂白粉液、0.1% 新洁尔灭等均很敏感，易被杀死。

（二）流行病学

1. 传染源

传染源为病人及带菌者。其中包括不典型病人、慢性病人及各种带菌者，由于不易被发现，故意义重大。特别是如果这些病人从事饮食、保育或供水工作，则有可能引起食物型或水型暴发流行。

2. 传播途径

痢疾杆菌可通过生活接触、食物、水和苍蝇等途径传播。生活接触是非流行季节散发病例的主要传播途径。水和食物型则主要见于夏季，苍蝇体内外均可携带病菌，也是重要的传播媒介。

3. 易感性

人类普遍易感。病后仅有短暂和不稳定的免疫力，再加上不同群、型之间多无交叉免疫，故一个人可患多次菌痢。

（三）临床表现

潜伏期一般 1~2 d。临床表现的轻重缓急与菌型、菌量以及机体状况有关。

1. 普通型

起病急，常有发热、全身不适、腹痛、腹泻，大便初为稀便，1～2 d 内转为典型的脓血便，每次量很少，每日常达 10 次以上，常伴有里急后重。同时多有全腹压痛，以左下腹为重。

2. 轻型

轻型主要表现为腹泻，每日数次，稀便，可有黏液，常无脓血。

3. 中毒型

主要表现为严重的毒血症：起病急，突然高热、反复惊厥、嗜睡、昏迷、迅速发生循环衰竭或呼吸衰竭。

（四）实验室检查

1. 血象

急性期白细胞总数和中性粒细胞增加。

2. 粪便

外观和镜检。急性期典型粪便为少量、脓血黏液便，无粪质。显微镜下有大量脓细胞、红细胞与巨噬细胞。

3. 病原学检查

细菌培养阳性，结合临床可确诊。

（五）诊断

根据病史：夏秋季发病，发热、腹泻、腹痛、里急后重、典型脓血便，临床上基本可以诊断。如大便培养阳性则可确诊。

（六）治疗

1. 一般治疗

卧床休息。饮食以流质、半流质为主，忌多渣及难消化食物。高热、脱水或因呕吐不能饮食者可静脉补液。

2. 病原治疗

选用敏感抗生素。如庆大霉素，成人 16 万 U～24 万 U 每日，静点；喹诺酮类；如沙严隆，成人 0.3 g 每日，静点；左氧氟沙星，成人 0.4 g 每日，分 2 次静点。

（七）预防

应采取以切断传播途径为主的综合措施。

1. 管理传染源

病人应隔离至症状消失后一周或两次粪便培养阴性。接触者应观察7日。

2. 切断传播途径

搞好饮食卫生、个人卫生及环境卫生。不饮生水，不食不洁食物和瓜果蔬菜。要食前便后洗手。

3. 保护易感人群

痢疾活菌苗可产生肠道局部免疫，可有较好的预防效果。

第三节　几种新发传染病的防治

一、传染性非典型肺炎

传染性非典型肺炎（以下简称非典），国际上通常称严重急性呼吸综合征（Severe Acute Respiratory Syndrome，SARS），是由冠状病毒亚型变种引起的以发热和严重肺部感染为主要特征的新发急性传染病，主要以近距离空气飞沫和密切接触传播为主的呼吸道传染病，临床上以起病急、发热、头疼、肌肉酸痛、干咳少痰和乏力、腹泻为特征，严重者出现气促或呼吸窘迫。非典是我国《传染病信息报告管理规范》规定的按甲类传染病管理的4种乙类传染病之一。

（一）病原学

2003年4月16日，WHO正式宣布：SARS的病原体是一种新型冠状病毒，并命名为SARS冠状病毒。冠状病毒是一类球形、有包膜的正链RNA病毒，是一种新的从未在人类或动物中发现过的冠状病毒。

（二）流行病学

1. 传染源

传染源是患者和病毒携带者。病原体为一种新型冠状病毒，人和动物可能是它的储存宿主，存在季节性暴发流行的可能性。

2. 传播方式

（1）直接吸入含有病原体的空气飞沫和尘埃造成传播。

（2）通过手接触呼吸道分泌物所污染的物品、用具、玩具等，经口鼻传播。

（3）密切接触传播：指治疗、护理、探视病人，与病人共同生活，直接接触病人的呼吸道分泌物或体液。

3. 易感人群

人群普遍易感，各年龄组人群均可发病，但病人的密切接触者，如家庭成员、同一病房的病人、同一疗区的医护人员、护工和探视者等具有较高的危险性，男女之间无差异，在世界卫生组织公布的数字当中，全球20~60岁之间的青壮年非典比例高达70%~80%。

（三）临床表现

1. 潜伏期1~16 d，常见为3~5 d。起病急，以发热为首发症状，体温一般>38 ℃，偶有畏寒；可伴有头痛、关节酸痛、肌肉酸痛、乏力、腹泻；常无上呼吸道卡他症状；可有咳嗽，多为干咳、少痰，偶有血丝痰；可有胸闷，严重者出现呼吸加速、气促，或明显呼吸窘迫。肺部体征不明显，部分病人可闻少许湿罗音，或有肺实变体征。病情于10~14 d达到高峰。

注意：有少数病人不以发热为首发症状，尤其是有近期手术史或有基础疾病的病人。

（四）诊断

1. 诊断依据

（1）流行病学资料。

① 与发病者有密切接触史，或属受传染的群体发病者之一，或有明确传染他人的证据。

② 发病前2周内曾到过或居住于报告有非典并出现继发感染疫情的区域。

（2）症状与体征。

起病急，以发热为首发症状，体温一般>38℃，偶有畏寒；可伴有头痛、关节酸痛、肌肉酸痛、乏力、腹泻；常无上呼吸道卡他症状；可有咳嗽，多为干咳、少痰，偶有血丝痰；可有胸闷，严重者出现呼吸加速，气促，或明显呼吸窘迫。肺部体征不明显，部分病人可闻少许湿罗音，或有肺实变体征。

（3）实验室检查。

外周血白细胞计数一般不升高或降低；常有淋巴细胞计数减少。

（4）胸部 X 线检查。

肺部有不同程度的片状、斑片状浸润性阴影或呈网状改变，部分病人进展迅速，呈大片状阴影；常为多叶或双侧改变，阴影吸收消散较慢；肺部阴影与症状体征不一致。若检查结果阴性，1~2 d 后应予复查。

（5）抗菌药物治疗无明显效果。

2. 诊断标准

（1）疑似诊断病例：符合上述诊断依据（1）①+（2）+（3）条，或（1）②+（2）+（4）条，或（2）+（3）+（4）条。

（2）临床诊断病例：符合上述（1）①+（2）+（4）条及以上，或（1）②+（2）+（3）+（4）条，或（1）②+（2）+（3）+（4）+（5）条。

（3）医学观察病例：符合上述（1）②+（2）+（3）条。

（五）学校非典预防措施

1. 管理和宣传措施

（1）高度重视，成立非典防治工作领导小组，做好应急处理预案，保证各项措施到位，严把疫情传入关，做好校园封闭管理和隔离观察工作。

（2）严格执行疫情报告制度，按规定报告疫情，做到"三早"：早发现、早隔离、早报告，对缺勤的学生、员工要进行调查，如果医院确认是非典或疑似非典的，要及时上报当地疾病预防控制中心和主管教育行政部门。

（3）建立晨检制度。每天进行晨检，及时掌握全体人员健康状况，发现有发热、头痛、咳嗽者，要及时到校医院（所）或上级医院检查治疗。加强卫生管理，搞好环境卫生和个人卫生，做好个人防护，不搞大型集会和上大课。

（4）经医院诊断疑似或确诊非典，按规定进行隔离治疗。治愈出院后要留家休息 1 周，病情确无反复方可回校。对非典的密切接触者（同班、同室）要进行隔离观察 2 周，观察期间不能参加集体活动。隔离场所要选定在相对独立、通风良好的房间和区域。家庭成员中有非典的学生、教职员工，应在家隔离观察2周，不许到校，隔离观察期满后，经医院检查确认健康后方可回校。

（5）加强宣传教育，普及预防非典知识。可利用广播、墙报、校报、网络、健康教育课等多种形式进行预防非典知识教育。让学生、教职员工掌握有关知识和预防方法，正确对待非典，既不恐慌，也不掉以轻心。

2. 学校非典消毒措施

学校应首选自然通风，加强教室、实验室、图书馆、食堂和活动场所打开门窗通风换气的频率，保持室内空气清新，尽量不使用空调，必须使用空调的场所，要定期换气。做好消毒工作，对教室、实验室、图书馆、电教室、体育馆、办公室、教研室、会议室、食堂、学生公寓、医院等场所的进行消毒，要求操作规范，消毒前把房屋门窗关闭，保证封闭时间、消毒药品的浓度与日消次数，消毒后做好通风换气。

（1）应保证空调系统的供风安全，保证充足的新风输入，所有排风要直接排到室外，未使用空调时应关闭回风通道。

（2）对地面、墙壁、电梯等表面定期消毒。消毒时应按照先上后下、先左后右的方法，依次进行喷雾消毒。喷雾消毒可用 0.1%～0.2% 过氧乙酸溶液或有效溴为 500～1 000 mg/L 二溴海因溶液或有效氯为 500～1 000 mg/L 的含氯消毒剂溶液喷雾。用药量：泥土墙吸液量为 150 mg/m^2～300 mL/m^2，水泥墙、木板墙、石灰墙为 100 mL/m^2。地面消毒喷药量为 200～300 mL/m^2，由内向外进行喷雾消毒，作用时间应不少于 60 min。

（3）对经常使用或触摸的物品、食饮具定期消毒，对人体接触较多的桌椅、门把手、水龙头等可用 0.2%～0.5% 过氧乙酸溶液或有效氯为 1 000～2 000 mg/L 的含氯消毒剂进行喷洒或擦拭消毒作用 15～30 min。食饮具可用流通蒸汽消毒 20 min（温度为 100 ℃）；煮沸消毒 15～30 min；使用远红外线消毒碗柜，温度达到 125 ℃，维持 15 min，消毒后温度应降至 40 ℃ 以下方可使用。对不具备热力消毒的单位或不能使用热力消毒的食饮具可采用化学消毒法。如用有效氯含量为 250～500 mg/L 的含氯消毒液、有效溴为 250～500 mg/L 的二溴海因溶液、200 mg/L 二氧化氯的溶液浸泡、0.5% 过氧乙酸溶液浸泡 30 min。消毒后清水冲洗、控干保存备用。

（4）勤洗、勤晒衣服和被褥等，亦可用除菌消毒洗衣粉和洗涤剂清洗衣物。

（5）卫生间、厨房和居住的房间要经常打扫，卫生洁具可用有效氯含量为 500 mg/L 的含氯消毒剂浸泡、擦拭作用 30 min。

二、甲型 H1N1 流感

2009 年 4 月 30 日中华人民共和国卫生部公告（2009 年第 8 号）规定

① 将甲型 H1N1 流感（原称人感染猪流感）纳入《中华人民共和国传染病防治法》规定的乙类传染病，并采取甲类传染病的预防、控制措施。

② 将甲型 H1N1 流感（原称人感染猪流感）纳入《中华人民共和国国境卫生检疫法》规定的检疫传染病管理。

（一）病原学

甲型 H1N1 流感病毒属于正黏病毒科，甲型流感病毒属。典型病毒颗粒呈球状，直径为 80~120 nm，有囊膜。囊膜上有许多放射状排列的突起糖蛋白，分别是红细胞血凝素（HA）、神经氨酸酶（NA）和基质蛋白（M2），为单股负链 RNA 病毒，基因组约 13.6 kb，由大小不等的 8 个独立片段组成。

甲型流感病毒根据其表面（HA 和 NA）结构及其基因特性的不同又可分成许多亚型，至今甲型流感病毒已发现的血凝素有 16 个亚型（H1~H16），神经氨酸酶 9 个亚型（N1~N9），尽管不同亚型之间可以组成很多种流感病毒血清型，但是可造成甲型 H1N1 流感病毒的血清型主要有 H1N1、H1N2 和 H3N2。

病毒对乙醇、碘伏、碘酊敏感；对热敏感，56 ℃时，30 min 可灭活。对紫外线敏感。

（二）流行病学

1. 传染源

患者和病毒携带者。甲型 H1N1 流感病人为主要传染源。虽然猪体内已发现甲型 H1N1 流感病毒，但目前尚无证据表明动物为传染源。

2. 传播途径

它主要通过飞沫或气溶胶经呼吸道传播，在人与人之间传播，其传染途径与流感类似，通常是通过感染者咳嗽或打喷嚏等，也可通过口腔、鼻腔、眼睛等处黏膜直接或间接接触传播。接触患者的呼吸道分泌物、体液和被病毒污染的物品亦可能造成传播。

3. 易感人群

人群普遍易感。患者多数年龄在 25~45 岁，目前报道以青壮年为主，应注意老人和儿童。

(三) 临床表现和辅助检查

潜伏期一般为 1~7 d，多为 1~4 d。

1. 临床表现

表现为流感样症状，包括发热（腋温≥37.5 ℃）、流涕、鼻塞、咽痛、咳嗽、头痛、肌痛、乏力、呕吐和（或）腹泻。可发生肺炎等并发症。少数病例病情进展迅速，出现呼吸衰竭、多脏器功能不全或衰竭。患者原有的基础疾病亦可加重。

2. 实验室检查

（1）外周血象。

白细胞总数一般不高或降低。

（2）病原学检查。

① 病毒核酸检测：以 RT-PCR（最好采用 real-time RT-PCR）法检测呼吸道标本（咽拭子、口腔含漱液、鼻咽或气管抽取物、痰）中的甲型 H1N1 流感病毒核酸，结果可呈阳性。

② 病毒分离：呼吸道标本中可分离出甲型 H1N1 流感病毒。合并病毒性肺炎时肺组织中亦可分离出该病毒。

（3）血清学检查：动态检测血清甲型 H1N1 流感病毒特异性中和抗体水平呈 4 倍或 4 倍以上升高。

3. 其他辅助检查

可根据病情进行胸部影像学等检查。合并肺炎时肺内可见斑片状炎性浸润影。

(四) 诊断

本病的诊断主要结合流行病学史、临床表现和病原学检查，早发现、早诊断是防控与治疗的关键。

1. 疑似病例

符合下列情况之一即可诊断为疑似病例：

(1) 发病前 7 d 内与甲型 H1N1 流感疑似或确诊病例有密切接触（在无有效防护的条件下照顾患者，与患者共同居住、暴露于同一环境，或直接接触患者的气道分泌物或体液），出现流感样临床表现。

(2) 发病前 7 d 内曾到过甲型 H1N1 流感流行（出现病毒的持续人间传播和基于社区水平的流行和暴发）的国家或地区，出现流感样临床表现。

(3) 出现流感样临床表现，甲型流感病毒检测阳性，但进一步检测排除既往已存在的亚型。

2. 确诊病例

出现流感样临床表现，同时有以下一种或几种实验室检测结果：

(1) 甲型 H1N1 流感病毒核酸检测阳性（可采用 real-time RT-PCR 和 RT-PCR）。

(2) 分离到甲型 H1N1 流感病毒。

(3) 血清甲型 H1N1 流感病毒的特异性中和抗体水平呈 4 倍或 4 倍以上升高。

(五) 临床分类处理原则

1. 疑似病例

安排单间病室隔离观察，不可多人同室。同时行甲型 H1N1 流感病毒特异性检查。及早给予奥司他韦治疗。

2. 确诊病例

确诊病例由定点医院收治。收入甲型 H1N1 流感病房，可多人同室。给予奥司他韦治疗。

(六) 治疗

1. 一般治疗

休息、多饮水、密切观察病情变化；对高热病例可给予退热治疗。

2. 抗病毒治疗

应及早应用抗病毒药物。初步药敏试验提示，此甲型 H1N1 流感病毒对奥司他韦（达菲）和扎那米韦（乐感清）敏感，对金刚烷胺和金刚乙胺耐药。

3. 其他治疗

(1) 如出现低氧血症或呼吸衰竭的情况，应及时给予相应的治疗措施，包括吸氧、无创机械通气或有创机械通气等。

（2）出现其他脏器功能损害时，给予相应支持治疗。

（3）对病情严重者（如出现感染中毒性休克合并急性呼吸窘迫综合征），可考虑给予小剂量糖皮质激素治疗。不推荐使用大剂量糖皮质激素。

（4）合并细菌感染时，给予相应抗菌药物治疗。

（七）预防措施

学校预防甲型 H1N1 流感采取的措施是隔离、管理传染源、切断传播途经、保护易感人群。

1. 隔离、管理传染源

甲型 H1N1 流感病例密切接触者判定与管理。

（1）各地卫生行政部门负责组织实施密切接触者的医学观察工作。可根据实际情况，对密切接触者进行指定场所集中医学观察或居家医学观察。

（2）医学观察期间是指密切接触者与病例或污染物品等最后一次接触之日起顺延至第 7 天结束。

（3）在进行医学观察前，要向密切接触者说明医学观察的依据、期限及有关注意事项；告知负责医学观察的医疗卫生机构及相关人员的联系方式；做好科普知识宣传，包括甲型 H1N1 流感的临床特点、传播途径、预防方法等信息。

（4）居家医学观察的密切接触者及同居所的人员不得外出，集中观察的密切接触者应保障分室居住。

（5）医学观察期间应采取以下措施。

① 由当地卫生行政部门指定医疗卫生机构每日对密切接触者的健康状况进行访视（早晚两次测试体温），详细记录密切接触者的健康状况。对年老体弱者及婴幼儿还应注意了解有无其他病症。

② 集中医学观察场所应每日向当地卫生行政部门报告密切接触者医学观察情况。集中医学观察场所应配备必要的消毒设施、消毒剂和个人防护用品，认真做好本场所的清洁与消毒工作。

③ 实施医学观察的工作人员应做好基本的个人防护。

（6）医学观察期间，密切接触者如出现急性发热或呼吸道症状，应立即送定点医疗机构进行隔离治疗、采样和检测，并对与其有密切接触的全部人员进行医学观察。如密切接触者排除甲型H1N1流感，与其有密切接触的全部人员解除医学观察。

（7）医学观察期满，如密切接触者无异常情况，应及时解除医学观察，并由负责医学观察的医疗卫生机构出具书面健康证明。

2. 切断传播途径

（1）空气消毒。

① 保证空气的流通是控制和预防甲型H1N1流感学校感染的重要措施，可以采取的方法包括：开窗通风，加强空气流通，并根据气候条件适时调节；有条件的可安装通风设备，加强通风。

② 在甲型H1N1流感流行时，学校可采用循环风式空气消毒机进行空气消毒，不必常规采用喷洒消毒剂的方法对室内空气进行消毒。

（2）物体表面、地面的清洁和消毒。

当甲型H1N1流感流行时，学校校区内教室、寝室、食堂、图书馆等所有的物体表面、地面都应当进行清洁，若受到病原微生物污染时，应首先将该区域清洁后，再进行消毒。

① 清洁的一般要求包括：a. 进行湿式清洁，动作轻柔。b. 所有清洁后的物体表面、地面应当保持干燥。c. 湿擦各种物体表面，湿拖地面；抹布、拖把要分区使用，及时更换。d. 工作完毕后，应当及时清洁和消毒工作用具。

② 物品表面和地面的消毒按照常规的消毒方法，消毒剂可选用0.2%过氧乙酸溶液或有效氯为200~400 mg/L的含氯消毒剂溶液。

（3）终末消毒。

甲型H1N1流感患者居住的环境和使用的物品应当进行终末消毒。

① 空气消毒：无人条件可用紫外线对空气消毒，也可以用15%过氧乙酸7 mL/m^3（即纯过氧乙酸1 g/m^3）熏蒸进行消毒；消毒完毕充分通风后方可使用。

② 物体表面和地面：清洁后，使用250~500 mg/L的含氯消毒剂擦拭物体表面和拖地，作用15~30 min。

（4）学校、家庭等场所预防性消毒。

① 在甲型H1N1流感流行期间，无患者家庭，应注意家庭成员个人卫生和环境卫生。个人卫生应注意勤洗手、洗澡，勤换洗衣物，勤晾晒被

褥。每天开窗通风 2~3 次，每次不少于 30 min。家庭地面和桌、椅、床、柜、门把手等各种物体表面应做好卫生清洁。家庭成员回家后应及时洗手、更衣，有客来访后，对相关物品进行清洁处理，必要时进行消毒。

② 公共场所和学校应有洗手设施或者手消毒剂，相关人员应及时洗手，必要时使用免洗型手消毒剂进行手部消毒。

③ 无明确病例发生的公共场所和学校应以清洁为主，消毒对预防甲型 H1N1 流感的意义有限。公共场所应加强通风，保持好环境卫生，清洁消毒工作按已有法规即可，不需专门针对甲型 H1N1 流感开展消毒工作。

④ 在甲型 H1N1 流感流行地区，居民应尽量避免前往人多拥挤场所，公共场所和学校根据疾病流行情况和其他相关规定采取关闭或停课措施，没有关闭的公共场所和学校除加强通风、保持好环境卫生外，要对门把手、电梯扶手、收银台等人员经常接触的部位定期进行消毒。

⑤ 针对常见污染对象的清洁消毒方法包括开窗通风，保持室内空气流通，使用喷雾消毒剂消毒或使用消毒剂对地面、墙壁等进行表面擦拭。衣服、被褥等纺织品煮沸消毒 10 min，或用有效氯为 250 mg/L 的含氯消毒剂浸泡 15 min，或在阳光下暴晒半天以上等。

3. 保护易感人群

宣传告诫学生一要少扎堆，避免到人多的环境中、人群拥挤的场所，避免接触流感样症状（发热、咳嗽、流涕等）或肺炎等呼吸道病人；二要勤洗手，注意个人卫生，经常用肥皂洗手，特别是要用流水洗手，尤其在咳嗽或打喷嚏后；咳嗽或打喷嚏时用纸巾遮住口鼻，然后将纸巾丢进垃圾桶；三要常通风，保持所在环境经常通风；四要养成良好的个人卫生习惯，保障充足睡眠、足够营养、勤于锻炼。当甲型 H1N1 流感疫苗上市时，提倡接种疫苗。

三、人感染高致病性禽流感

禽流感是禽流行性感冒的简称，是由禽流感病毒（如 H5N1）引起的禽类传染性疾病，容易在禽类（尤其是鸡）之间引起流行，禽流感病毒可分为高致病性、低致病性和非致病性三大类。高致病性禽流感因其在禽类中传播快、危害大、病死率高，被世界动物卫生组织列为 A 类动物疫病，我国将其列为一类动物疫病。

(一) 病原学

禽流感病毒可分为高致病性、低致病性和非致病性三大类，其中高致病性禽流感是由 H5 和 H7 亚毒株（以 H5N1 和 H7N7 为代表）引起的疾病，高致病性禽流感 H5N1 是不断进化的，其寄生的动物（又叫宿主）范围会不断扩大，可感染虎、家猫等哺乳动物，正常家鸭携带并排出病毒的比例增加，尤其是在猪体内更常被检出。禽流感病毒对乙醚、氯仿、丙酮等有机溶剂均敏感，常用消毒剂容易将其灭活，如氧化剂、稀酸、十二烷基硫酸钠、卤素化合物（如漂白粉和碘剂）等都能迅速破坏其传染性，禽流感病毒对热比较敏感，65 ℃加热 30 min 或煮沸 2 min 以上可灭活，病毒在直射阳光下 40~48 h 即可灭活，如果用紫外线直接照射，可迅速破坏其传染性。

(二) 流行病学

1. 传染源

传染源主要为患禽流感或携带禽流感病毒的鸡、鸭、鹅等家禽，特别是鸡，但不排除其他禽类或猪成为传染源的可能。

2. 传播途径

禽流感病毒可通过消化道和呼吸道进入人体，并传染给人，人类直接接触受禽流感病毒感染的家禽及其粪便或直接接触禽流感病毒也可以被感染。通过飞沫及接触呼吸道分泌物也是传播途径。如果直接接触带有相当数量病毒的物品，如家禽的粪便、羽毛、呼吸道分泌物、血液等，也可经过眼结膜和破损皮肤引起感染，人员和车辆往来是传播本病的重要因素。

3. 易感人群

易感人群一般认为任何年龄均具有易感性，但 13 岁以下儿童发病率较高，病情较重。从事家禽养殖业者，在发病前 1 周内到过家禽饲养、销售及宰杀等场所者，以及与不明原因病死家禽或感染、疑似感染禽流感家禽密切接触人员为高危人群。

(三) 临床表现

人类患上人感染高致病性禽流感后，起病很急，早期症状与流行性感冒相似，主要表现为发热，体温大多在 39 ℃以上，持续 1~7 d，一般为 3~4 d，可伴有流涕、鼻塞、咳嗽、咽痛、头痛、肌肉痛、全身不适，部分患者可有恶心、腹痛、腹泻、稀水样便等消化道症状。除了上述表现之外，人感染高致病性禽流感重症患者还可出现肺炎、呼吸窘迫等症状，多种器官衰竭，甚至可导致死亡。

（四）治疗方法

H5N1禽流感病毒引起的流感病情，比一般流感严重，病者可能需要留院治疗。某些抗病毒药物对病情可能有效，但这些药物有不良副作用，必须听从医生指示，小心使用。

（五）预防措施

（1）健康的生活方式对预防该病非常重要。预防人禽流感的最好方法是增强身体抵抗力，应加强体育锻炼，均衡饮食，保持充足的睡眠和适当休息，避免过度劳累，适量运动，不吸烟，勤洗手，注意个人卫生，打喷嚏或咳嗽时掩住口鼻，养成良好的个人卫生习惯。

（2）保持室内清洁，并加强室内空气流通。应每天开窗换气两次，每次至少10 min，或使用抽气扇保持空气流通；尽量少去人烟稠密和空气不流通的场所；使用可清洗的地垫，避免使用难以清理的地毯，保持地面、天花板、家具及墙壁清洁，确保排水道通畅。

（3）注意饮食卫生。吃禽肉、蛋类时，要保证其彻底煮熟，加工、保存食物时要注意生、熟分开；养成良好的卫生习惯，搞好厨房卫生，不生食禽肉和内脏，解剖活（死）家禽、家畜及其制品后要彻底洗手。

（4）若有发热及呼吸道症状或发烧，应戴上口罩，尽快就诊，并切记告诉医生发病前有无外游或与禽类接触史。要照顾有呼吸道感染或发烧病者，要前往医疗场所的人士，也应戴上口罩。一旦患病，应在医生指导下治疗和用药，多休息、多饮水，注意个人卫生。注意生活用具消毒处理。禽流感病毒不耐热，100 ℃下1 min即可灭活。对干燥、紫外线照射、汞、氯等常用消毒药都很敏感。

（5）当地发生了人禽流感，学校应采取什么预防措施？学校需要教育学生，普及人禽流感防治知识，防止学生接触禽鸟，如有饲养禽鸟，应把禽鸟与学生分开，防止学生接触到禽鸟和禽鸟粪便，教育学生不要喂饲野鸽和其他雀鸟，接触禽鸟或禽鸟粪便后，要立刻彻底清洗双手。当地发生疫情时，应尽量避免与禽类接触；公众，特别是学生应避免密切接触家禽和野禽。

思考题:
1. 传染病的概念及基本特征是什么?
2. 传染病流行过程的三个基本环节是什么?
3. 传染病的经常性预防措施是什么?
4. 怎么预防流感、结核、肝炎、水痘?
5. 怎么预防甲型H1N1流感?
6. 怎么预防传染性非典型肺炎?

第八章 常见疾病的防治及合理用药

疾病是相对健康而言,两者是生命活动现象的对立统一。人类对疾病的认识过程,也随着社会的发展,科学技术的进步而不断地深化。

第一节 疾病的诊断依据

绪论中我们提到了诊断一个疾病要结合三个方面的内容,那就是症状、体征、辅助检查。

一、症状

症状是患病时病人主观感觉到的异常或不适感觉。是躯体器质性病变或功能紊乱的信号,也是促使病人就医的警钟和诊断疾病的重要线索。因此,大学生了解疾病的常见症状,对疾病的早期发现,及时就医和治疗,具有重要意义。常见症状如下:

(一) 发热

当机体在致热源作用下或体温中枢的功能障碍时,使产热过程增加,而散热不能相应地随之增加或减少,体温升高超过正常范围,称为发热。

1. 正常体温

在临床上,多选用口腔温、腋窝温、直肠温为测量部位。

(1) 直肠温接近深部血温,正常值在 36.9 ℃ ~ 37.9 ℃,平均值为 37.5 ℃。

(2) 口腔温比直肠温低 0.3 ℃。正常值在 36.6 ℃ ~ 37.6 ℃,平均值为 37.2 ℃。

(3) 腋窝温比口腔温低 0.4 ℃，36.0 ℃ ~ 37.4 ℃，平均值为 36.7 ℃。

值得提出的是，人体正常体温并不是指某一具体温度，而是一个温度范围。如对大多数正常人来说，腋窝温的范围是 36.0 ℃ ~ 37.4 ℃。36.7 ℃ 只是一个平均值。

2. 体温的生理变动范围

(1) 昼夜变化。一昼夜之中，体温在清晨 2 ~ 6 时最低，从 7 ~ 9 时急剧上升，以后则缓慢上升，到 13 ~ 18 时达最高值，继而下降，到 23 ~ 24 时达到稳定值。最高值与最低值之差通常在 1℃ 之内。体温的这种昼夜周期性变化的原因与生物钟控制有关。

(2) 年龄。新生儿体温稍高于成年人。这是因为新生儿中枢神经系统发育尚未完善，体表面积相对地大，皮肤汗腺发育又不完全，从而体温调节功能较差。尤其是新生儿，皮下脂肪薄，肌肉不发达，体温更易波动。老年人的体温比成年人低一些。

(3) 性别。女性体温略高于同年龄的男性。女性体温随着月经周期而有变动。月经前体温较高，月经来潮的同时体温下降 0.2 ℃ ~ 0.3 ℃，到排卵时体温暂时更低一些，与孕激素的影响有关。

(4) 体力活动与运动。在剧烈肌肉活动时，体温可暂时升高 1 ℃ ~ 2 ℃，肌肉活动停止后可逐渐恢复。其他如精神紧张、环境温度的变化、进食等情况均能对体温产生影响。

(5) 环境温度。环境温度增高和降低时，体温也随其增高或降低。

3. 发热的分度

按照热度的高低，将发热分为 4 种情况：

(1) 低热体温在 37.4 ℃ ~ 38 ℃。

(2) 中度发热：体温 38.1 ℃ ~ 39 ℃。

(3) 高热：体温 39.1 ℃ ~ 41 ℃。

(4) 超高热：体温 41 ℃ 以上。

(二) 腹痛

多数由腹腔脏器疾病引起，少数由腹腔外疾病和全身疾病引起的腹部的急性和慢性疼痛。

1. 急性腹痛

起病急，变化快，病情重。常见于以下疾病：急性胃肠炎、急性阑尾炎、消化性溃疡急性穿孔、结石病、肠套叠、肠梗阻等。

2. 慢性腹痛

起病急，变化快，病情重，常见于以下疾病：慢性肠炎、慢性阑尾炎、消化性溃疡、慢性胃炎、慢性肝炎、慢性胰腺炎、慢性盆腔炎。

（三）腹泻

排便次数增多，每日多于三次，粪质稀含有异常成分或带有黏液脓血者。

1. 急性腹泻

骤然发病病程在两个月以内。常见于急性肠炎、细菌性痢疾、消化不良、食物中毒等。

2. 慢性腹泻

起病慢，病程超过两个月，多见于慢性肠炎，吸收不良、肠道肿瘤、神经功能紊乱、全身性疾病如甲亢等。

（四）咳嗽

咳嗽是人的保护性反射，通过咳嗽能有效清除呼吸道异物和分泌物。长期、频繁、剧烈咳嗽影响工作和休息则是疾病的信号。咳嗽常见的原因：呼吸道异物、呼吸道感染、呼吸道受压、呼吸道肿瘤。

（五）胸疼

胸壁、胸腔、胸内脏器官或邻近组织的病变，刺激胸部或其相关的感觉神经引起胸部疼痛。胸痛常见的原因：胸膜炎、气胸、外伤、带状疱疹、心包炎、食管炎、肋间神经痛、胸部肿瘤、冠心病等。

二、体征

医生通过视、触、听、叩，发现就医者异常的身体表现。有时我们自己也能观察到。就医时应尽量配合医生检查。以便发现疾病的病因。

三、辅助检查

辅助检查是医生通过询问症状，进行体征的检查，还不能确定疾病的名称或者确定疾病后选择合适的医疗方案。还要利用仪器进行检查，以协助疾病的诊治。

（一）生化检查

采集我们的血液、尿液、体液，通过仪器进行检查，包括血尿常规、血糖、血脂、肝肾功能、脑脊液生化等项的检查。

(二) 影象或是图象检查

X线透视或摄片，超声。计算机体层摄影。磁共振，心电图等间接的影象或图象。

医生对疾病的诊断是通过症状、体征、辅助检查三个方面进行综合评定的出的结论，因而我们就医时应做好如下准备工作：

（1）事先列下自己症状的清单，以及以前得病的资料。如果有家庭患病资料，一并带上。

（2）就医后辅助检查资料。

（3）要诚实。对于一些难以启齿的病情，可以事先写在纸上，见面时递给医生。

（4）如果对检查和治疗有自己的看法，尽管告诉医生。

第二节 常见疾病的防治

一、内科疾病

(一) 上呼吸道感染

上呼吸道感染指鼻腔，咽或喉部炎症的总称，常见病因为病毒和细菌。

1. 病毒性上呼吸道感染

（1）症状：多发生于夏末秋初，咽部不适或是咽痛、流涕、鼻塞、咳嗽、打喷嚏、肢体酸痛、乏力。头痛可有发热。

（2）体征：发热者体温高于37 ℃。咽部充血，鼻腔不通畅。

（3）辅助检查：血常规中白细胞可正常或略低，白细胞中的淋巴细胞可升高。

（4）治疗：抗病毒药物如病毒灵、病毒唑、板兰根、大青叶等。对症治疗如口服感冒胶囊，发热超过38 ℃者在抗病毒药物应用的同时适当应用退热剂，病情较重者及时就医。

2. 细菌性呼吸道感染

（1）症状：四季均可发病，发热、畏寒、咽痛、乏力、肢体酸痛。

（2）体征：体温37.5 ℃，咽部充血、扁桃体红肿、颈部淋巴结肿大。

（3）辅助检查：血常规白细胞升高，白细胞中的中性粒细胞升高。

（4）治疗：应用抗生素如青霉素或红霉素等。体温超过38 ℃应用退热药，如扑热息痛，并尽早就医。

3. 预防

（1）加强体育锻炼。增加室外活动以提高机体抵抗力。

（2）防止受凉及过度疲劳。

（3）宿舍、教室定期通风，保持空气清新。

（4）与病人减少接触，公共场合病人尽量戴口罩。病人所处的宿舍应用食醋喷洒或熏蒸进行空气消毒。

（二）肺炎

肺炎由细菌、病毒、真菌、寄生虫、支原体、衣原体和放射线、化学、过敏因素等引起的肺实质的炎症。可彻底治愈，不遗留后遗症。最常见的是由肺炎球菌感染所致的肺炎。

1. 症状

起病急，发冷、寒战、发热、咳嗽、咳痰、胸痛。

2. 体征

多为中度以上发热。体温38 ℃，呼吸次数大于20次/分，听、诊肺部有湿罗音。

3. 辅助检查

血常规白细胞升高，X线检查有实变影。

4. 治疗

需住院系统应用抗生素如青霉素，过敏应用红霉素。

5. 预防

① 增强体质、预防感染。

② 避免淋雨、受寒以及过度疲劳。

③ 禁烟、防止醉酒。

（三）慢性胃炎

胃黏膜的慢性炎症病发，难以彻底治愈，无特殊治疗方法。

1. 症状

不典型，可有消化不良表现如上腹饱胀不适，嗳气，餐后无规律上腹疼痛等。

2. 体征

上腹部深压痛。

3. 辅助检查

纤维胃窥镜检查可见胃黏膜炎症表现。

4. 预防

（1）注意饮食卫生；避免刺激性食物或药物；饮食有节。

（2）胃也是一个情绪器官，所以应保持精神愉快，避免受凉及过度疲劳。

（3）戒酒。

（4）积极治疗口咽部感染。

（四）消化性溃疡

消化性溃疡发生在胃和十二直肠的慢性溃疡，溃疡是指黏膜缺损超过肌层，它的形成与胃酸。胃蛋白的消化作用有关。

1. 症状

上腹规律性疼痛，周期性发作。胃溃疡多为餐后痛。十二直肠溃疡多为饥饿痛。

2. 体征

腹部发作时剑突下有固定后痛点。

3. 辅助检查

上消化道X射线钡餐透视和纤维胃窥镜检查可发现胃和十二指肠的溃疡创面。

4. 治疗

应用降低对黏膜侵袭的药物如甲氰咪胍，奥美啦唑；增加黏膜防御力的药物，如次碳酸铋，此外注意规律饮食，少食多餐。增加饮食营养。生活有规律。保证心态乐观。

5. 预防

（1）保持乐观情绪。放宽心胸，规律生活。避免过度紧张，劳逸结合。

（2）饮食细嚼慢咽，有规律定时进食，不过饱食。少食多餐。

（3）避免应用刺激胃黏膜的药物，避免饮用浓茶和咖啡。

（4）戒烟酒。

（五）高血压

以血质升高为主要临床表现的综合征，可伴有心、脑、肾及眼底异发症，高血压的病因不明称为原发症高血压。血压升高是某些疾病的一种临床表现，也即有明确病因，称为继发性高血压，通常高血压是指原发性高血压，原则上讲，高血压是一种综合征不是一个单纯疾病。

1. 高血压诊断标准

1999年世界卫生组织和国际高血压学会制定标准见表8-1。

表8-1 世界卫生组织和国际高血压学会制定标准

类　别	收缩压/mmHg①	舒张压/mmHg
理想血压	<120	<80
正常血压	<130	<85
正常高值	130～139	85～89
高血压类别		
1级轻度	140～159 或140～149	90～99 或90～95
2级中度	160～179	100～109
3级重度	≥80	≥110
单纯性收缩期高血压	≥140	≤90
亚组临界收缩期高血压	140～149	<90

血压≥140/90 mmHg即高血压。

2. 治疗

体检发现高血压应尽早就医，按医生指导进行个体化治疗。

3. 预防

（1）控制体重在正常范围。对于学生而言，正常饮食以保证大脑有充足的营养进行学习，通过适量运动来控制体重。

（2）限制盐摄入量，每日控制在6 g以下。

（3）戒烟限酒，避免过度紧张及兴奋。

（4）减少脂肪摄入，补充钙和新鲜蔬菜、水果、奶制品是极好的蛋白

---

① 1 mmHg = 133.322 Pa。

质及钙的补充食物。

（六）病毒性心肌炎

1. 症状

先有发热，全身倦怠感等"感冒"样症状，之后出现胸闷，心悸，心前区不适感。

2. 体征

发热，多为低热，体温 >37.5 ℃，心动过速与发热不平稳（正常情况下，体温每升高 1 ℃，心率增加 10 次/分）。

3. 辅助检查

（1）生化检查心肌酶升高，心肌病毒抗体阳性，血沉增快，血常规白细胞异常。

（2）心电图：各种心律失常及心肌缺血表现。

4. 治疗

需住院系统治疗，应用抗病毒、营养心肌药物。

5. 预防

增强体质，预防病毒感等。

（七）缺铁性贫血

体内用来合成血红蛋白的贮存铁缺乏，使血红素合成量减少而形成的一种小细胞低色素性贫血。

1. 症状

疲乏无力、心悸、气短、头晕眼花、咽下梗阻感、异嗜癖、易发口角炎及舌炎等。

2. 体征

毛发无光泽、易断、面色苍白、指（趾）甲扁平。

3. 辅助检查

（1）血常规：血红蛋白 <120 g/L（男性），110 g/L（女性），红细胞体积小。

（2）骨髓检查：红细胞系增长活跃，晚功红细胞核发生畸型。

（3）血清铁蛋白 <14 mg/L。

4. 治疗

（1）病因治疗：治疗因过多或其他慢性失血性疾病；多食入含铁性

食物。

(2) 铁剂治疗：硫酸亚铁、维生素 C。

5. 预防

(1) 对食物搭配不良者，多食铁强化食品。

(2) 及时治疗慢性疾病。

(八) 神经衰弱

神经衰弱是一组以心脏功能衰弱，精神活动能力下降，乏力和各种不适感为特征的疾病。

1. 症状

头晕、乏力、易激怒、头疼、失眠或多眠、注意力不集中、厌食、排便异常、月经紊乱、遗精等症状超过三个月。

2. 体征

血压、心率正常。

3. 辅助检查

均正常。

4. 治疗

(1) 心理治疗，消除紧张情绪。

(2) 合理安排学习、生活及体育锻炼时间，调节生活节奏，注意睡前不能兴奋。

(3) 适当药物治疗：如调节神经药及镇静剂。

二、外科及皮肤科疾病

(一) 急性阑尾炎

阑尾腔阻塞和细菌侵入阑尾壁造成的急性炎症性疾病。

1. 症状

转移性右下腹痛。

2. 体征

右下腹阑尾处固定压痛点。

3. 辅助检查

血常规白细胞明显升高。

4. 治疗

立即就医，积极应用抗生素，必要时手术治疗。

5. 预防

饮食有节，饭后不做剧烈运动。

（二）尿路结石

各种原因形成的结石发生在肾、输尿管、膀胱、尿道引起的疾病。

1. 症状

病变部位难以忍受疼痛，血尿及排尿异常。

2. 体征

面色苍白，腹部无明显病痛。

3. 辅助检查

尿常规中可见大量红细胞，B 型超声和 X 线腹平等可以发现结石部位。

4. 治疗

（1）立即就医。

（2）解疼药和抗生素。

（3）手术或体外碎石。

（4）多饮水。

5. 预防

（1）多饮水。

（2）避免进食易形成结石的食物。

（三）痔

痔静脉回流受阻而扩大曲张所致。

1. 症状

便后带血或肛门处异物脱出。

2. 体征

可见肛管脉回流受阻曲张形成肿物。

3. 治疗

（1）尽早就医，热水坐浴。

（2）外用药物治疗。

（3）可选择手术治疗。

4. 预防

（1）保持大便通畅，养成定时大便习惯，保持肛门周围清洁。

（2）避免久坐，可主动做提肛活动。

（3）多食蔬菜等纤维的饮食，避免进食辛辣食物。

（四）癣

真菌感染皮肤引起的皮肤癣疾，称体癣，多发生于足部，也称足癣。

1. 症状

病变处皮肤瘙痒。

2. 体征

病变处皮肤出现水疱、糜烂、鳞屑角化。

3. 治疗

局部及全身应用抗真菌药物。

4. 预防

保持皮肤清洁干燥，避免与癣病患者用过的毛巾等物品接触。

（五）痤疮

青春期性激素分泌增多，排泄不畅而积聚，毛囊内粉刺棒状杆菌侵袭和皮破毛囊壁，引发毛囊周围炎，俗称"粉刺"或"痤疮"。

1. 治疗

（1）严重者应用激素治疗，适当应用抗生素。

（2）局部消毒，保持皮肤清洁。

2. 预防

（1）局部皮肤卫生干燥，少用油性化妆品。

（2）少吃脂类及辛辣刺激食物。

三、五官科疾病

（一）近视

眼球前后径过长，较远的物体光线成像焦点落在视网膜前，物像模糊不清；而近处物体光线可在视网膜上成像，看的清楚，所以叫近视眼。

1. 症状

远距离视力减退。

2. 体征

双眼视力<0.8，辅助检查：眼底正常。

3. 治疗

（1）佩带合适的眼镜。

（2）手术针灸等矫正。

4. 预防

（1）教室和采光与照明应达到桌面平均照度不低于150 Lux，黑板面平均照度不低于200 Lux的卫生标准。看书或写字的光线应从左侧或右侧射来。

（2）书本的纸张要洁白无反光，印刷的字体不宜过小，字迹要清晰。

（3）防止用眼过度，避免长时间阅读较小文字的书籍或精细近距离工作。养成良好的用眼习惯，做到"二要二不要"。二要是：坐姿端正，读书写字要离开桌面30 cm左右；连续读书写字1 h，要休息片刻，两眼远眺。二不要是：过弱过强光线下不看书写字；卧床、走路、乘车不看书。

（4）坚持做眼保健操，通过自我按摩眼睛周围的穴位，疏通经络，促进眼球的血液循环，解除眼睛的疲劳，起到保护视力，预防近视的作用。

（5）看电视最好的位置在电视正前方，距电视画面距离最好为屏幕尺寸的5~7倍，电视机高度应与眼睛在同一水平线上。

（6）发现视力下降及时就医。

（二）慢性咽炎

1. 症状

咽部不适，多于晨起咳嗽。

2. 体征

咽后壁出血，散在淋巴滤泡。

3. 治疗

局部消炎。

4. 预防

及时治疗上呼吸道感染。

（三）咽部异物

硬质物品如鱼刺，笔帽等不慎误吞停留于咽部，需立即就医，不能不行处理。

(四) 急性扁桃体炎

1. 症状

发热,咽痛,吞咽困难。

2. 体征

体温 >37.5 ℃,扁桃体充血肿大脓苔。

3. 辅助检查

血常规白细胞升高。

4. 治疗

(1) 尽早就医。

(2) 抗生素治疗。

(3) 多饮水等。

5. 预防

(1) 加强锻炼,增强体质。

(2) 反复发作的扁桃体炎,考虑是否摘除扁桃体。

四、口腔科疾病

智齿冠周炎,智齿多于17~22岁萌出,受阻后牙龈肿胀,糜烂形成智齿冠周炎。

1. 症状

牙龈肿胀疼痛,影响咀嚼。

2. 体征

牙龈红肿。

3. 辅助检查

血常规白细胞升高,牙齿 X 线摄片有智齿萌出障碍。

4. 治疗

(1) 抗生素治疗。

(2) 萌出受阻的智齿应拔除。

5. 预防

保持口腔清洁,不残留食物。

第三节 就医注意事项和药物的基本知识

一、就医注意事项

（一）对医生叙述病情的注意事项

在医生没开口询问病情前，不要急于陈述，因为医生要先看病史或做些诊断前的准备工作，待医生问话再有条不紊实事求是的叙述病情，注意以下几点：

（1）先叙述你感到最不舒适的地方，误：我胃疼。正：我腹部这个地方疼。谨慎的医生，必须根据症状和体征辅助检查，才能做出自己的诊断，但缺乏经验的医生只会听信病人讲的，这可能会酿成大错。

（2）将以前生过大病的情况如实讲给医生，最好是携带相关资料。

（3）将你知道的家人患有同类疾病的情况告诉医生。

（二）应与医生讨论的五件事

（1）即使涉及个人隐私也要与医生如实述说，因为很多疾病单凭体征和辅助检查是不能被发现的。

（2）即使担心得不治之症，也要与医生全面探讨病情：包括疾病的严重程度、用药时间、注意事项，做到与医生谈话后心中有数。

（3）提供给医生家庭成员患病情况，以便使医生及时为你检查，早发现疾病。

（4）将你的用药或进食补品情况告诉医生，避免重复用药或产生治疗矛盾。

（5）对于药物的副作用不要过分担心，向医生咨询清楚用药的利与弊。

二、药物的基本知识

药物是指用于预防、诊断、治疗疾病和计划生育的一类物质，包括中药和西药。中药是指在中医药理论指导下应用的药物，包括各种草药、丸药和散剂等。西药是指"人工合成药"或从"天然药物"中提取得到的化合物，包括抗生素、抗肿瘤药、解热镇痛药、麻醉药、强心药、镇咳祛痰药、利尿药、避孕药、维生素、解毒药、疫苗等。

如果诊断用药不当，非但不能治病，反而会致病，甚至危及生命，因此掌握药物基本知识非常重要。

（一）药物的作用

药物对人体的作用有两方面，用药后能达到预防疾病的效果，称药物治疗作用；用药后给病人带来不利反应，称不良反应。

1. 药物的治疗作用有以下三方面

（1）调节机体生理功能。

（2）抑制或杀灭病原微生物。

（3）补充机体所必需的物质。

2. 药物的不良反应有以下几种

（1）副作用：与治疗作用无关却同时出现的作用。

（2）毒性反应：药物剂量过大或连续用药时间过长而引起的机体严重功能紊乱，造成组织的病理改变，甚至死亡。

（3）过敏反应：药物对特异性体质的人产生的不良反应。

（4）继发反应：在药物产生治疗作用之后引起的不良反应。

（二）影响药物治疗作用的因素

1. 精神状态

病人对疾病思想负担过重，虽然进行同样的治疗，但效果较无思想负担者差。

2. 性别

在生理功能上、妇女有月经、妊娠、哺乳等特殊时期，此时药物反应会与平时不同。

3. 年龄

儿童不是成人的缩影，儿童对药物的反应快、代谢快，在用药选择和药量上与成人是不同的；成年人代谢缓慢，而且各脏器功能欠佳，用药应慎重。

4. 个体差异

每个人对药物的反应是不同的，有些人对一些药物过敏，有些人常常治疗，但不起作用，所以用药后应观察疗效，体重不同的人用药量也应适当调节。

5. 病理状态

机体状态不同，对药物的反应亦不同。例如阿司匹林可使发热病人的体温下降，但对正常人却没有降温作用。

（三）药物的作用方式

1. 从作用范围来划分

（1）局部作用：药物吸收入血之前在用药局部出现的作用，称为局部作用，如局麻药。

（2）全身作用：药物通过口服，吸入注射等途径吸收入血后分布到全身和机体的组织器官从而发挥作用，称全身作用。

2. 从作用形式划分

（1）直接作用：药物作用于组织或器官，使该组织或器官发生功能变化，称为直接作用。

（2）间接作用：直接作用以外组织或器官在用药后出现功能变化，称为间接作用。

（四）药物的体内过程

1. 吸收

吸收是指药物从给药部位进入血液循环的过程。影响药物吸收的因素很多，如药物的理化性质、给药途径、合并用药等。各种给药途径的吸收速度，一般顺序如下，皮肤 < 口服 < 黏膜 < 直肠给药 < 皮下注射 < 肌肉注射 < 吸入给药 < 静脉注射。

2. 分布

药物被吸收后，经血液循环到达各组织器官的过程，称为药物的分布。由于组织器官和药物的特性不同，药物在组织内分布的量和速度并不一致。例如，苯巴比妥主要分布在神经系统，有利于对神经系统发挥抑制作用，出现镇静催眠作用；磺胺嘧啶能较容易地通过血脑屏障，为治疗流脑的首选药物；磷酸氯喹在肝脏分布较多，有利于治疗阿米巴肝脓肿。

3. 代谢

药物在体内发生的化学变化称代谢或生物转化。代谢的主要场所在肝脏，代谢方式有氧化、还原、水解和结合四种类型。肝功能不良以及新生儿肝脏机能发育不全，药物代谢功能将大大减少，一定注意减量或减少给药次数，以免血药浓度过高或持续时间长而引起毒性反应。

4. 排泄

药物排泄，即药物的原形或其他代谢产物通过排泄器官排出体外的过程。排泄器官有肾脏、肺、胆囊、唾液腺、乳腺、汗腺等，其中肾脏是主要排泄器官。肾功能不全时，药物排泄量明显减少，易引起蓄积性中毒。

（五）药物不良反应

1. 副作用

副作用是指药物在服用时，机体出现的与治疗目的无关的不适作用。一般较轻微，且多数是可以恢复的机体功能。

2. 毒性反应

毒性反应是指药物剂量过大或蓄积过多时机体发生的危害性反应，一般比较严重，但可以预知，也是可以避免的。

3. 过敏反应

机体受抗原或半抗原物质刺激后引起的组织损伤或生理功能紊乱，是一种不正常的免疫反应，如皮疹、哮喘等，最严重的可发生过敏性休克，但药物只对具有特异性体质的人才会引起反应。

4. 后遗反应

后遗反应是指停药后机体血药浓度降至阈浓度以下时残存的药理反应。例如，服用长效巴比妥类催眠药后，次晨仍有"宿醉"现象。

（六）药物的应用

药物对人体有两方面的作用，即有双重性。既有治疗作用又存在不良反应。据世界卫生组织统计，全世界有三分之一的患者死亡与用药不当有关，这一事实告诉我们必须高度重视药物的合理应用。

1. 合理用药的原则

充分发挥药物的治疗效果，避免或减少可能发生的不良反应。

（1）明确诊断，决定是否用药，严格掌握药物治疗适应症。

（2）根据药理学特点，选择疗效高，不良反应低的药品，并选择合适的用法。

（3）用药个体化、科学化。

（4）标本兼治，急则治标，缓则治本，标本兼治。

2. 滥用抗生素的危害

（1）引起过敏反应。

（2）加重不良反应。

（3）产生耐药性。

（4）造成二重感染。

（5）不必要的浪费。

3. 药物的合理应用注意事项

（1）诊断明确后，需要选择合适的药物及适当的用药。

（2）注意药物的有效期。

（3）注意药物的用药时间：包括何时用药，用药间隔时间等。

（4）处方药物需在医生指导下应用；服用非处方药物时，应详细阅读说明书，了解用药期间的注意事项。

（七）准确识别和正确贮存药品

1. 识别药品注意事项

看清药品包装上的批准文号，可网上查询真伪。

（1）国家统一的批准文号格式：国药准字+1位字母+8位数字。

（2）试生产药品批准文号格式：国药试字+1位字母+8位数字。

（3）化学药品使用字母"H"，中药使用字母"Z"，保健药品使用字母"B"，生物制品使用字母"S"，体外化学诊断试剂使用字母"T"，药用辅料使用字母"F"，进口分包装药品使用字母"J"。

2. 看清药物生产日期和使用期限

药品的包装上有商标、批准文号、名称、以及有效期或失效期。批号是按生产日期编排的，以数字表示，前两位数字为年份，中间为月份，后两位是批号。药品的有效期计算是从药品的生产日期（以生产批号为准）算起，药品标签应到有效期的终止日期。在此期间的药物均可应用，但过期药品不得在使用。

3. 药品的正确贮存

大多数药品需密闭、避光、防潮保存；一些生物制剂需低温。定期清理个人药柜，将过期、失效、药名不清药品处理掉，避免造成不必要的伤害。

思考题：

1. 人体测温部位及正常体温数值是什么？
2. 上呼吸道感染、肺炎、贫血、结石、近视该如何预防？
3. 对医生叙述病情应注意什么？
4. 药物不良反应有哪些？
5. 应用药物应注意什么？

第九章 大学生急症的自救与互救

在日常生活中,常有一些意外发生,大学生应掌握一般急症的急救处理,如溺水、电击伤等的急救、止血、包扎、固定技术和人工呼吸、胸外心肚按压等抢救技术。这样才能在发生意外的情况下,不会因等待医务人员而耽误了抢救时机,造成不应发生的伤残或死亡。

现场急救(或称院前急救)是指医护人员未到之前,对由于疾病、意外创伤及灾害等引起的伤害,进行就地应急处理和护理,为转运病人创造有利条件,减轻病人的痛苦,防止伤势、病情进一步恶化。在进行现场救护时,抢救人员要发扬救死扶伤的人道主义精神,要在迅速通知医疗急救单位前来抢救的同时,沉着、灵活、迅速地开展现场救护工作,遇到大批伤员时,要组织群众进行自救互救。在急救中要坚持先抢后救、先重后轻、先急后缓的原则,对大出血、神志不清、呼吸异常或呼吸停止、脉搏弱或心跳停止的危重伤病员,要先救命后治伤。对多处受伤的病员一般要先维持呼吸道通畅、止住大出血、处理休克和内脏损伤,然后处理骨折,最后处理伤口。

第一节 自救与互救概述

抢救生命的第一步是观察生命基本特征项目:意识、体温、呼吸、脉搏和血压,从而快速、准确地判断出患者的危重程度以及人体是否死亡。

无论是过去、现在还是将来,把人类所有的疾病都算在一起,最紧急、最危险的疾病只有一个:猝死。猝死就是患者猝然而死。引起猝死的直接原因是心脏骤停。其表现主要有:

（1）突然意识丧失：是指病人在清醒的情况下从事正常活动时突然失去知觉，全身松弛，就地摔倒，对外部各种刺激（如呼喊、拍打等）均无任何反应，这是心脏骤停的首发症状。

（2）大动脉搏动消失。在我们的体表，能够在四个地方摸到跳动的大动脉，即在脖子上左右各有一条颈动脉，在左右大腿根部各有一条股动脉。如果把手放在大动脉的位置上而摸不到大动脉搏动，就说明患者的心脏已经停止跳动。

（3）呼吸停止。此时我们看不到正常人在呼吸的胸部、腹部有规律的起伏。

（4）口唇、面部及全身皮肤青紫。

（5）短暂的四肢抽动。

（6）大小便失禁。

（7）瞳孔散大。

（8）心音消失，血压测不到。

特别需要注意的是，判断有无心脏骤停，主要依据就是患者有无第一两条，只要这两条同时存在，就已能完全证实患者发生心脏骤停，此时应立即对患者进行抢救，不必再做其他检查，以免浪费宝贵时间。

一、生命体征的观察

抢救生命的第一步是观察生命基本特征项目：意识、体温、呼吸、脉搏和血压，从而快速、准确地判断出患者的危重程度以及人体是否死亡。

（一）意识状态

意识是大脑功能活动的综合表现，即对环境的知觉状态。正常人意识清晰，反应敏锐精确，思维活动正常、语言清晰、准确、表达能力机敏，凡能影响大脑功能活动的疾病皆会引起不同程度的意识改变，这种状态称为意识障碍。如兴奋不安、思维紊乱、语言表达能力减退或失常、情感活动异常、无意识活动增加等。检查意识状态的方法通常用问诊。

根据意识障碍程度简要分为嗜睡、意识模糊、昏睡、昏迷以及谵妄。

（二）体温

一般来说，用口表量出的体温比腋表量出的要高 $0.5\ ℃$ 左右，而用肛表量出的体温则比腋表高 $0.8\ ℃$ 左右。而何谓发烧呢？一般定义是，以舌下温度37.5 ℃、腋下37 ℃、肛温37.8 ℃作分界。肛表一般是给婴幼儿使用，成年人使用腋表或口表。测量体温时，首先把体温表用力甩几下，把它放在眼前平视观看，如看不清里面的水银柱，可稍微用手转动体温表，即可看见里面灰白色水银柱，当甩到35 ℃以下时，方可使用。把有水银的一头放在口中或紧夹在腋下（腋下如有汗要先擦干），停3~5 min后，取出来看。对于大多数人而言，腋下体温一般都在36.5 ℃~37 ℃。但是由于每个人的基础体温都存在个体差异，这一界定也不是十分严格。比如有的人基础体温就可能达到37.2 ℃，如果这天他用腋表量出的体温达到37.5 ℃，那根本不能算高烧。另外，人在不同的季节，或一天中不同的时间测量体温则有可能有小的差别，比如夏季人的体温就比冬天要略高一点；在一天当中，凌晨的时候人的体温最低，到午后会经历一个生理型的体温波动，一天的体温波动范围在±1 ℃之内都是正常的。测量体温的最好时机在每天早晨起床前和晚上睡觉前。

（三）呼吸

一吸一呼为一次呼吸。成人在安静时每分钟16~20次，呼吸率与脉率之比约为1∶4。呼吸可随年龄、运动、情绪等因素的影响而发生频率和深浅度的改变。年龄越小，呼吸越快；老年人稍慢；劳动和情绪激动时呼吸增快；休息和睡眠时较慢。此外，呼吸的频率和深浅度还可受意识控制。

成人每分钟超过24次，称呼吸增快或气促，见于高热、缺氧等病人。因血液中二氧化碳积聚，血氧不足，可刺激呼吸中枢，使呼吸加快。发热时体温每升高1℃，呼吸每分钟增加约4次。成人每分钟少于10次，称呼吸减慢。见于颅内疾病、安眠药中毒等。这是由于呼吸中枢受抑制所致。

（四）脉搏

脉搏就是指浅表动脉的搏动。正常人的脉搏和心跳是一致的。脉搏的频率受年龄和性别的影响，婴儿每分钟120~140次，幼儿每分钟90~100次，学龄期儿童每分钟80~90次，成年人每分钟60~100次。另外，运动和情绪激动时可使脉搏增快，而休息，睡眠则使脉搏减慢。成人脉率每分钟超过100次，称为心动过速，每分钟低于60次，称为心动过缓。临床上有许多疾病，特别是心脏病可使脉搏发生变化。因此，测量脉搏对病人来讲是一个不可缺少的检查项目。

(五) 血压

血压是指血液在血管内流动时，对血管壁产生的单位面积侧压。血压的单位为 kPa，1 kPa = 7.5 mmHg。

血管分为动脉、静脉和毛细血管，而血压也就有动脉血压、静脉血压和毛细血管血压之分。我们通常所说的血压，都是指动脉血压而言。

心室收缩将血液射入动脉。通过血液对动脉管壁产生侧压力，使管壁扩张，并形成动脉血压。心室舒张不射血时，扩张的动脉管壁发生弹性回缩，从而继续推动血液前进，并使动脉内保持一定血压。因此心室收缩时，动脉血压升高，它所达到的最高值称为收缩压；心室舒张时，动脉血压下降，它所达到的最低值称为舒张压。收缩压与舒张压之差称脉压。动脉血压在上臂部测量，正常成人动脉收缩压为 12~18.7 kPa（90~140 mmHg），舒张压为 8~12 kPa（60~90 mmHg），脉压为 4~6.7 kPa（30~50 mmHg）。正常人在运动和情绪激动时血压会有一定程度的升高。一般来讲，收缩压高低主要与心输出量多少有关，运动时心输出量增加，收缩压升高。舒张压则主要与血流阻力，特别与小动脉口径有关。如果小动脉收缩，口径缩小，血疏阻力就加大，则舒张压升高。脉压主要与人动脉弹性有关，老年人动脉硬化，对血压波动的缓冲作用减弱，因此收缩压与舒张压的差距增加，即脉压增大。

1. 血压测量法

血压计有水银柱式和弹簧式两种

（1）水银柱式血压计测量法。

① 病人取坐或卧位，暴露一臂，袖口不能太紧，伸直肘部，手掌向上。

② 放平血压计，驱尽袖带内空气，平整地缠于上臂中部，松紧以能放入一指为宜，下缘距肘窝 2~3 cm。

③ 戴好听诊器，将听诊器头紧贴肘窝内侧肱动脉处。另一手关闭气门上螺旋帽，握住输气球向袖带内打气至肱动脉搏动音消失再升高 20~30 mm 汞柱，然后慢慢放开气门。当听到听诊器中第一声搏动，此时汞柱所指的刻度即为收缩压，当搏动声突然变弱或消失，此时汞柱所指的刻度即为舒张压。

④ 测量完毕，排尽袖带内余气，拧紧气门上螺旋帽，解开袖带，整理妥善，放入盒内，防止压碎玻璃。

⑤ 记录采用分数式，即收缩压/舒张压毫米汞柱，目前已改用 1 kPa = 7.5 mm 汞柱。

2. 注意事项

在测量血压时，血压计"0"点应和肱动脉、心脏处于同一水平。如肢体过高，测出的血压常偏低，反之则高。其次，对偏瘫病人应取其健侧手臂。对须观察血压者，应尽量做到四定，即定时间、定部位、定体位（姿势）、定血压计。此外，还要经常检查血压计，以确保准确性。

二、现代救护特点

（一）立足于现场抢救

在医院外的环境下，救护员应对伤病员实施有效的初步紧急救护措施以挽救生命。要求救护员要通过实地感受、观察、听、闻等方法对异常情况做出判断。

（二）预防交叉感染

救护员在实施救护的全过程中，应尽量采用个人防护用品以阻止病原菌进入身体。如医用手套、呼吸膜或呼吸面罩等。

（三）稳定伤病员情绪

救护员要在检查处理伤情的同时应给予伤病员心理支持，减轻其思想负担和过度惊恐导致的各种强烈的情绪反应。

三、现场救护的基本任务及"生命链"

（一）现场救护的基本任务

1. 检伤分类

分出轻重缓急，对伤病员进行分级处理。

2. 救命为主

保持气道通畅，氧的供应。保证循环，减少伤残。

3. 迅速安全转运伤病员

（二）现场救护的"生命链"

"生命链"是指从救护员发现伤病员开始，到专业救护人员到达现场进行救护的一系列行为。

有五个环节序列：

（1）立即识别伤病员的最初症状，其主要内容有：

患者病情轻重，目前有没有生命危险？能否自行去医院？需要不需要立即采取急救措施？采取何种措施？迅速作出判断是自救的第一步。正确判断的依据是患者的主要发病表现和对患者所做的检查。同时拨打急救电话120。全国统一，只要拨通120，就能得到当地医务人员的救助。此外，各地的院外急救机构也有自己的医疗急救电话。

电话报告内容：

① 报告人姓名与电话号码，伤病员姓名、性别、年龄、联系电话。

② 伤病员所在的确切地点。

③ 伤病员目前最危险的情况。

④ 现场所采取的救护措施。

⑤ 在征得急救中心同意后在挂断电话。

（2）尽早进行心肺复苏。

（3）快速除颤。

（4）有效的高级生命支持。

（5）综合的心脏骤停后治疗。

第二节　心肺复苏

日常生活中意外发生后，大都需要现场急救处理，使病人暂时脱离危险，再急速送往医院继续进行抢救处理。

一、心肺复苏适应症

心肺复苏适用于由多种原因引起的呼吸、心跳骤停的伤病员。如急性心肌梗塞、严重创伤、电击伤、挤压伤、踩踏伤、中毒等。

二、心肺复苏操作程序

（一）判断意识

意识是大脑功能活动的综合表现，即对环境的知觉状态。凡能影响大脑功能活动的疾病皆会引起不同程度的意识改变，这种状态称为意识障碍。可分为嗜睡、意识模糊、昏迷、谵妄。

（二）高声呼救

求得多人协助。

（三）将伤病员翻成仰卧姿势，放在硬的平面上

（1）将伤病员双侧上臂向上伸直。

（2）保护颈部翻身。

（3）心肺复苏位。

（4）救护员双腿跪于伤病员右侧。

（四）判断有无心跳

主要触摸颈动脉搏动。

（五）胸外心脏按压

1. 按压部位

胸部正中，男性为乳头连线水平（胸骨下 1/2）。救护员一手中指沿伤病员一侧肋弓向上滑行至两侧肋弓交界处，食指与中指并拢，另一手掌根紧靠食指放好。

2. 按压方法

救护员双手掌根重叠，十指相扣。掌心翘起，手指离开胸壁，上半身前倾，双臂伸直，垂直向下用力，有节奏的按压30次。按压与放松时间相等，深度至少为5 cm，频率至少100次/分。

（六）打开气道

1. 托颈法

操作者一手手心向下，放在患者前额上并向下加压，另一手手心向上，在患者颈下，将其颈部上抬。此种方法禁用于头、颈部有外伤的病人。

2. 提颏法

操作者一手置于患者前额并向下加压使其头部后仰，另一手的食指和中指置于患者下巴的凹陷中将下颏向前、上抬起。使下颌角与耳垂连线垂直于地面。

3. 拉颌法

操作者位于患者头部前方，将双手放在患者两侧下颌处，用双手中

指、食指及无名指将患者下颌前拉，同时用双手拇指推开患者口唇。此种方法常用于疑有颈部损伤的病人。

4. 垫肩法

有时现场急救人员较少，无法抽出专人实施开放呼吸道时，可采用此法。将枕头或同类物品置于患者双肩下，重力作用使患者头部自然后仰，（头部与躯干的交角应小于120°），拉直下坠的舌咽部肌肉，使呼吸道通畅。

（七）口对口人工呼吸

（1）适用于呼吸道无阻塞的病人。

（2）具体方法：

① 病人仰卧，并使其头部后仰，以解除舌下坠所致的呼吸道梗阻。

② 将病人下颌托起，使病人口张开用纱布或薄手帕盖在病人口部。

③ 另一手捏住病人鼻孔，急救者深吸气后，紧贴病人的口，用力将空气吹入（1秒钟），当看到病人的前胸壁扩张则停止吹气，并迅速移开紧贴的口，胸廓自行弹回而呼出空气。

④ 重复上述动作，每分钟10～12次。

（3）注意事项：

① 若病人牙关紧闭不能撬开，或口腔有严重损伤，或病人嘴过大，则可改用口对鼻人工呼吸法。用一手闭住病人的口，以口对鼻吹气。

② 防止吹气时用力过猛，特别是对小儿吹气，如加压过高有造成肺泡破裂、胃胀气和影响循环的危险。

③ 吹气时间宜短，约占一次呼吸的1/3的时间。

④ 吹气时如果有助手让他轻压环状软骨，使食管受压，减少空气进入胃内。

单人心肺复苏时胸外按压与口对口人工呼吸之比为30∶2。

三、心肺复苏有效指征及复原位

（一）心肺复苏有效指征

（1）面色、口唇由苍白、青紫变红润。

（2）回复自主呼吸和脉搏搏动。

（3）眼球活动、手足抽动、呻吟。

（二）复原位

心肺复苏成功或无意识但有呼吸、心跳的伤病员将其翻转成复原（侧卧）位。

第三节　体外心脏除颤及气道梗塞急救

一、体外心脏除颤

适用于心室纤颤的伤病员，本节主要介绍在没有除颤器情况下的现场救护（胸外叩击法）。

（一）定位

同胸外心脏按压部位。

（二）操作方法

（1）救护员一手的中指置于伤病员近侧肋弓下缘，沿肋弓内向上滑行至两侧肋弓交界处，食指与中指并拢。

（2）另一手掌根贴于第一只手的食指平放，使掌根部的横轴与胸骨的长轴重合。

（3）定位手紧握拳头，距另一手背 30~40 cm 高度，垂直较为有力地向下叩击一次。

（4）立即进行 5 个周期的 CPR，然后检查心跳是否恢复。

二、气道梗塞急救

（一）气道不完全梗塞的急救

1. 立位腹部冲击法

（1）选位于脐上二横指。

（2）救护员握空心拳，拳眼置于伤病员脐上二横指处，另一手紧握此拳，快速有力、有节奏地向内上冲击 5~6 次，反复操作至异物排出。

2. 立位胸部冲击法

适用于肥胖及妊娠后期者，冲击部位在胸骨中部。

3. 自救方法

自已一手握空心拳置于脐上二横指处，另一手紧握此拳，快速有力、有节奏地向内上冲击5~6次，反复操作至异物排出。也可将自己脐上二横指处压在椅背、桌边等硬物处，连续向内上冲击5~6次，异物排出。

（二）气道完全梗塞的急救

1. 仰卧胸部冲击法

适用于意识不清、昏迷肥胖及妊娠后期的窒息病人，不适用于同时需要作心脏按摩者或胸部有外伤者。

具体方法：

（1）病人仰卧，腰背部垫枕使胸部抬高，上肢放在身体两侧，头转向一侧。

（2）急救者跪跨在病人大腿两侧，面向病人头部，先进行口对口吹气两次，如果无效立即冲击胸骨中部至异物排出。

2. 仰卧腹部冲击法

适用于意识不清、窒息昏迷的病人。

具体方法：

（1）病人仰卧面部转向一侧。

（2）先进行口对口吹气两次，如果无效，急救者跪跨在病人大腿两侧，一手掌平放在病人脐上二横指处，另一掌根与之重叠，两手合力，向内向上冲击5~6次，反复操作至异物排出。

第四节 创伤救护

创伤是各种致伤因素造成的人体组织损伤和功能障碍。创伤救护包括止血、包扎、固定、搬运四项基本技术。其原则是：先抢后救，先重后轻，先急后缓，先近后远；先止血后包扎，先固定后搬运。

一、止血方法

（一）加压包扎止血法

用消毒纱布或干净的毛巾、布块折叠成比伤口稍大的垫盖住伤口，再用绷带或折成条状布带或三角巾紧紧包扎，其松紧度以能达到止血目的为宜。此种止血方法，多用于静脉出血和毛细血管出血。但有骨折、可疑骨折或关节脱位时，不宜使用此法。

（二）指压止血法

根据动脉的走向，在出血伤口的近心端，用手指压住动脉处，达到临时止血的目的。指压止血法适用于头部、颈部、四肢的动脉出血。

（三）止血带止血法

止血带止血法是快速有效的止血方法，但它只适用于不能用加压止血的四肢大动脉出血。方法是用橡皮管或布条缠绕伤口上方肌肉多的部位，其松紧度以摸不到远端动脉的搏动，伤口刚好止血为宜。上止血带的伤员，必须在明显的部位标明上止血带的部位和时间，时间一般以 1 h 为宜，每隔 0.5~1 h 松一次，每次 5 min，放松期间可改用指压法临时止血。上止血带最长时间不得超 4 h。

二、伤口包扎法

（一）包扎的目的和注意事项

包扎的目的在于保护伤口、减少感染、固定敷料和药品、固定伤骨，加压包扎还有压迫止血的作用。包扎要求动作轻、快、准、牢，包扎前要弄清包扎的目的，以便选择适当的包扎方法，并先对伤口做好初步的处理。包扎的松紧要适度，过紧影响血液循环，过松会移动脱落，包扎材料打结的位置要避开伤口和坐卧位受压的位置。为骨折制动的包扎应露出伤肢末端，以便观察肢体血液循环的情况。

（二）包扎的材料

（1）三角巾：用一块边长 1 m 的正方形棉布，沿其对角线剪开即为两条三角巾。将三角巾的顶角折向底边的中央，再根据包扎的实际需要折叠成一定宽度的条带。

（2）绷带：我国标准绷带长 6 m，宽度分 3、4、5、6、8、10 cm 6 种规格，供包扎实际需要选用。绷带的一头卷起为单头带，从两头卷起则为双头带。其长度可视包扎部位的需要而定。现场救护没有上述常规包扎材料时，可用身边的衣服、手绢、毛巾等方便材料进行包扎。

（三）包扎的方法

1. 头部帽式包扎法

将三角巾的底边向内折叠约两指宽，平放在前额眉上，顶角向后拉盖头顶，将两底边沿两耳上方往后平拉至枕部下方，左右交叉压住顶角绕至前额打结固定。

2. 头、耳部风帽式包扎法

将三角巾顶角打一个结，置于前额中央，头部套入风帽内，向下拉紧两底角，再将底边向外反扎2~3指宽的边，左右交叉包绕兜住下颌，绕至枕后打结固定。

3. 三角巾眼部包扎法

包扎单眼时，将三角巾折叠成四指宽的带状，斜置于伤侧眼部，从伤侧耳下绕至枕后，经健侧耳上拉至前额与另一端交叉反折绕头一周，于健侧耳上端打结固定。包扎双眼时，将带状三角巾的中央置于枕部，两底角分别经耳下拉向眼部，在鼻梁处左右交叉各包一只眼，成"8"字形经两耳上方在枕部交叉后绕至下颌处打结固定。

4. 三角巾胸部包扎法

将三角巾的顶角置于伤侧肩上，两底边在胸前横拉至背部打结，固定后再与顶角打结固定。

5. 三角巾下腹部包扎法

将三角巾顶角朝下，底边横放腹部，两底角在腰后打结固定，顶角内两腿间拉至腰后与底角打结固定。

6. 燕尾巾肩部包扎法

单肩包扎时，将三角巾折成约80°的燕尾巾，夹角朝上，向后的一角压住向前的角，放于伤侧肩部，燕尾底边绕上臂在腋前方打结固定，将燕尾两角分别经胸、背部拉到对侧腋下打结固定。包扎双肩时，则将三角巾折叠成两尾角等大的双燕尾巾，夹角朝上，对准颈后正中，左右双燕尾由前向后分别包绕肩部到腋下，在腋后打结固定。

7. 三角巾手、足部包扎法

包扎膝、肘部时，将三角巾扎叠成比伤口稍宽的带状，斜放于伤口处，两端压住上下两边绕肢体一周，在肢体内侧或伤口内侧打结固定。包扎手、足时，将三角巾底边横放在腕（踝）部，手掌（足底）向下放在三角巾中央，将顶角反折盖住手（足）背，两底角交叉压住顶角绕肢体一圈，反折顶角后打结固定。

8. 三角巾臀部包扎法

将三角巾顶角朝下放在伤侧腰部，一底角包绕大腿根部与顶角打结，另一底角提起围腰与底边打结固定。

9. 绷带手腕、胸、腹部环形包扎法

包扎手腕、胸、腹部等粗细大致相等的部位时，可将绷带作环形重叠缠绕。

10. 绷带四肢螺旋包扎法

包扎四肢时，将绷带作一定间隔的向上或向下螺旋状环绕肢体，每旋绕一圈将上一圈绷带覆盖1/3或2/3。此法常用于固定四肢夹板和敷料。

11. 绷带螺旋反折包扎法

包扎粗细差别较大的前臂、小腿时，为防止绷带滑脱，多用包扎较牢固的螺旋反折法，此法与螺旋包扎法基本相同，只是每圈必须反扎绷带一次，反扎时用左手拇指按住反扎处，右手将绷带反折向下拉紧绕缠肢体，但绷带反扎处要注意避开伤口和骨突起处。

三、临时固定

用于骨折或骨关节损伤，以减轻疼痛，避免骨折片损伤血管、神经等，并能帮助防治休克，更便于病人的转送。在学习固定方法之前要先了解骨折的症状和急救要点，才能正确地使用固定方法。

（一）骨折的分类

人体骨骼因外伤发生完全或不完全的断裂时叫骨折。由于致伤外力的不同，可造成不同类型的骨折，骨折断端与外界直接相通的叫开放性骨折，未与外界相通的叫闭合性骨折。根据骨折的程度不同，又可分为完全性骨折，不完全性骨折。依骨折线的走向不同，可分为横行骨折、斜行骨折、粉碎性骨折、压缩性骨折等。还可按骨骼的名称分为股骨骨折、尺骨骨折、桡骨骨折等。不同类型的骨折其治疗处理的方法也不尽相同。

（二）骨折的主要症状

（1）疼痛：骨折部位疼痛，活动时疼痛加剧，局部有明显的压痛，可用骨摩擦音。

（2）肿胀：由于骨折端小血管的损伤和软组织损伤水肿，故骨折部位可出现肿胀。

（3）畸形：由于骨折端的错位，肢体常发生弯曲、旋转、缩短等畸形，当骨折完全断离时，还可出现假关节样的异常活动。

（4）功能障碍：骨折断后，肢体原有的骨骼杠杆支持功能丧失，如上肢骨折时不能拿、提，下肢骨折时不能行走、站立。

（5）大出血：当骨折端刺破大血管时，伤员往往发生大出血，出现休克。大出血多见于骨盆骨折。

（三）骨折的急救要点

（1）止血：要注意伤口和全身状况，如伤口出血，应先止血，后包扎固定。

（2）护垫：为使固定妥贴稳当和防止突出部位的皮肤磨损，在骨突处要用棉花或布块等软物垫好，要使夹板等固定材料不直接接触皮肤。

（3）不乱动骨折的部位：为防止骨断端刺伤神经、血管，在固定时不应随意搬动；外露的断骨不能送回伤口内，以免增加污染。但是，现场急救时，搬动伤员伤肢是难免的，如为使伤员避免再次受伤的危险，要先将伤员搬到安全地方，在包扎固定时也不可避免要移动伤肢。这时可以一人握住伤处上方，另一人握住伤处下端沿着肢体的纵轴线作相反方向的牵引，在伤肢不扭曲的情况下让骨断端分离开，然后边牵引边同方向移动，另外的人可进行固定，固定应先捆绑断处上端，后绑下端，然后再固定断端的上下两个关节。

（4）固定、捆绑的松紧要适度，过松容易滑脱，失去固定作用，过紧会影响血液循环。固定时应外露指（趾）尖，以便观察血流情况，如发现指（趾）尖苍白或青紫时，可能是固定包扎过紧，应放松重新包扎固定。固定完成后应记录固定的时间，并迅速送医院作进一步的诊治。

（四）骨折固定的材料

（1）夹板：用于扶托固定伤肢，其长度、宽度要与伤肢相适应，长度一般要跨伤处上下两个关节。没有夹板时可用健侧肢体、树枝、竹片、厚纸板、报纸卷等代替。

（2）敷料：用于垫衬的如棉花、布块、衣服等；用于包扎捆绑夹板的可用三角巾、绷带、腰带、头巾、绳子等，但不能用铁丝、电线。

（五）骨折固定的方法

（1）前臂骨折的固定方法：用夹板时，可把两块夹板分别置放在前臂的掌侧和背侧，可在伤员患侧掌心放一团棉花，让伤员握住掌侧夹板的一端，使腕关节稍向背屈，然后固定，再用三角巾将前臂悬挂于胸前。无夹板时，可将伤侧前臂屈曲，手端略高，用三角巾悬挂于胸前，再用一条三角巾将伤臂固定于胸前。

（2）上臂骨折的固定方法：有夹板时，可将伤肢屈曲贴在胸前，在伤臂外侧放一块夹板，垫好后用两条布带将骨折上下两端固定并吊于胸前，然后用三角巾（或布带）将上臂固定在胸部。无夹板时，可将上臂自然下垂，用三角巾将其固定在胸侧，用另一条三角巾将前臂挂在胸前；亦可先将前臂吊挂在胸前，用另一三角巾将上臂固定在胸部。

（3）腿骨折的固定方法：有夹板时，将夹板置于小腿外侧，其长度应从大腿中段到脚跟，在膝、踝关节垫好后用绷带分段固定，再将两下肢并拢上下固定，并在脚部用"8"字形绷带固定，使脚掌与小腿成直角。无夹板时，可将两下肢并列对齐，在膝、踝部垫好后用绷带分段，将两腿固定，再用"8"字形绷带固定脚部，使脚掌与小腿成直角。

（4）大腿骨折的固定方法：将夹板置于伤肢外侧，其长度应从腋下至脚跟，两下肢并列对齐，垫好膝、踝关节后用绷带分段固定。用"8"字形绷带固定脚部，使脚掌与小腿成直角。无夹板时亦可用健肢固定法。

（5）锁骨骨折的固定方法：让病人坐直挺胸，包扎固定人员用一膝顶在病人背部两肩胛骨之间，两手把病人的肩逐渐往后拉，使胸尽量前挺，然后作固定，方法是在伤者两腋下垫棉垫，用两条三角巾分别在两肩关节紧绕两周在背部中央打结，打结时应将三角巾用力拉紧，使两肩稍后张，打结后将患者两肘关节屈曲，两腕在胸前交叉，用另一条三角巾在平肘处绕过胸廓，在胸前打结固定上肢。亦可用绷带在挺胸、两肩后张下作"8"字形固定。

（6）脊椎骨折的固定方法：脊椎骨折抢救过程中，最重要的是防止脊椎弯曲和扭转，不得用软担架和徒手搬运。如有脑脊液流出的开放性骨折，应先加压包扎。固定时，由4~6个人用手分别扶托伤员的头、肩、背、臀、下肢，动作一致将伤员抬到硬木板上。颈椎骨折时，伤员应仰卧，尽快给伤员上颈托，无颈托时可用砂袋或衣服填塞头、颈部两侧，防止头左右摇晃，再用布条固定。胸椎骨折时应平卧，腰椎骨折时应俯卧于硬木板上，用衣服等垫塞颈、腰部，用布条将伤员固定在木板上。

伤员经过现场初步急救处理后，要尽快用合适的方法和震动小的交通工具将伤员送到医院去作进一步的诊治。搬运过程中要随时注意观察伤员的伤情变化。常用搬运方法有徒手搬运和担架搬运法。徒手搬运法适用于病情较轻且搬运距离短。担架搬运法适用于病情较重、路途较远又不适合徒手搬运的伤员。伤员上担架时，要由 3~4 个人分别用手托伤员的头、胸、骨盆和腿，动作一致地将伤员平放到担架上，并加以固定。不同的病情选用不同的担架和搬运方法，如上肢骨折伤员多能自己行走，可用搀扶法。下肢骨折伤员可用普通担架搬运，而脊柱骨折时则要用硬担架或木板，并要填塞固定，颈椎和高位胸脊椎骨折时，除要填塞固定外，还要有专人牵引头部，避免晃动。

第四节 意识丧失的自救与急救

意识是人的头脑对于客观世界的反映，是人脑高级活动能力的表现，它包括思维、记忆、情感、定向力、言语、视听及各种巧活动，等等。有了意识，我们才有从事从简单到复杂的各项活动，以及对自然界发生的事变迅速作出反应的能力。如果突然丧失了这种能力，就会立即表现为"昏过去"，也就是失去知觉，失去了判断、思维、言语及行动等能力，这就是我们所说的意识丧失。

一、意识丧失的检查

当发现有人突然发生意识丧失时，首先要判断患者有没有心跳和呼吸。如果有呼吸心跳，晕厥的病人一般在数分钟之内会自行清醒，这个时间往往不会超过 10 min。持续的意识丧失则是昏迷，昏迷时间越长，昏迷程度越深，说明病情越重。检查昏迷患者可采用如下方法：

（一）大声呼唤

大声呼唤其名，轻拍患者肩部，掐按患者的人中穴等。如果没有反应，说明患者已处于昏迷状态。

（二）瞳孔检查

用手电筒对患者进行瞳孔对光反射检查：拨开患者眼皮，使瞳孔暴露，打开电筒，先将光柱照在患者脸上，然后将光柱移向患者瞳孔，再将光柱移往他处，然后再次将光柱照向患者瞳孔，如此反复 2~3 次。然后再检查另外一只眼睛。如果瞳孔被照后立即收缩变小，移开光柱时又回复原状，说明瞳孔对光反射存在。如果照射时瞳孔大小无改变，说明瞳孔对光反失，患者已发生深度昏迷。

（三）意识丧失的危险性判断

一般说来，无论由于什么原因的昏迷，都说明患者病情严重，应立即呼叫120。而晕厥的危险性较小，特别是血管性晕厥，患者往往不需去医院。就晕厥的危险性而言，心原性晕厥危险性最大，其次是血液性晕厥。

二、大学生常见疾病昏迷的特征和判断要点

（一）低血糖昏迷

在长时间未进食或糖尿病患者中经常发生，常见原因是在饮食不足、劳累、发热和患病等情况下，造成体内血糖水平突然下降，从而发生昏迷。低血糖昏迷的主要特征是：昏迷发生前患者感到饥饿、头晕、心慌、眼黑和四肢无力，进一步会出现浑身发抖、出汗、面色苍白和脉博跳动快而微弱，等等。此时如果患者还得不到糖的供应，就会发生晕厥或昏迷。

（二）癫痫大发作

癫痫是脑组织异常放电引起的脑功能异常。发作时患者突然意识不清，就地摔倒，口吐白沫，双眼上翻，口唇青紫，全身抽搐。发作持续时间一般不长，一般为几分钟。癫痫发作特点是短时性、间歇性（即可反复发作）和刻板性（每次发作表现相同），如果发作不停，患者持续昏迷和抽搐，就称为癫痫持续状态。

（三）CO 中毒昏迷

在有 CO 产生的条件下（如生有煤火、使用燃气热水器、烧碳的火锅和汽车的发动机长时间发动，等等），同时在通风不良的室内或车内发生的昏迷应考虑急性 CO 中毒。患者可能口吐白沫，呕吐，口唇呈樱桃红色，同一室内的人员同时发病等都是 CO 中毒的特点。

三、意识丧失的急救

（一）心肺复苏

对于突然意识丧失的患者，首先要判断心跳呼吸是否停止，如果心跳

呼吸停止，应立即对患者做"ABC"心肺复苏抢救。

（二）晕厥

由于晕厥是一次性的，所以对晕厥处理主要采取预防措施，防止患者摔倒。大部分晕厥患者发病前都有先兆表现，即突然感到头晕、眼黑、站立不稳、心慌、恶心和出汗等，此时应立即蹲下、坐下甚至就地躺倒，千万不要硬挺，这是预防晕厥发生的最好办法，因为头部一低，脑供血会立即改善，从而避免了晕厥发生。即使发生了晕厥，也不会因为摔倒造成二次伤害。

（三）昏迷

1. 稳定侧卧位，呼叫120

对于已经发生昏迷者，不管是什么原因造成的，急救的主要目的和措施是防止患者窒息。因为人在昏迷时往往会全身肌肉松弛，咽肌下坠阻塞呼吸道，加之胃内容物有时会返流而堵塞呼吸道，使患者因窒息而死。所以除呼叫120外，应立刻使患者成为昏迷体位（也称为稳定侧卧位），这样做可以避免咽肌下坠，也可使呕吐物流出，以保持其呼吸道通畅。

操作方法如下：使患者成左侧卧位，左脸颊及左胸着地，左上肢后屈，左手掌朝上，右上肢前屈，右手掌朝下，手背垫于左脸颊处，右上肢尽量前屈，右下肢微屈即可。如采取右侧卧位，姿势相同。

2. 对症救助

对于低血糖即将发生昏迷的患者，要马上给予糖类物质口服，最好是让患者饮用糖水，由于糖水吸收较快，数分钟就能发挥作用，将昏迷制止在初发状态，并使患者病情很快缓解。对于急性CO中毒者，应立即终止CO的产生，并采取通风换气措施，如打开门窗或将患者移至空气新鲜处，对呼吸停止者要做人工呼吸。对于癫痫大发作的患者，要赶快用筷子或类似物卷上手帕，置于患者上下牙之间，防止舌咬伤。

第五节 物理性急症

一、触电的急救

电击伤俗称触电，是由于电流通过人体所致的损伤。大多数是因人体直接接触电源所致，也有被数千伏以上的高压电或雷电击伤。接触 1 000 V 以上的高压电多出现呼吸停止，200 V 以下的低压电易引起心肌纤颤及心搏停止，220～1 000 V 的电压可致心脏和呼吸中枢同时麻痹。低压触电事故，在各用电部门时有发生，一旦发生触电事故，患者往往迅即进入"假死"状态（心跳、呼吸停止），若抢救不及时，就会导致死亡。所以系统地分析影响触电危险程序的因素，熟练掌握正确的现场急救方法是非常重要的，尤其是对触电者的现场急救，一是要争分夺秒，二是救治方法要得当，三是医生诊断为死亡之前，救治必须坚持不间断地进行。

（一）症状

强烈的电流通过人身体中，在一瞬间，人立刻就会暴毙或因休克而昏倒，身体也会有局部灼伤情形。局部表现出不同程度的烧伤、出血、焦黑等现象。烧伤区与周围正常组织界线清楚，有 2 处以上的创口，1 个入口、1 个或几个出口。重者创面深及皮下组织、肌腱、肌肉、神经，甚至深达骨骼，呈炭化状态。或全身机能障碍，如休克、呼吸心跳停止。致死原因是由于电流引起脑（延髓的呼吸中枢）的高度抑制，心肌的抑制，心室纤维性颤动。触电后的损伤与电压、电流以及导体接触体表的情况有关。电压高、电流强、电阻小、体表潮湿，易致死；如果电流仅从一侧肢体或体表传导入地，或体表干燥、电阻大，可能引起烧伤而未必死亡。

（二）急救方法

（1）立即切断电源，或用不导电物体如干燥的木棍、竹棒或干布等物使伤员尽快脱离电源。急救者切勿直接接触触电伤员，防止自身触电而影响抢救工作的进行。

（2）当伤员脱离电源后，应立即检查伤员全身情况，特别是呼吸和心跳，发现呼吸、心跳停止时，应立即就地抢救。

① 轻症：即神志清醒，呼吸心跳均自主者，伤员就地平卧，严密观察，暂时不要站立或走动，防止继发休克或心衰。

② 呼吸停止，心搏存在者，就地平卧解松衣扣，通畅气道，立即口对口人工呼吸，有条件的可气管插管，加压氧气人工呼吸。亦可针刺人中、十宣、涌泉等穴，或给予呼吸兴奋剂（如山梗菜碱、咖啡因、可拉明）。

③ 心搏停止，呼吸存在者，应立即做胸外心脏按压。

④ 呼吸心跳均停止者，则应在人工呼吸的同时施行胸外心脏按压，以建立呼吸和循环，恢复全身器官的氧供应。现场抢救最好能两人分别施行口对口人工呼吸及胸外心脏按压，以 1∶5 的比例进行，即人工呼吸 1 次，心脏按压 5 次。如现场抢救仅有 1 人，用 15∶2 的比例进行胸外心脏按压和人工呼吸，即先作胸外心脏按压 15 次，再口对口人工呼吸两次，如此交替进行，抢救一定要坚持到底。

⑤ 处理电击伤时，应注意有无其他损伤。如触电后弹离电源或自高空跌下，常并发颅脑外伤、血气胸、内脏破裂、四肢和骨盆骨折等。如有外伤、灼伤均需同时处理。

⑥ 现场抢救中，不要随意移动伤员，若确需移动时，抢救中断时间不应超过 30 秒。移动伤员或将其送医院，除应使伤员平躺在担架上，并在背部垫以平硬阔木板外，应继续抢救，心跳呼吸停止者要继续人工呼吸和胸外心脏按压，在医院医务人员未接替前，救治不能中止。

二、溺水的急救

溺水是常见的意外，溺水后可引起窒息缺氧，如合并心跳停止的称为"溺死"，如心跳未停止的则称"近乎溺死"，救治原则基本相同，因此统称为溺水。

（一）病理生理变化及症状

人淹没于水中，水充满人体的呼吸道和肺泡而引起窒息；吸收到血液循环的水引起血液渗透压改变、电解质紊乱和组织损害；最后便呼吸停止和心脏停搏。临床表现患者有昏迷、皮肤黏膜苍白和发绀、四肢厥冷、呼吸和心跳微弱或停止，口、鼻充满泡沫或淤泥、杂草，腹部常隆起伴胃扩张。

（二）急救方法

1. 不会游泳者的自救

（1）落水后不要心慌意乱，一定要保持头脑清醒。

（2）冷静地采取头顶向后，口向上方，将口鼻露出水面，此时就能进行呼吸。

（3）呼吸要浅，吸气宜深，尽可能使身体浮于水面，以等待他人抢救。

（4）切记：千万不能将手上举或拼命挣扎，因为这样反而容易使人下沉。

2. 会游泳者的自救

（1）一般是因小腿腓肠肌痉挛而致溺水，应心平静气，及时呼人援救。

（2）自己将身体抱成一团，浮上水面。

（3）深吸一口气，把脸浸入水中，将痉挛（抽筋）下肢的拇指用力向前上方拉，使拇指翘起来，持续用力，直到剧痛消失，抽筋自然也就停止。

（4）一次发作之后，同一部位可以再次抽筋，所以对疼痛处要充分按摩和慢慢向岸上游去，上岸后最好再按摩和热敷患处。

（5）如果手腕肌肉抽筋，自己可将手指上下屈伸，并采取仰面位，以两足游泳。

3. 互救

（1）救护者应镇静，尽可能脱去衣裤，尤其要脱去鞋子，迅速游到溺水者附近。

（2）对筋疲力尽的溺水者，救护者可从头部接近。

（3）对神志清醒的溺水者，救护者应从背后接近，用一只手从背后抱住溺水者的头颈，另一只手抓住溺水者的手臂游向岸边。

（4）如救护者游泳技术不熟练，则最好携带救生圈、木板或用小船进行救护，或投下绳索、竹竿等，使溺水者握住再拖带上岸。

（5）救援时要注意，防止被溺水者紧抱缠身而双双发生危险。如被抱住，不要相互拖拉，应放手自沉，使溺水者手松开，再进行救护。

4. 岸上救护

（1）应立即清除其口、鼻腔内的水、泥及污物，用纱布（手帕）裹着手指，将伤员舌头拉出口外，解开衣扣、领口，以保持呼吸道通畅。

（2）进行控水处理（倒水），即迅速将患者放在救护者屈膝的大腿上，头部向下，随即按压背部，迫使吸入呼吸道和胃内的水流出，时间不宜过长（1 min 即够）。

（3）现场进行心肺复苏，并尽快搬上急救车，迅速向附近医院转送。作为救护者一定要记住：对所有溺水休克者，不管情况如何，都必须从发现开始持续进行心肺复苏抢救。

三、中暑的急救

中暑指在高温（气温34 ℃以上）或强辐射（特别是湿度大、无风）环境下，由于体温调节功能失衡和水盐代谢紊乱，身体热量不能及时散发而产生的以心血管和中枢神经系统功能障碍为主要表现的急性综合病征。

（一）原因

人体较长时间处于烈日下或高温环境中，高湿度、通风不良，加上饮水不足、着装不当、出汗过多、睡眠不足、饥饿等原因。

（二）症状

高温、高湿环境下，人会感觉头昏、头痛、面色潮红、全身发热，开始大量出汗，后来无汗，神志恍惚、昏睡。行走中的人突然晕倒在地。重症病人呼吸急促、抽搐，体温可升高到40 ℃以上，如不及时抢救，则有生命危险。

1. 先兆中暑

人们在高温环境中一定时间后，出现头昏、头痛、口渴、多汗、全身疲乏、心悸、注意力不集中、动作不协调等症状，体温正常或略有升高。有时虽已回到凉快的环境，仍然感觉头昏、恶心、胸闷、出汗、乏力、皮肤灼热发红。继续在热环境下停留，中暑表现逐渐加重。

2. 轻症中暑

除有先兆中暑的症状外，出现面色潮红、大量出汗、脉搏快速等表现，体温升高至38.5 ℃以上。可发生肌肉痉挛或晕厥，此时需要排除其他疾病，如脑炎、有机磷农药中毒、中毒性肺炎、菌痢、疟疾等。

3. 重症中暑

包括热射病、热痉挛和热衰竭三类。

（1）热痉挛。常发生在高温环境中强体力劳动后。患者常先有大量出汗，然后四肢肌肉、腹壁肌肉，甚至胃肠道平滑肌发生阵发性痉挛和疼痛。无明显体温升高。此类病人与钠盐丢失过多有关。实验室检查有血钠和氯化物降低，尿肌酸增高，可为热射病的早期表现。

（2）热衰竭。患者先有头痛、头晕、恶心，继有口渴、胸闷、脸色苍白、冷汗淋漓、脉搏细弱或缓慢、血压偏低等表现。可有晕厥和手、足抽搐等症状。重者出现周围循环衰竭。

（3）热射病。这是中暑的重症病，典型表现是高热（41 ℃以上）、无汗和意识障碍。热射病患者死亡率达5 % ~30 %。

（三）现场急救

（1）将病人移到通风、阴凉、干爽的地方。中暑应以预防为主，一旦发现中暑先兆或中暑表现，应立即将病人移到通风、阴凉、干爽的地方，如走廊、树荫下、带空调的房间等。

（2）帮助散热。将病人半卧位，解开衣扣，脱去或松开衣服。如衣服被汗水湿透，应更换干衣服，同时用电扇或扇子扇风，以帮助散热。有条件时，可在空调房间内降温。尽快使体温降到38 ℃以下。

（3）物理降温。对于中暑导致的发烧，首选治疗方法应是物理降温，不应服用退烧药。这是因为中暑后的体温升高和细菌、病毒引起的发烧机理不同。退烧药主要是通过让身体发汗来达到降温目的，而中暑是因为人体散热受阻，造成热量在体内积蓄，不能通过出汗来散发热量，因此服用退烧药会起到相反的作用，不能降低体温。正确的方法是用40%浓度的酒精或温水擦全身，并在额头、腋窝和腹股沟等血管表浅处放置冰袋，或用凉湿毛巾冷敷、酒精局部擦浴。可用温水进行全身擦浴或冷水浸浴。如果出现昏迷、抽搐应及时送医院抢救。

4. 意识清醒的病人或经过降温醒过来的病人，可饮服绿豆汤或淡盐水、西瓜水等来解暑降温。可给病人服用藿香正气水等药物。藿香正气水（丸）主要是除湿治疗，不适宜因为暴晒导致失水过多的中暑患者服用。

5. 热痉挛和热衰竭患者应迅速转移到阴凉通风处休息或静卧。口服凉盐水、清凉含盐饮料。重者应静脉补给生理盐水、葡萄糖溶液和氯化钾。一般患者经治疗后 30 min 到数小时内即可恢复。

5. 经上述处理，如果病人未恢复，应尽快送往医院救治，同时要在送院途中采取降温措施。

（四）预防

（1）宣传中暑的防治知识，了解中暑的早期症状，及时采取防范措施。

（2）炎热季节穿单薄、浅色、宽松的衣服，以利散热。在户外戴遮阳帽、穿开领卷袖的衣服。教室应开窗通风，地面应经常洒水，并设置遮阳窗户。

（3）出汗较多时，合理补充水和电解质，饮用含盐饮料，每日饮用量应在 2 000 mL 左右。

（4）合理安排作息时间，不宜在炎热的中午、强烈的日光下活动和学习。户外活动、体育活动时尤其应避开炎热的时段。

（5）平时应有充足的睡眠和适当的营养，备好消暑解渴的清凉饮料和一些防暑的药物。

【思考题】

1. 简述心肺复苏的方法和注意事项。
2. 创伤的救助包括哪些？
3. 溺水的救助包括哪些？
4. 中暑的救助包括哪些？
5. 生命体征有哪些？